国家级一流本科专业·会展经济与管理配套精品教材

会展策划

（第二版）

主　编◎李　岚　吴　杰　谢洪忠

副主编◎王　婧　马尔丹

中国旅游出版社

再版前言

随着我国“一带一路”倡议、新发展格局和高质量发展等的提出，会展业已成为构建现代市场体系和开放型经济体系的重要平台。在过去的日子里，我们见证了会展业的蓬勃发展与不断创新。2023年以来，商务部同各地各部门积极推动线下展会加快恢复发展，我国境内会展市场需求旺盛，展览规模大幅增长，会展业呈现全面恢复态势。2024年，商务部持续创新优化政府服务，加快制定出台推动展览业高质量发展的策措施，总结推广各地好经验好做法，进一步优化会展业发展环境，以高质量展会助推经济高质量发展。中国会展经济由高速发展转变为高质量发展，城市会展业也由传统的展览展示向会议、论坛、节事、活动等多元化方向发展。疫情后，新技术如雨后春笋般涌现，数字化、智能化成为会展行业的关键词；同时，绿色会展、可持续发展的理念也深入人心，引领着行业的新风尚。这些变化不仅为会展策划注入了新的活力，也对培养与时俱进的会展专业人才提出了更新、更高的要求。

因此，我们带着对行业的敬畏之心，以及对新知识的渴求，对《会展策划》进行了全面修订。力求在保留经典理论的基础上，融入最新的行业动态、前沿趋势和实践案例，使内容更加贴近实际、更具指导意义。我们结合最新知识，更新和修改了每一章的内容和案例，同时为了优化教材的结构，增加了中国会展业发展新态势、会展现场服务策划两个章节，删除了大型节事活动和会议策划两个章节，重新编写了会展主题策划、会展相关活动策划等内容。此外，在编写过程中，我们邀请了多位在会展领域有着丰富经验和独到见解的专家和学者参与，他们的智慧和经验为本书增添了新的光彩。我们还广泛收集了云南财经大学长期从事会展专业教学的教师的意见，力求让本书更加符合会展或相关专业教学的需求，更加实用、易学。

本书根据会展策划的流程进行内容编排，分为九章。第一章是会展与会展业概述，主要阐述了会展的含义、特点，会展业的构成要素、作用、现状及发展新态势。第二章是会展策划概述，阐述了会展策划的含义、特点、作用、主要内容、基本流程和方法。第三章是会展项目立项策划与可行性分析，主要介绍了会展市场信息收集的方法，会展题材、主题的策划，会展项目立项策划书与可行性研究报告的内容及写作方法。第四章是会展招展策划，主要讲解如何建立目标参展商数据库、招展函的编写、招展方案的策划。第五章是会展招商策划，涉及会展招商的含义、作用，会展招商宣传推广策划和会展招商方案等内容。第六章是会展设计与品牌策划，介绍了会展设计立体策划的含义、特点，展示了设计策略和展会品牌策划的要点。第七章是会展相关活动策划，介绍了会展相关活动的概念、作用以及如何策划会议、表演、比赛等会展相关活动。第八章是会展现场服务策划，围绕会展现场服务四个阶段，即布展期间、开幕式、开展期间及撤展的服务策划展开介绍。第九章是会展预算与效果评估，阐述了会展预算的过程、具体内容，会展评估的程序及国内外会展评估指标体系。

本书由李岚、吴杰、谢洪忠任主编，王婧、马尔丹任副主编，具体分工为：第一章由李岚、王婧执笔，第二章、第五章由王婧执笔，第三章、第四章、第七章、第八章由李岚执笔，第六章、第九章由吴杰执笔。在修订过程中，李岚负责全书内容的统稿，王婧、马尔丹负责各章节案例和实训的更新和修改，李岚、谢洪忠负责全书审阅工作。由于编者水平有限，疏漏之处在所难免，欢迎各位读者提出宝贵意见。

最后，衷心感谢所有为本书付出辛勤努力的作者、编辑和工作人员，以及一直以来支持我们的会展人。愿我们携手共进，在会展这片广阔的天地中，共同书写更加辉煌的篇章！

李岚

2024 年 8 月

前 言

我国改革开放的进一步深化，国民经济的快速增长，为会展业的发展提供了良好的经济基础。《中华人民共和国国民经济和社会发展第十二个五年规划纲要》中提出，促进广告、会展业健康发展。2000 年以后，我国每年的展出面积增加了数千万平方米，展会规模也不断扩大，保持每年 20% 的增长率。各地政府对会展经济日益重视，使其成为当地经济、调整产业结构及招商引资的重要平台。但我国的会展业在快速发展过程中也暴露出题材挖掘不够深入、组织不够规范、规模普遍偏小、定位不够清晰等问题。出现这一系列问题的最主要原因是人才的短缺，特别是掌握会展策划、会展运营与管理等专业知识及技能的人才更为稀缺。《会展策划》一书，由云南财经大学旅游与酒店管理学院教师结合多年教学经验合作完成，具有以下特点。

第一，根据会展活动策划流程编辑内容。会展项目运作流程的每一环节均需要周密而翔实的策划。本书按照会展项目运作流程，将内容分为会展策划概述、会展项目立项策划与可行性分析、会展招展策划、会展招商策划、会展设计与品牌策划、大型事件策划、会展相关策划、会展预算与效果评估、会议策划，且每一章都按照操作流程安排教材内容。

第二，选材真实且实用。本书每一章节均加入了精选的会展企业的真实案例与实际项目，对学生的学习与实践有非常强的指导性。学生通过案例学习，会展策划的职业能力能够得到不断提升。

第三，突出对学生职业能力的培养。本书的案例与项目需由教师带领学生共同学习体会，目的是使学生进一步巩固知识、拓展职业能力。

本书的编写得到了会展行业相关人士的鼎力支持和帮助，他们慷慨地提供了许多宝贵的经验和完整的资料，为本书的顺利完成奠定了坚实的基础，在此一并表示感谢！本书由吴杰任主编，李岚、王婧、徐小君任副主编。具体编写分工为：第一章由叶宁执笔，第二章、第五章由王婧执笔，第三章、第四章由李岚执笔，第六章、第九章由吴杰执笔，第七章、第十章由徐小君执笔，第八章由朱韬执笔，吴杰负责全书审阅工作。由于编者水平有限，疏漏之处在所难免，欢迎各位专家学者提出宝贵意见。

编者

2015 年 7 月

目 录

绪 论……1
第一节 深入学习贯彻党的二十大精神……1
第二节 深入学习领会习近平文化思想……15
第三节 习近平对旅游工作作出的重要指示……23

第一章 会展与会展业概述……27
第一节 会展概述……28
第二节 会展业概述……33
第三节 会展业构成要素……41
第四节 中国会展业发展新态势……45

第二章 会展策划概述……56
第一节 会展策划的含义、特点和作用……57
第二节 会展策划的主要内容……62
第三节 会展策划的基本流程和基本方法……64

第三章 会展项目立项策划与可行性分析……75
第一节 会展市场信息收集……77
第二节 会展题材的策划……84
第三节 会展主题策划……89
第四节 会展项目立项策划书……92
第五节 会展项目立项可行性研究……99

第四章　会展招展策划 …… 104
第一节　建立目标参展商数据库 …… 105
第二节　招展函的编写 …… 107
第三节　招展方案策划 …… 112

第五章　会展招商策划 …… 121
第一节　会展招商概述 …… 122
第二节　会展招商宣传推广策划 …… 123
第三节　会展招商方案的制订 …… 127

第六章　会展设计与品牌策划 …… 133
第一节　会展设计的立体策划 …… 135
第二节　展示设计策略 …… 139
第三节　展会品牌策划 …… 146

第七章　会展相关活动策划 …… 152
第一节　会展相关活动概述 …… 154
第二节　会议的策划 …… 161
第三节　表演、比赛与其他相关活动策划 …… 171

第八章　会展现场服务策划 …… 176
第一节　布展期间服务策划 …… 177
第二节　会展开幕式策划 …… 182
第三节　会展期间服务策划 …… 187
第四节　撤展策划 …… 193

第九章　会展预算与效果评估 …… 196
第一节　会展预算 …… 198
第二节　会展评估 …… 203

实训一 会展项目立项策划案 …… 220
实训二 会展招商招展文案 …… 222
实训三 展会宣传推广 …… 224
实训四 背景板和海报设计 …… 225
实训五 开 / 闭幕式活动设计 …… 227
实训六 会展接待方案 …… 228

参考文献 …… 230

绪 论

第一节 深入学习贯彻党的二十大精神

党的二十大是在全党全国各族人民迈上全面建设社会主义现代化国家新征程、向第二个百年奋斗目标进军的关键时刻召开的一次十分重要的大会，是一次高举旗帜、凝聚力量、团结奋进的大会。党的二十大在政治上、理论上、实践上取得了一系列重大成果，就新时代新征程党和国家事业发展制定了大政方针和战略部署，是我们党团结带领人民全面建设社会主义现代化国家、全面推进中华民族伟大复兴的政治宣言和行动纲领，对于全党全国各族人民更加紧密团结在以习近平同志为核心的党中央周围，万众一心、接续奋斗，在新时代新征程夺取中国特色社会主义新的伟大胜利，具有极其重大而深远的意义。学习贯彻党的二十大精神，习近平总书记强调的“五个牢牢把握”是最精准的解读、最权威的辅导。要从战略和全局高度完整、准确、全面理解把握党的二十大精神，增强学习贯彻的政治自觉、思想自觉、行动自觉，为实现党的二十大确定的目标任务不懈奋斗。

一、深刻认识党的二十大胜利召开的伟大意义，提升新时代大学生政治站位

党的二十大担负起全党的重托和人民的期待，从战略全局深刻阐述了新时代坚持和发展中国特色社会主义的一系列重大理论和实践问题，科学谋划了未来一个时期党和国家事业发展的目标任务和大政方针，在党和国家历史上具有重大而深远的意义。

（一）这是中国共产党在百年辉煌成就和十年伟大变革的高起点上创造新时代更大荣光的大会

中国共产党在百年历程中共召开了十九次全国代表大会。党的二十大是我们党在建党百年后召开的首次全国代表大会，也是在新时代十年伟大变革的时间坐标上召开的全国代表大会，具有特别的里程碑意义。

（二）这是推进实践基础上的理论创新、开辟马克思主义中国化时代化新境界的大会

马克思主义中国化时代化既是马克思主义的自身要求，又是中国共产党坚持和发展马克思主义的必然路径。中国共产党为什么能，中国特色社会主义为什么好，归根到底是马克思主义行，是中国化时代化的马克思主义行。党的二十大深刻阐述了习近平新时代中国特色社会主义思想的科学内涵和精神实质，深入阐释了开辟马克思主义中国化时代化新境界的重大命题并提出了明确要求，具有重大理论意义。

（三）这是谋划全面建设社会主义现代化国家、以中国式现代化全面推进中华民族伟大复兴的大会

现代化是各国人民的共同期待和目标。百年来，我们党团结带领人民进行的一切奋斗、一切牺牲、一切创造，就是为了把我国建设成为现代化强国，实现中华民族伟大复兴。在新中国成立特别是改革开放以来的长期探索和实践基础上，经过党的十八大以来在理论和实践上的创新突破，我们党成功推进和拓展了中国式现代化，创造了人类文明新形态。党的二十大明确提出以中国式现代化全面推进中华民族伟大复兴的使命任务，精辟论述了中国式现代化的中国特色、本质要求和重大原则，深刻阐释了中国式现代化的历史渊源、理论逻辑、实践特征和战略部署，大大深化了我们党关于中国式现代化的理论和实践。

（四）这是致力于推动构建人类命运共同体、携手开创人类更加美好未来的大会

当前，世界之变、时代之变、历史之变正以前所未有的方式展开，人类社会面临前所未有的挑战。世界又一次站在历史的十字路口，何去何从取决于各国人民的抉择。党的二十大深刻把握世界大势和时代潮流，宣示中国在变局、乱局中促进世界和平与发展、推动构建人类命运共同体的政策主张和坚定决心，为共创人类更加美好的未来注入强大信心和力量。

（五）这是推动解决大党独有难题、以党的自我革命引领社会革命的大会

全面建设社会主义现代化国家、全面推进中华民族伟大复兴，关键在党。党的二十大明确提出：我们党作为世界上最大的马克思主义执政党，要始终赢得人民拥护、巩固长期执政地位，必须时刻保持解决大党独有难题的清醒和坚定。

二、深刻把握党的二十大主题，激发新时代大学生爱国热情

党的二十大的主题，正是我们党对这些事关党和国家事业继往开来、事关中国特

色社会主义前途命运、事关中华民族伟大复兴战略性问题的明确宣示，是大会的灵魂。习近平总书记在党的二十大报告中，开宗明义指出大会的主题："高举中国特色社会主义伟大旗帜，全面贯彻新时代中国特色社会主义思想，弘扬伟大建党精神，自信自强、守正创新，踔厉奋发、勇毅前行，为全面建设社会主义现代化国家、全面推进中华民族伟大复兴而团结奋斗。"这一主题明确宣示了我们党在新征程上带领人民举什么旗、走什么路、以什么样的精神状态、朝着什么样的目标继续前进等重大问题。《中国共产党第二十次全国代表大会关于十九届中央委员会报告的决议》指出："报告阐明的大会主题是大会的灵魂，是党和国家事业发展的总纲。"学习领会党的二十大精神，必须把握这一"灵魂"，抓住这一"总纲"。大会主题中的六个关键词语值得我们高度重视。

（一）旗帜

新时代新征程党高举的旗帜就是"中国特色社会主义伟大旗帜"。大会主题写入这一根本要求，既体现了中国特色社会主义历史演进的连续性、继承性，又体现了新时代党坚持和发展中国特色社会主义的坚定性、恒久性。

（二）思想

大会主题所指示的"全面贯彻新时代中国特色社会主义思想"，就是要求在新时代新征程必须全面贯彻习近平新时代中国特色社会主义思想。党的二十大报告对此作出全面部署。

（三）精神

继在庆祝中国共产党成立 100 周年大会上习近平总书记提出并号召继承发扬伟大建党精神后，党的二十大主题写入了"弘扬伟大建党精神"的要求，新修改的党章载入了伟大建党精神"坚持真理、坚守理想，践行初心、担当使命，不怕牺牲、英勇斗争，对党忠诚、不负人民"的内涵，这是党在自己最高权力机关及最高章程上的庄严宣示，明确回答了党以什么样的精神状态走好新的赶考之路的重大问题，不仅是贯穿大会报告的重要红线，也是今后党的全部理论和实践的重要遵循。

（四）现代化

"现代化"即"全面建设社会主义现代化国家"。这一重要主题彰显了当前和今后一个时期党的中心任务。党的二十大庄严宣告："从现在起，中国共产党的中心任务就是团结带领全国各族人民全面建成社会主义现代化强国、实现第二个百年奋斗目标，以中国式现代化全面推进中华民族伟大复兴。""中国式现代化"成为这次大会的重要标识。

（五）复兴

在党的二十大主题中，前后用了三个“全面”，即“全面贯彻新时代中国特色社会主义思想”“全面建设社会主义现代化国家”“全面推进中华民族伟大复兴”。第一个“全面”规定了新时代党的创新科学理论的指导地位，第二个“全面”规定了新时代新征程的中心任务，第三个“全面”规定了党在新时代新征程的奋斗目标。大会主题中的前两个“全面”，以及报告全文使用的其他一百多个“全面”，都是为了实现“全面推进中华民族伟大复兴”这一根本目标。

（六）团结奋斗

“团结奋斗”是党的二十大主题的鲜明特色。除了在主题中要求“为全面建设社会主义现代化国家、全面推进中华民族伟大复兴而团结奋斗”外，“团结奋斗”一词还体现在党的二十大报告的标题、导语、正文、结束语各个部分。报告全文共使用 7 次“团结奋斗”、27 次“团结”，突出表达了这次大会的主基调。

三、深入学习领悟过去五年工作和新时代十年伟大变革的重大意义，增强新时代大学生民族自豪感

过去五年和新时代以来的十年，在党和国家发展进程中极不寻常、极不平凡。习近平总书记在党的二十大报告中全面回顾总结了过去五年的工作和新时代十年的伟大变革，深刻指出新时代十年的伟大变革，在党史、新中国史、改革开放史、社会主义发展史、中华民族发展史上具有里程碑意义。学习宣传、贯彻落实党的二十大精神，必须深入学习领悟过去五年工作和新时代十年伟大变革的重大意义，坚定历史自信、增强历史主动，自觉在思想上政治上行动上同以习近平同志为核心的党中央保持高度一致。

党的二十大报告在总结党的十九大以来五年工作基础上，用“三件大事”、三个“历史性胜利”高度概括新时代十年走过的极不寻常、极不平凡的奋斗历程，从 16 个方面全面回顾党和国家事业发展取得的举世瞩目的重大成就，从 4 个方面总结提炼新时代十年伟大变革的里程碑意义。新时代十年的伟大变革，充分证明中国特色社会主义道路不仅走得对、走得通，而且走得稳、走得好。

四、深刻领会“两个结合”是推进马克思主义中国化时代化的根本途径，加强新时代大学生弘扬中华优秀传统文化教育

党的二十大报告提出，中国共产党为什么能，中国特色社会主义为什么好，归根到底是马克思主义行，是中国化时代化的马克思主义行。100 多年来，我们党洞察时代大势，把握历史主动，进行艰辛探索，坚持解放思想和实事求是相统一、培元固本和守正创新相统一，把马克思主义基本原理同中国具体实际相结合、同中华优秀传统文化相结

合，不断推进理论创新、进行理论创造，不断推进马克思主义中国化时代化，带领中国人民不懈奋斗，中华民族迎来了从站起来、富起来到强起来的伟大飞跃，实现中华民族伟大复兴进入了不可逆转的历史进程。

马克思主义理论不是教条，而是行动指南。习近平总书记在党的二十大报告中指出："我们坚持以马克思主义为指导，是要运用其科学的世界观和方法论解决中国的问题，而不是要背诵和重复其具体结论和词句，更不能把马克思主义当成一成不变的教条。"坚持和发展马克思主义，必须同中国具体实际相结合。100 多年来，我们党把坚持马克思主义和发展马克思主义统一起来，既始终坚持马克思主义基本原理不动摇，又根据中国革命、建设、改革实际，创造性地解决自己的问题，不断开辟马克思主义中国化时代化新境界。坚持和发展马克思主义，必须同中华优秀传统文化相结合。只有植根本国、本民族历史文化沃土，马克思主义真理之树才能根深叶茂。中华优秀传统文化源远流长、博大精深，是中华文明的智慧结晶，其中蕴含的天下为公、民为邦本、为政以德、革故鼎新、任人唯贤、天人合一、自强不息、厚德载物、讲信修睦、亲仁善邻等，是中国人民在长期生产生活中积累的宇宙观、天下观、社会观、道德观的重要体现，同科学社会主义核心价值观主张具有高度契合性。中国共产党之所以能够领导人民成功走出中国式现代化道路、创造人类文明新形态，很重要的一个原因就在于植根中华文化沃土，不断推进马克思主义中国化时代化，推动中华优秀传统文化创造性转化、创新性发展。

五、牢牢把握全面建设社会主义现代化国家开局起步的战略部署，指引新时代大学生守正创新促发展

党的二十大站在党和国家事业发展的制高点，科学谋划了未来五年乃至更长时期党和国家事业发展的目标任务和大政方针，发出了全面建设社会主义现代化国家、全面推进中华民族伟大复兴的动员令。

"全面建成社会主义现代化强国，总的战略安排是分两步走：从二〇二〇年到二〇三五年基本实现社会主义现代化；从二〇三五年到本世纪中叶把我国建成富强民主文明和谐美丽的社会主义现代化强国。"党的二十大对全面建成社会主义现代化强国两步走战略安排进行了宏观展望，又围绕统筹推进"五位一体"总体布局、协调推进"四个全面"战略布局，从 11 个方面对未来五年工作作出全面部署，全面构建了推进社会主义现代化建设的实践体系。特别是把教育科技人才、全面依法治国、维护国家安全和社会稳定单列部分进行具体安排，充分体现了抓关键、补短板、防风险的战略考量，是党中央基于新的战略机遇、新的战略任务、新的战略阶段、新的战略要求、新的战略环境做出的科学判断和战略安排，必将引领全党全国各族人民有效应对世界之变、时代之变、历史之变，推动全面建设社会主义现代化国家开好局、起好步。

六、深入把握党的二十大关于文化和旅游工作的部署要求，推动文旅融合高质量发展

党的二十大作出推进文化自信自强、铸就社会主义文化新辉煌的重大战略部署，要准确把握社会主义文化建设的指导思想和原则目标、战略重点和主要任务以及中国立场和时代要求。

（一）要准确把握社会主义文化建设的指导思想和原则目标

报告指出："全面建设社会主义现代化国家，必须坚持中国特色社会主义文化发展道路，增强文化自信，围绕举旗帜、聚民心、育新人、兴文化、展形象建设社会主义文化强国，发展面向现代化、面向世界、面向未来的，民族的科学的大众的社会主义文化，激发全民族文化创新创造活力，增强实现中华民族伟大复兴的精神力量。"报告明确提出了社会主义文化建设的根本指导思想、基本原则和奋斗目标，坚持为人民服务、为社会主义服务，以社会主义核心价值观为引领，发展社会主义先进文化，弘扬革命文化，传承中华优秀传统文化，满足人民日益增长的精神文化需求，巩固全党全国各族人民团结奋斗的共同思想基础，不断提升国家文化软实力和中华文化影响力。

（二）要准确把握社会主义文化建设的战略重点和主要任务

党的二十大报告提出了建设具有强大凝聚力和引领力的社会主义意识形态、广泛践行社会主义核心价值观、提高全社会文明程度、繁荣发展文化事业和文化产业、增强中华文明传播力影响力五个方面的战略任务，准确把握、全面落实好这些战略重点和主要任务，对推进文化自信自强、铸就社会主义文化新辉煌具有重要基础支撑作用。

（三）要准确把握社会主义文化建设的中国立场和时代要求

党的二十大报告指出："中华优秀传统文化源远流长、博大精深，是中华文明的智慧结晶。"要把马克思主义基本原理与中华优秀传统文化相结合，不断推进马克思主义中国化，增强中华文明的传播力和影响力。

（四）以文塑旅、以旅彰文，推进文化和旅游深度融合发展

党的二十大报告明确提出："加大文物和文化遗产保护力度，加强城乡建设中历史文化保护传承，建好用好国家文化公园。坚持以文塑旅、以旅彰文，推进文化和旅游深度融合发展。"这些重要论述，为文旅行业把握新发展阶段，贯彻新发展理念，构建新发展格局，推动高质量发展点明了方向，指明了路径，是未来 5 年乃至更长一段时间内文旅行业融合发展实践的根本遵循和行动指南，对文旅行业实现理念重构和实践创新具有非常重要的现实指导意义。

七、深刻把握团结奋斗的新时代要求，为文旅行业培养高素质人才

在党的二十大上，习近平总书记宣示新时代新征程党的使命任务，发出了全面建设社会主义现代化国家、全面推进中华民族伟大复兴的动员令。从现在起，中国共产党的中心任务就是团结带领全国各族人民全面建成社会主义现代化强国、实现第二个百年奋斗目标，以中国式现代化全面推进中华民族伟大复兴。

美好的蓝图需要埋头苦干、团结奋斗才能变为现实。习近平总书记的铿锵宣示充满信心和力量——“党用伟大奋斗创造了百年伟业，也一定能用新的伟大奋斗创造新的伟业”。让我们更加紧密地团结在以习近平同志为核心的党中央周围，全面贯彻习近平新时代中国特色社会主义思想，坚定信心、同心同德，埋头苦干、奋勇前进，深入贯彻落实党的二十大精神和党中央决策部署，为全面建设社会主义现代化国家、全面推进中华民族伟大复兴而团结奋斗，在新的赶考之路上向历史和人民交出新的优异答卷！

相关链接 1

关于党的二十大报告，必须知道的“关键词”

2022 年 10 月 16 日，中国共产党第二十次全国代表大会开幕，习近平代表第十九届中央委员会向大会作报告。一起学习报告里的这些“关键词”。

【大会的主题】

大会的主题是：高举中国特色社会主义伟大旗帜，全面贯彻新时代中国特色社会主义思想，弘扬伟大建党精神，自信自强、守正创新，踔厉奋发、勇毅前行，为全面建设社会主义现代化国家、全面推进中华民族伟大复兴而团结奋斗。

【三个“务必”】

中国共产党已走过百年奋斗历程。我们党立志于中华民族千秋伟业，致力于人类和平与发展崇高事业，责任无比重大，使命无上光荣。全党同志务必不忘初心、牢记使命，务必谦虚谨慎、艰苦奋斗，务必敢于斗争、善于斗争，坚定历史自信，增强历史主动，谱写新时代中国特色社会主义更加绚丽的华章。

【极不寻常、极不平凡的五年】

党的十九大以来的五年，是极不寻常、极不平凡的五年。党中央统筹中华民族伟大复兴战略全局和世界百年未有之大变局，就党和国家事业发展作出重大战略部署，团结带领全党全军全国各族人民有效应对严峻复杂的国际形势和接踵而至的巨大风险挑战，以奋发有为的精神把新时代中国特色社会主义不断推向前进。

【三件大事】

十年来，我们经历了对党和人民事业具有重大现实意义和深远历史意义的三件大事：一是迎来中国共产党成立一百周年；二是中国特色社会主义进入新时代；三是完成脱贫攻坚、全面建成小康社会的历史任务，实现第一个百年奋斗目标。

【新时代十年的伟大变革】

新时代十年的伟大变革，在党史、新中国史、改革开放史、社会主义发展史、中华民族发展史上具有里程碑意义。

【归根到底是两个“行”】

实践告诉我们，中国共产党为什么能，中国特色社会主义为什么好，归根到底是马克思主义行，是中国化时代化的马克思主义行。拥有马克思主义科学理论指导是我们党坚定信仰信念、把握历史主动的根本所在。

【中国共产党的中心任务】

从现在起，中国共产党的中心任务就是团结带领全国各族人民全面建成社会主义现代化强国、实现第二个百年奋斗目标，以中国式现代化全面推进中华民族伟大复兴。

【中国式现代化】

中国式现代化，是中国共产党领导的社会主义现代化，既有各国现代化的共同特征，更有基于自己国情的中国特色。

——中国式现代化是人口规模巨大的现代化。

——中国式现代化是全体人民共同富裕的现代化。

——中国式现代化是物质文明和精神文明相协调的现代化。

——中国式现代化是人与自然和谐共生的现代化。

——中国式现代化是走和平发展道路的现代化。

中国式现代化的本质要求是：坚持中国共产党领导，坚持中国特色社会主义，实现高质量发展，发展全过程人民民主，丰富人民精神世界，实现全体人民共同富裕，促进人与自然和谐共生，推动构建人类命运共同体，创造人类文明新形态。

【全面建设社会主义现代化国家开局起步的关键时期】

未来五年是全面建设社会主义现代化国家开局起步的关键时期。

【五个“坚持”】

我国发展进入战略机遇和风险挑战并存、不确定难预料因素增多的时期，各种“黑天鹅”“灰犀牛”事件随时可能发生。我们必须增强忧患意识，坚持底线思维，做到居安思危、未雨绸缪，准备经受风高浪急甚至惊涛骇浪的重大考验。前进道路上，必须牢牢把握以下重大原则。

——坚持和加强党的全面领导。

——坚持中国特色社会主义道路。

——坚持以人民为中心的发展思想。

——坚持深化改革开放。

——坚持发扬斗争精神。

【加快构建新发展格局】

必须完整、准确、全面贯彻新发展理念，坚持社会主义市场经济改革方向，坚持高水平对外开放，加快构建以国内大循环为主体、国内国际双循环相互促进的新发展格局。

【发展经济着力点】

坚持把发展经济的着力点放在实体经济上，推进新型工业化，加快建设制造强国、质量强国、航天强国、交通强国、网络强国、数字中国。

【实施科教兴国战略】

必须坚持科技是第一生产力、人才是第一资源、创新是第一动力，深入实施科教兴国战略、人才强国战略、创新驱动发展战略，开辟发展新领域新赛道，不断塑造发展新动能新优势。

坚持创新在我国现代化建设全局中的核心地位。完善党中央对科技工作统一领导的体制，健全新型举国体制，强化国家战略科技力量，优化配置创新资源，提升国家创新体系整体效能。

【全过程人民民主】

全过程人民民主是社会主义民主政治的本质属性，是最广泛、最真实、最管用的民主。必须坚定不移走中国特色社会主义政治发展道路，坚持党的领导、人民当家做主、依法治国有机统一。

【全面依法治国】

全面依法治国是国家治理的一场深刻革命，关系党执政兴国，关系人民幸福安康，关系党和国家长治久安。必须更好发挥法治固根本、稳预期、利长远的保障作用，在法治轨道上全面建设社会主义现代化国家。

【文化自信自强】

全面建设社会主义现代化国家，必须坚持中国特色社会主义文化发展道路，增强文化自信，围绕举旗帜、聚民心、育新人、兴文化、展形象建设社会主义文化强国，发展面向现代化、面向世界、面向未来的，民族的科学的大众的社会主义文化，激发全民族文化创新创造活力，增强实现中华民族伟大复兴的精神力量。

【为民造福】

治国有常，利民为本。为民造福是立党为公、执政为民的本质要求。必须坚持在发展中保障和改善民生，鼓励共同奋斗创造美好生活，不断实现人民对美好生活的向往。

【完善分配制度】

坚持按劳分配为主体、多种分配方式并存，构建初次分配、再分配、第三次分配协调配套的制度体系。努力提高居民收入在国民收入分配中的比重，提高劳动报酬在初次分配中的比重。坚持多劳多得，鼓励勤劳致富，促进机会公平，增加低收入者收入，扩大中等收入群体。规范收入分配秩序，规范财富积累机制，保护合法收入，调节过高收入，取缔非法收入。

【推动绿色发展】

大自然是人类赖以生存发展的基本条件。尊重自然、顺应自然、保护自然，是全面建设社会主义现代化国家的内在要求。必须牢固树立和践行绿水青山就是金山银山的理念，站在人与自然和谐共生的高度谋划发展。

【总体国家安全观】

国家安全是民族复兴的根基，社会稳定是国家强盛的前提。必须坚定不移贯彻总体国家安全观，把维护国家安全贯穿党和国家工作各方面全过程，确保国家安全和社会稳定。

【新安全格局】

我们要坚持以人民安全为宗旨、以政治安全为根本、以经济安全为基础、以军事科技文化社会安全为保障、以促进国际安全为依托，统筹外部安全和内部安全、国土安全和国民安全、传统安全和非传统安全、自身安全和共同安全，统筹维护和塑造国家安全，夯实国家安全和社会稳定基层基础，完善参与全球安全治理机制，建设更高水平的平安中国，以新安全格局保障新发展格局。

【开创国防和军队现代化新局面】

实现建军一百年奋斗目标，开创国防和军队现代化新局面。

如期实现建军一百年奋斗目标，加快把人民军队建成世界一流军队，是全面建设社会主义现代化国家的战略要求。必须贯彻新时代党的强军思想，贯彻新时代军事战略方针，坚持党对人民军队的绝对领导，坚持政治建军、改革强军、科技强军、人才强军、依法治军，坚持边斗争、边备战、边建设，坚持机械化信息化智能化融合发展，加快军事理论现代化、军队组织形态现代化、军事人员现代化、武器装备现代化，提高捍卫国家主权、安全、发展利益战略能力，有效履行新时代人民军队使命任务。

【坚持和完善“一国两制”，推进祖国统一】

“一国两制”是中国特色社会主义的伟大创举，是香港、澳门回归后保持长期繁荣稳定的最佳制度安排，必须长期坚持。

坚持贯彻新时代党解决台湾问题的总体方略，牢牢把握两岸关系主导权和主动权，坚定不移推进祖国统一大业。

解决台湾问题是中国人自己的事，要由中国人来决定。我们坚持以最大诚意、尽最大努力争取和平统一的前景，但决不承诺放弃使用武力，保留采取一切必要措施的选项，这针对的是外部势力干涉和极少数“台独”分裂分子及其分裂活动，绝非针对广大台湾同胞。国家统一、民族复兴的历史车轮滚滚向前，祖国完全统一一定要实现，也一定能够实现！

【人类命运共同体】

中国提出了全球发展倡议、全球安全倡议，愿同国际社会一道努力落实。我们真诚呼吁，世界各国弘扬和平、发展、公平、正义、民主、自由的全人类共同价值，促进各国人民相知相亲，尊重世界文明多样性，以文明交流超越文明隔阂、文明互鉴超越文明冲突、文明共存超越文明优越，共同应对各种全球性挑战。中国人民愿同世界人民携手开创人类更加美好的未来。

【新时代党的建设新的伟大工程】

全面建设社会主义现代化国家、全面推进中华民族伟大复兴，关键在党。我们党作为世界上最大的马克思主义执政党，要始终赢得人民拥护、巩固长期执政地位，必须时刻保持解决大党独有难题的清醒和坚定。全党必须牢记，全面从严治党永远在路上，党的自我革命永远在路上，决不能有松劲歇脚、疲劳厌战的情绪，必须持之以恒推进全面从严治党，深入推进新时代党的建设新的伟大工程，以党的自我革命引领社会革命。

【五个“必由之路”】

全党必须牢记，坚持党的全面领导是坚持和发展中国特色社会主义的必由之路，中国特色社会主义是实现中华民族伟大复兴的必由之路，团结奋斗是中国人民创造历史伟业的必由之路，贯彻新发展理念是新时代我国发展壮大的必由之路，全面从严治党是党永葆生机活力、走好新的赶考之路的必由之路。

【战略性工作】

青年强，则国家强。当代中国青年生逢其时，施展才干的舞台无比广阔，实现梦想的前景无比光明。全党要把青年工作作为战略性工作来抓，用党的科学理论武装青年，用党的初心使命感召青年，做青年朋友的知心人、青年工作的热心人、青年群众的引路人。

（资料来源：人民网·中国共产党新闻网）

相关链接 2

9个重要表述，带你理解高质量发展

习近平在党的二十大报告中提出，必须完整、准确、全面贯彻新发展理念，坚持社会主义市场经济改革方向，坚持高水平对外开放，加快构建以国内大循环为主体、国内国际双循环相互促进的新发展格局。

中国式现代化

报告原文

在新中国成立特别是改革开放以来长期探索和实践基础上，经过十八大以来在理论和实践上的创新突破，我们党成功推进和拓展了中国式现代化。

中国式现代化，是中国共产党领导的社会主义现代化，既有各国现代化的共同特征，更有基于自己国情的中国特色。

高水平社会主义市场经济体制

报告原文

构建高水平社会主义市场经济体制。坚持和完善社会主义基本经济制度，毫不动摇巩固和发展公有制经济，毫不动摇鼓励、支持、引导非公有制经济发展，充分发挥市场在资源配置中的决定性作用，更好发挥政府作用。

现代化产业体系

报告原文

建设现代化产业体系。坚持把发展经济的着力点放在实体经济上，推进新型工业化，加快建设制造强国、质量强国、航天强国、交通强国、网络强国、数字中国。

乡村振兴

报告原文

全面推进乡村振兴。坚持农业农村优先发展，坚持城乡融合发展，畅通城乡要素流动。扎实推动乡村产业、人才、文化、生态、组织振兴。全方位夯实粮食安全根基，牢牢守住十八亿亩耕地红线。深化农村土地制度改革，赋予农民更加充分的财产权益。保障进城落户农民合法土地权益，鼓励依法自愿有偿转让。

区域协调发展

报告原文

促进区域协调发展。深入实施区域协调发展战略、区域重大战略、主体功能区战略、新型城镇化战略，优化重大生产力布局，构建优势互补、高质量发展的区域经济布局和国土空间体系。

高水平对外开放

报告原文

推进高水平对外开放。稳步扩大规则、规制、管理、标准等制度型开放。加快建设贸易强国。营造市场化、法治化、国际化一流营商环境。推动共建“一带一路”高质量发展。有序推进人民币国际化。深度参与全球产业分工和合作，维护多元稳定的国际经济格局和经贸关系。

新领域新赛道

报告原文

必须坚持科技是第一生产力、人才是第一资源、创新是第一动力，深入实施科教兴国战略、人才强国战略、创新驱动发展战略，开辟发展新领域新赛道，不断塑造发展新动能新优势。

共同富裕

报告原文

我们要实现好、维护好、发展好最广大人民根本利益，紧紧抓住人民最关心最直接最现实的利益问题，坚持尽力而为、量力而行，深入群众、深入基层，采取更多惠民生、暖民心举措，着力解决好人民群众急难愁盼问题，健全基本公共服务体系，提高公共服务水平，增强均衡性和可及性，扎实推进共同富裕。

和谐共生

报告原文

大自然是人类赖以生存发展的基本条件。尊重自然、顺应自然、保护自然，是全面建设社会主义现代化国家的内在要求。必须牢固树立和践行绿水青山就是金山银山的理念，站在人与自然和谐共生的高度谋划发展。

（资料来源：http://finance.people.com.cn/n1/2022/1018/c1004-32547280.html）

相关链接 3

高举中国特色社会主义伟大旗帜
为全面建设社会主义现代化国家而团结奋斗
——在中国共产党第二十次全国代表大会上的报告（节选）

八、推进文化自信自强，铸就社会主义文化新辉煌

全面建设社会主义现代化国家，必须坚持中国特色社会主义文化发展道路，增强文化自信，围绕举旗帜、聚民心、育新人、兴文化、展形象建设社会主义文化强国，发展面向现代化、面向世界、面向未来的，民族的科学的大众的社会主义文化，激发全民族文化创新创造活力，增强实现中华民族伟大复兴的精神力量。

我们要坚持马克思主义在意识形态领域指导地位的根本制度，坚持为人民服务、为

社会主义服务，坚持百花齐放、百家争鸣，坚持创造性转化、创新性发展，以社会主义核心价值观为引领，发展社会主义先进文化，弘扬革命文化，传承中华优秀传统文化，满足人民日益增长的精神文化需求，巩固全党全国各族人民团结奋斗的共同思想基础，不断提升国家文化软实力和中华文化影响力。

（一）建设具有强大凝聚力和引领力的社会主义意识形态

意识形态工作是为国家立心、为民族立魂的工作。牢牢掌握党对意识形态工作领导权，全面落实意识形态工作责任制，巩固壮大奋进新时代的主流思想舆论。健全用党的创新理论武装全党、教育人民、指导实践工作体系。加强全媒体传播体系建设，塑造主流舆论新格局。健全网络综合治理体系，推动形成良好网络生态。

（二）广泛践行社会主义核心价值观

社会主义核心价值观是凝聚人心、汇聚民力的强大力量。弘扬以伟大建党精神为源头的中国共产党人精神谱系，用好红色资源，深入开展社会主义核心价值观宣传教育，深化爱国主义、集体主义、社会主义教育，着力培养担当民族复兴大任的时代新人。推动理想信念教育常态化制度化，持续抓好党史、新中国史、改革开放史、社会主义发展史宣传教育，引导人民知史爱党、知史爱国，不断坚定中国特色社会主义共同理想。用社会主义核心价值观铸魂育人，完善思想政治工作体系，推进大中小学思想政治教育一体化建设。坚持依法治国和以德治国相结合，把社会主义核心价值观融入法治建设、融入社会发展、融入日常生活。

（三）提高全社会文明程度

实施公民道德建设工程，弘扬中华传统美德，加强家庭家教家风建设，加强和改进未成年人思想道德建设，推动明大德、守公德、严私德，提高人民道德水准和文明素养。统筹推动文明培育、文明实践、文明创建，推进城乡精神文明建设融合发展，在全社会弘扬劳动精神、奋斗精神、奉献精神、创造精神、勤俭节约精神，培育时代新风新貌。加强国家科普能力建设，深化全民阅读活动。完善志愿服务制度和工作体系。弘扬诚信文化，健全诚信建设长效机制。发挥党和国家功勋荣誉表彰的精神引领、典型示范作用，推动全社会见贤思齐、崇尚英雄、争做先锋。

（四）繁荣发展文化事业和文化产业

坚持以人民为中心的创作导向，推出更多增强人民精神力量的优秀作品，培育造就大批德艺双馨的文学艺术家和规模宏大的文化文艺人才队伍。坚持把社会效益放在首位、社会效益和经济效益相统一，深化文化体制改革，完善文化经济政策。实施国家文化数字化战略，健全现代公共文化服务体系，创新实施文化惠民工程。健全现代文化产业体系和市场体系，实施重大文化产业项目带动战略。加大文物和文化遗产保护力度，加强城乡建设中历史文化保护传承，建好用好国家文化公园。坚持以文塑旅、以旅彰文，推进文化和旅游深度融合发展。广泛开展全民健身活动，加强青少年体育工作，促进群众体育和竞技体育全面发展，加快建设体育强国。

（五）增强中华文明传播力影响力

坚守中华文化立场，提炼展示中华文明的精神标识和文化精髓，加快构建中国话语和中国叙事体系，讲好中国故事、传播好中国声音，展现可信、可爱、可敬的中国形象。加强国际传播能力建设，全面提升国际传播效能，形成同我国综合国力和国际地位相匹配的国际话语权。深化文明交流互鉴，推动中华文化更好走向世界。

（资料来源：http://www.gov.cn/xinwen/2022-10/25/content_5721685.htm）

第二节　深入学习领会习近平文化思想

在全国宣传思想文化工作会议上，党中央正式提出并系统阐述了习近平文化思想。这是一个重大决策，在党的理论创新进程中具有重大意义，在党的宣传思想文化事业发展史上具有里程碑意义。

习近平文化思想，是新时代党领导文化建设实践经验的理论总结，是对马克思主义文化理论的丰富和发展，是习近平新时代中国特色社会主义思想的文化篇。

习近平文化思想的形成，标志着我们党对中国特色社会主义文化建设规律的认识达到了新高度，表明我们党的历史自信、文化自信达到了新高度。

习近平文化思想内涵丰富、思想深邃、博大精深，为我们在新时代新征程继续推动文化繁荣、建设文化强国、建设中华民族现代文明提供了强大思想武器和科学行动指南。

深入学习领会习近平文化思想，是全党尤其是全国宣传思想文化战线的一项重要政治任务。

一、深入学习领会关于坚持党的文化领导权的重要论述

坚持党的文化领导权是事关党和国家前途命运的大事。坚持党的文化领导权，是习近平总书记深刻总结党的历史经验、洞察时代发展大势提出来的，充分体现了对新时代文化地位作用的深刻认识，体现了对党的意识形态工作的科学把握。习近平总书记指出，意识形态关乎旗帜、关乎道路、关乎国家政治安全。“经济建设是党的中心工作，意识形态工作是党的一项极端重要的工作。面对改革发展稳定复杂局面和社会思想意识多元多样、媒体格局深刻变化，在集中精力进行经济建设的同时，一刻也不能放松和削弱意识形态工作，必须把意识形态工作的领导权、管理权、话语权牢牢掌握在手中，任何时候都不能旁落，否则就要犯无可挽回的历史性错误。”党管宣传、党管意识形态、党管媒体是坚持党的领导的重要方面，要“坚持政治家办报、办刊、办台、办新闻网站”。他强调：“所有宣传思想部门和单位，所有宣传思想战线上的党员、干部，都要旗帜鲜明坚持党性原则。”“坚持党性，核心

就是坚持正确政治方向，站稳政治立场，坚定宣传党的理论和路线方针政策，坚定宣传中央重大工作部署，坚定宣传中央关于形势的重大分析判断，坚决同党中央保持高度一致，坚决维护党中央权威。”“做到爱党、护党、为党。”他要求，要全面落实意识形态工作责任制，“各级党委要负起政治责任和领导责任，把宣传思想工作摆在全局工作的重要位置，加强对宣传思想领域重大问题的分析研判和重大战略性任务的统筹指导”“宣传思想战线的同志要履行好自己的神圣职责和光荣使命，以战斗的姿态、战士的担当，积极投身宣传思想领域斗争一线”“要牢牢掌握意识形态工作领导权”“建设具有强大凝聚力和引领力的社会主义意识形态”。习近平总书记的这些重要论述，深刻阐明了加强党对宣传思想文化工作领导的极端重要性，明确了做好宣传思想文化工作必须坚持的政治保证。

二、深入学习领会关于推动物质文明和精神文明协调发展的重要论述

推动物质文明和精神文明协调发展是坚持和发展中国特色社会主义的本质特征。立足中国特色社会主义事业发展全局，正确把握物质文明和精神文明的辩证关系，体现了对社会主义精神文明建设重要性和中国国情的深刻认识和全面把握。习近平总书记指出，实现中华民族伟大复兴的中国梦，物质财富要极大丰富，精神财富也要极大丰富。中国式现代化是物质文明和精神文明相协调的现代化。物质富足、精神富有是社会主义现代化的根本要求。物质贫困不是社会主义，精神贫乏也不是社会主义。他强调：“人无精神则不立，国无精神则不强。精神是一个民族赖以长久生存的灵魂，唯有精神上达到一定的高度，这个民族才能在历史的洪流中屹立不倒、奋勇向前。”“我们要继续锲而不舍、一以贯之抓好社会主义精神文明建设，为全国各族人民不断前进提供坚强的思想保证、强大的精神力量、丰润的道德滋养。”他指出，我们不断厚植现代化的物质基础，不断夯实人民幸福生活的物质条件，同时大力发展社会主义先进文化，加强理想信念教育，传承中华文明，促进物的全面丰富和人的全面发展。他要求，“加强思想道德建设，深入实施公民道德建设工程，加强和改进思想政治工作，推进新时代文明实践中心建设，不断提升人民思想觉悟、道德水准、文明素养和全社会文明程度”“深入开展群众性精神文明创建活动”“深化文明城市、文明村镇、文明单位、文明家庭、文明校园创建工作，推进诚信建设和志愿服务制度化，提高全社会道德水平”“深入挖掘、继承、创新优秀传统乡土文化，弘扬新风正气，推进移风易俗，培育文明乡风、良好家风、淳朴民风，焕发乡村文明新气象”。习近平总书记的这些重要论述，站在经济建设和上层建筑关系的哲学高度，深刻阐释了社会运动规律，深刻阐明了精神文明的重要作用，具有极为重要的本体论和认识论意义，为新时代坚持和发展中国特色社会主义、推进中国式现代化提供了科学指引。

三、深入学习领会关于“两个结合”的根本要求的重要论述

“两个结合”的根本要求拓展了中国特色社会主义文化发展道路。创造性提出并阐述“两个结合”，揭示了开辟和发展中国特色社会主义的必由之路，也揭示了党推动理论创新和文化繁荣的必由之路。习近平总书记指出，新的征程上，我们必须“坚持把马克思主义基本原理同中国具体实际相结合、同中华优秀传统文化相结合”“中国共产党人深刻认识到，只有把马克思主义基本原理同中国具体实际相结合、同中华优秀传统文化相结合，坚持运用辩证唯物主义和历史唯物主义，才能正确回答时代和实践提出的重大问题，才能始终保持马克思主义的蓬勃生机和旺盛活力”。他指出，在五千多年中华文明深厚基础上开辟和发展中国特色社会主义，把马克思主义基本原理同中国具体实际、同中华优秀传统文化相结合是必由之路。“如果没有中华五千年文明，哪里有什么中国特色？如果不是中国特色，哪有我们今天这么成功的中国特色社会主义道路？”只有立足波澜壮阔的中华五千多年文明史，才能真正理解中国道路的历史必然、文化内涵与独特优势。他强调，历史正反两方面的经验表明，“两个结合”是我们取得成功的最大法宝。第一，“结合”的前提是彼此契合。马克思主义和中华优秀传统文化来源不同，但彼此存在高度的契合性。相互契合才能有机结合。正是在这个意义上，我们才说中国共产党既是马克思主义的坚定信仰者和践行者，又是中华优秀传统文化的忠实继承者和弘扬者。第二，“结合”的结果是互相成就。“结合”不是“拼盘”，不是简单的“物理反应”，而是深刻的“化学反应”，造就了一个有机统一的新的文化生命体。“第二个结合”让马克思主义成为中国的，中华优秀传统文化成为现代的，让经由“结合”而形成的新文化成为中国式现代化的文化形态。第三，“结合”筑牢了道路根基。我们的社会主义为什么不一样？为什么能够生机勃勃、充满活力？关键就在于中国特色。中国特色的关键就在于“两个结合”。中国式现代化赋予中华文明以现代力量，中华文明赋予中国式现代化以深厚底蕴。第四，“结合”打开了创新空间。“结合”本身就是创新，同时又开启了广阔的理论和实践创新空间。“第二个结合”让我们掌握了思想和文化主动，并有力地作用于道路、理论和制度。“第二个结合”是又一次的思想解放，让我们能够在更广阔的文化空间中，充分运用中华优秀传统文化的宝贵资源，探索面向未来的理论和制度创新。第五，“结合”巩固了文化主体性。任何文化要立得住、行得远，要有引领力、凝聚力、塑造力、辐射力，就必须有自己的主体性。文化自信就来自我们的文化主体性。这一主体性是中国共产党带领中国人民在中国大地上建立起来的；是在创造性转化、创新性发展中华优秀传统文化，继承革命文化，发展社会主义先进文化的基础上，借鉴吸收人类一切优秀文明成果的基础上建立起来的；是通过把马克思主义基本原理同中国具体实际、同中华优秀传统文化相结合建立起来的。创立习近平新时代中国特色社会主义思想就是这一文化主体性的最有力体现。习近平总书记的这些重要论述，充分表明我们党对中国道路、中国理论、中国制度的认识进一步升华，拓展了中国特色社会主义道路的文化根基。

四、深入学习领会关于新的文化使命的重要论述

新的文化使命彰显了我们党促进中华文化繁荣、创造人类文明新形态的历史担当。在强国建设、民族复兴伟业深入推进的关键时刻，高瞻远瞩提出新的文化使命，具有强大感召力和引领力。习近平总书记指出，“做好新形势下宣传思想工作，必须自觉承担起举旗帜、聚民心、育新人、兴文化、展形象的使命任务”“巩固马克思主义在意识形态领域的指导地位、巩固全党全国各族人民团结奋斗的共同思想基础”“在新的起点上继续推动文化繁荣、建设文化强国、建设中华民族现代文明，是我们在新时代新的文化使命”。他强调，要坚持中国特色社会主义文化发展道路，发展社会主义先进文化，弘扬革命文化，传承中华优秀传统文化，激发全民族文化创新创造活力，增强实现中华民族伟大复兴的精神力量。他指出：“中国特色社会主义文化，源自中华民族五千多年文明历史所孕育的中华优秀传统文化，熔铸于党领导人民在革命、建设、改革中创造的革命文化和社会主义先进文化，植根于中国特色社会主义伟大实践。发展中国特色社会主义文化，就是以马克思主义为指导，坚守中华文化立场，立足当代中国现实，结合当今时代条件，发展面向现代化、面向世界、面向未来的，民族的科学的大众的社会主义文化，推动社会主义精神文明和物质文明协调发展。要坚持为人民服务、为社会主义服务，坚持百花齐放、百家争鸣，坚持创造性转化、创新性发展，不断铸就中华文化新辉煌。”他强调：“对历史最好的继承就是创造新的历史，对人类文明最大的礼敬就是创造人类文明新形态。”他要求，新时代的文化工作者必须以守正创新的正气和锐气，赓续历史文脉、谱写当代华章。习近平总书记的这些重要论述，强调了新的文化使命是新时代新征程党的使命任务对文化发展的必然要求，落脚点是铸就社会主义文化新辉煌、建设中华民族现代文明。

五、深入学习领会关于坚定文化自信的重要论述

坚定文化自信，是事关国运兴衰、事关文化安全、事关民族精神独立性的大问题。习近平总书记指出：“一个国家、一个民族的强盛，总是以文化兴盛为支撑的，中华民族伟大复兴需要以中华文化发展繁荣为条件。”“我们说要坚定中国特色社会主义道路自信、理论自信、制度自信，说到底是要坚定文化自信。”“文化自信，是更基础、更广泛、更深厚的自信，是更基本、更深沉、更持久的力量。”他强调：“中华文明历经数千年而绵延不绝、迭遭忧患而经久不衰，这是人类文明的奇迹，也是我们自信的底气。坚定文化自信，就是坚持走自己的路。坚定文化自信的首要任务，就是立足中华民族伟大历史实践和当代实践，用中国道理总结好中国经验，把中国经验提升为中国理论，既不盲从各种教条，也不照搬外国理论，实现精神上的独立自主。要把文化自信融入全民族的精神气质与文化品格中，养成昂扬向上的风貌和理性平和的心态。”习近平总书记的这些重要论述，深刻阐明了文化自信的特殊重要性，彰显了我们党高度的文化自觉和文

化担当，把我们党对文化地位和作用的认识提升到一个新高度。

六、深入学习领会关于培育和践行社会主义核心价值观的重要论述

培育和践行社会主义核心价值观是凝魂聚气、强基固本的基础工程。坚持以德树人、以文化人，是习近平总书记始终念兹在兹、谆谆教诲的一件大事。习近平总书记指出："人类社会发展的历史表明，对一个民族、一个国家来说，最持久、最深层的力量是全社会共同认可的核心价值观。核心价值观，承载着一个民族、一个国家的精神追求，体现着一个社会评判是非曲直的价值标准。""核心价值观是一个国家的重要稳定器，能否构建具有强大感召力的核心价值观，关系社会和谐稳定，关系国家长治久安。""如果没有共同的核心价值观，一个民族、一个国家就会魂无定所、行无依归。"他指出："我们提出要倡导富强、民主、文明、和谐，倡导自由、平等、公正、法治，倡导爱国、敬业、诚信、友善，积极培育和践行社会主义核心价值观。富强、民主、文明、和谐是国家层面的价值要求，自由、平等、公正、法治是社会层面的价值要求，爱国、敬业、诚信、友善是公民层面的价值要求。这个概括，实际上回答了我们要建设什么样的国家、建设什么样的社会、培育什么样的公民的重大问题。"他强调："核心价值观的养成绝非一日之功，要坚持由易到难、由近及远，努力把核心价值观的要求变成日常的行为准则，进而形成自觉奉行的信念理念。""要注意把社会主义核心价值观日常化、具体化、形象化、生活化，使每个人都能感知它、领悟它，内化为精神追求，外化为实际行动，做到明大德、守公德、严私德。"他要求，弘扬以伟大建党精神为源头的中国共产党人精神谱系，用好红色资源。"要以培养担当民族复兴大任的时代新人为着眼点，强化教育引导、实践养成、制度保障，发挥社会主义核心价值观对国民教育、精神文明创建、精神文化产品创作生产传播的引领作用，把社会主义核心价值观融入社会发展各方面，转化为人们的情感认同和行为习惯。坚持全民行动、干部带头，从家庭做起，从娃娃抓起。深入挖掘中华优秀传统文化蕴含的思想观念、人文精神、道德规范，结合时代要求继承创新，让中华文化展现出永久魅力和时代风采。"习近平总书记的这些重要论述，深刻阐明了中国特色社会主义文化建设的一项根本任务，明确了推进社会主义核心价值观建设的重点和着力点。

七、深入学习领会关于掌握信息化条件下舆论主导权、广泛凝聚社会共识的重要论述

掌握信息化条件下舆论主导权、广泛凝聚社会共识是巩固壮大主流思想文化的必然要求。习近平总书记站在时代和科技前沿，对如何做好信息化条件下宣传思想文化工作进行了深邃思考。习近平总书记指出，当今世界，一场新的全方位综合国力竞争正在全球展开。能不能适应和引领互联网发展，成为决定大国兴衰的一个关键。世界各大国均

把信息化作为国家战略重点和优先发展方向，围绕网络空间发展主导权、制网权的争夺日趋激烈，世界权力图谱因信息化而被重新绘制，互联网成为影响世界的重要力量。当今世界，谁掌握了互联网，谁就把握住了时代主动权；谁轻视互联网，谁就会被时代所抛弃。一定程度上可以说，得网络者得天下。他深刻指出："没有网络安全就没有国家安全，没有信息化就没有现代化，网络安全和信息化事关党的长期执政，事关国家长治久安，事关经济社会发展和人民群众福祉，过不了互联网这一关，就过不了长期执政这一关，要把网信工作摆在党和国家事业全局中来谋划，切实加强党的集中统一领导。"网络空间是亿万民众共同的精神家园。网络空间天朗气清、生态良好，符合人民利益。网络空间乌烟瘴气、生态恶化，不符合人民利益。互联网已经成为舆论斗争的主战场。在互联网这个战场上，我们能否顶得住、打得赢，直接关系我国意识形态安全和政权安全。他特别提出："管好用好互联网，是新形势下掌控新闻舆论阵地的关键，重点要解决好谁来管、怎么管的问题。"我们必须科学认识网络传播规律，准确把握网上舆情生成演化机理，不断推进工作理念、方法手段、载体渠道、制度机制创新，提高用网治网水平，使互联网这个最大变量变成事业发展的最大增量。"我们要本着对社会负责、对人民负责的态度，依法加强网络空间治理，加强网络内容建设，做强网上正面宣传，培育积极健康、向上向善的网络文化，用社会主义核心价值观和人类优秀文明成果滋养人心、滋养社会，做到正能量充沛、主旋律高昂，为广大网民特别是青少年营造一个风清气正的网络空间。""随着 5G、大数据、云计算、物联网、人工智能等技术不断发展，移动媒体将进入加速发展新阶段。要坚持移动优先策略，建设好自己的移动传播平台，管好用好商业化、社会化的互联网平台，让主流媒体借助移动传播，牢牢占据舆论引导、思想引领、文化传承、服务人民的传播制高点。"习近平总书记的这些重要论述，是我们党对信息化时代新闻传播规律的深刻总结，明确了做好党的新闻舆论工作的原则要求和方法路径。

八、深入学习领会关于以人民为中心的工作导向的重要论述

以人民为中心的工作导向体现了我们党领导和推动文化建设的鲜明立场。新时代以来宣传思想文化改革发展历程，贯穿着以人民为中心的鲜明主线，充分展现了习近平总书记深厚的人民情怀。习近平总书记指出，"人民性是马克思主义的本质属性""人民立场是中国共产党的根本政治立场""中国共产党的根本宗旨是全心全意为人民服务"。宣传思想文化工作必须坚持以人民为中心的工作导向。他强调："文艺要反映好人民心声，就要坚持为人民服务、为社会主义服务这个根本方向。""以人民为中心，就是要把满足人民精神文化需求作为文艺和文艺工作的出发点和落脚点，把人民作为文艺表现的主体，把人民作为文艺审美的鉴赏家和评判者，把为人民服务作为文艺工作者的天职。"他强调，哲学社会科学研究要"坚持以马克思主义为指导，核心要解决好为什么人的问题。为什么人的问题是哲学社会科学研究的根本性、原则性问题。我国哲学社会科学为

谁著书、为谁立说，是为少数人服务还是为绝大多数人服务，是必须搞清楚的问题”。他指出：“我们的党是全心全意为人民服务的党，我们的国家是人民当家作主的国家，党和国家一切工作的出发点和落脚点是实现好、维护好、发展好最广大人民根本利益。我国哲学社会科学要有所作为，就必须坚持以人民为中心的研究导向。脱离了人民，哲学社会科学就不会有吸引力、感染力、影响力、生命力。我国广大哲学社会科学工作者要坚持人民是历史创造者的观点，树立为人民做学问的理想，尊重人民主体地位，聚焦人民实践创造，自觉把个人学术追求同国家和民族发展紧紧联系在一起，努力多出经得起实践、人民、历史检验的研究成果。”习近平总书记的这些重要论述，深刻回答了文化为什么人的问题，彰显了党的性质宗旨和初心使命。

九、深入学习领会关于保护历史文化遗产的重要论述

保护历史文化遗产是推动文化传承发展的重要基础。历史文化遗产承载着中华民族的基因和血脉。习近平总书记对文化遗产保护高度重视，展现了强烈的文明担当、深沉的文化情怀。习近平总书记指出，中华文明探源工程等重大工程的研究成果，实证了我国百万年的人类史、一万年的文化史、五千多年的文明史。历史文化遗产“不仅属于我们这一代人，也属于子孙万代”。“革命文物承载党和人民英勇奋斗的光荣历史，记载中国革命的伟大历程和感人事迹，是党和国家的宝贵财富，是弘扬革命传统和革命文化、加强社会主义精神文明建设、激发爱国热情、振奋民族精神的生动教材。”中华文化是我们提高国家文化软实力最深厚的源泉，是我们提高国家文化软实力的重要途径。要使中华民族最基本的文化基因与当代文化相适应、与现代社会相协调，以人们喜闻乐见、具有广泛参与性的方式推广开来，把跨越时空、超越国度、富有永恒魅力、具有当代价值的文化精神弘扬起来，把继承传统优秀文化又弘扬时代精神、立足本国又面向世界的当代中国文化创新成果传播出去。要系统梳理传统文化资源，让收藏在禁宫里的文物、陈列在广阔大地上的遗产、书写在古籍里的文字都活起来。“要敬畏历史、敬畏文化、敬畏生态，全面保护好历史文化遗产，统筹好旅游发展、特色经营、古城保护，筑牢文物安全底线，守护好前人留给我们的宝贵财富。”他指出：“不忘历史才能开辟未来，善于继承才能善于创新。优秀传统文化是一个国家、一个民族传承和发展的根本，如果丢掉了，就割断了精神命脉。我们要善于把弘扬优秀传统文化和发展现实文化有机统一起来，紧密结合起来，在继承中发展，在发展中继承。传统文化在其形成和发展过程中，不可避免会受到当时人们的认识水平、时代条件、社会制度的局限性的制约和影响，因而也不可避免会存在陈旧过时或已成为糟粕性的东西。这就要求人们在学习、研究、应用传统文化时坚持古为今用、推陈出新，结合新的实践和时代要求进行正确取舍，而不能一股脑儿都拿到今天来照套照用。”他强调，要坚持古为今用、以古鉴今，坚持有鉴别的对待、有扬弃的继承，而不能搞厚古薄今、以古非今，努力实现传统文化的创造性转化、创新性发展，使之与现实文化相融相通，共同服务以文化人的时代

任务，“为更好建设中华民族现代文明提供借鉴”。他要求：“各级党委和政府要增强对历史文物的敬畏之心，树立保护文物也是政绩的科学理念，统筹好文物保护与经济社会发展，全面贯彻‘保护为主、抢救第一、合理利用、加强管理’的工作方针，切实加大文物保护力度，推进文物合理适度利用，使文物保护成果更多惠及人民群众。各级文物部门要不辱使命，守土尽责，提高素质能力和依法管理水平，广泛动员社会力量参与，努力走出一条符合国情的文物保护利用之路，为实现‘两个一百年’奋斗目标、实现中华民族伟大复兴的中国梦作出更大贡献。”习近平总书记的这些重要论述，体现了马克思主义历史观，宣示了我们党对待民族历史文化的基本态度。

十、深入学习领会关于构建中国话语和中国叙事体系的重要论述

构建中国话语和中国叙事体系体现了我们党提高国家文化软实力、占据国际道义制高点的战略谋划。习近平总书记提出增强我国国际话语权的重要任务并摆上突出位置，体现了宽广的世界眼光和高超的战略思维。习近平总书记指出，要“增强中华文明传播力影响力。坚守中华文化立场，提炼展示中华文明的精神标识和文化精髓，加快构建中国话语和中国叙事体系，讲好中国故事、传播好中国声音，展现可信、可爱、可敬的中国形象”“要讲清楚中国是什么样的文明和什么样的国家，讲清楚中国人的宇宙观、天下观、社会观、道德观，展现中华文明的悠久历史和人文底蕴，促使世界读懂中国、读懂中国人民、读懂中国共产党、读懂中华民族”。他认为，讲故事，是国际传播的最佳方式。要讲好中国特色社会主义的故事，讲好中国梦的故事，讲好中国人的故事，讲好中华优秀文化的故事，讲好中国和平发展的故事。讲故事就是讲事实、讲形象、讲情感、讲道理，讲事实才能说服人，讲形象才能打动人，讲情感才能感染人，讲道理才能影响人。他要求，要组织各种精彩、精炼的故事载体，把中国道路、中国理论、中国制度、中国精神、中国力量寓于其中，使人想听爱听，听有所思，听有所得。要创新对外话语表达方式，研究国外不同受众的习惯和特点，采用融通中外的概念、范畴、表述，把我们想讲的和国外受众想听的结合起来，把“陈情”和“说理”结合起来，把“自己讲”和“别人讲”结合起来，使故事更多为国际社会和海外受众所认同。要加强国际传播能力建设，全面提升国际传播效能，形成同我国综合国力和国际地位相匹配的国际话语权。深化文明交流互鉴，推动中华文化更好走向世界。要完善人文交流机制，创新人文交流方式，发挥各地区各部门各方面作用，综合运用大众传播、群体传播、人际传播等多种方式展示中华文化魅力。习近平总书记的这些重要论述，既是思想理念又是工作方法，指明了提升国家文化软实力的关键点和着力点。

十一、深入学习领会关于促进文明交流互鉴的重要论述

促进文明交流互鉴彰显了中国共产党人开放包容的胸襟格局。习近平总书记提出弘

扬全人类共同价值、落实全球文明倡议等重要理念、重大主张，着眼的就是开放包容，为推动人类文明进步、应对全球共同挑战提供了战略指引。习近平总书记指出："文明没有高下、优劣之分，只有特色、地域之别。""每一种文明都扎根于自己的生存土壤，凝聚着一个国家、一个民族的非凡智慧和精神追求，都有自己存在的价值。""历史告诉我们，只有交流互鉴，一种文明才能充满生命力。""文明因交流而多彩，文明因互鉴而丰富。文明交流互鉴，是推动人类文明进步和世界和平发展的重要动力。"推动文明交流互鉴，可以丰富人类文明的色彩，让各国人民享受更富内涵的精神生活、开创更有选择的未来。他强调："我们应该推动不同文明相互尊重、和谐共处，让文明交流互鉴成为增进各国人民友谊的桥梁、推动人类社会进步的动力、维护世界和平的纽带。我们应该从不同文明中寻求智慧、汲取营养，为人们提供精神支撑和心灵慰藉，携手解决人类共同面临的各种挑战。"坚持美人之美、美美与共。担负起凝聚共识的责任，坚守和弘扬全人类共同价值。本着对人类前途命运高度负责的态度，做全人类共同价值的倡导者，以宽广胸怀理解不同文明对价值内涵的认识，尊重不同国家人民对价值实现路径的探索，把全人类共同价值具体地、现实地体现到实现本国人民利益的实践中去。他特别指出："在各国前途命运紧密相连的今天，不同文明包容共存、交流互鉴，在推动人类社会现代化进程、繁荣世界文明百花园中具有不可替代的作用。"为此，习近平总书记提出了全球文明倡议："共同倡导尊重世界文明多样性""共同倡导弘扬全人类共同价值""共同倡导重视文明传承和创新""共同倡导加强国际人文交流合作"。习近平总书记的这些重要论述，深刻揭示了人类文明发展的基本规律，体现了我们大党大国的天下情怀和责任担当。

习近平文化思想是一个不断展开的、开放式的思想体系，必将随着实践深入不断丰富发展。我们必须及时跟进，不断深入学习领会和贯彻落实[①]。

第三节　习近平对旅游工作作出的重要指示

一、着力完善现代旅游业体系加快建设旅游强国　推动旅游业高质量发展行稳致远

中共中央总书记、国家主席、中央军委主席习近平近日对旅游工作作出重要指示指出，改革开放特别是党的十八大以来，我国旅游发展步入快车道，形成全球最大国内旅游市场，成为国际旅游最大客源国和主要目的地，旅游业从小到大、由弱渐强，日益成为新兴的战略性支柱产业和具有显著时代特征的民生产业、幸福产业，成功走出了一条

① 资料来源：曲青山．深入学习领会习近平文化思想［N］．学习时报，2023-10-23（1）．

独具特色的中国旅游发展之路。

习近平强调，新时代新征程，旅游发展面临新机遇新挑战。要以新时代中国特色社会主义思想为指导，完整准确全面贯彻新发展理念，坚持守正创新、提质增效、融合发展，统筹政府与市场、供给与需求、保护与开发、国内与国际、发展与安全，着力完善现代旅游业体系，加快建设旅游强国，让旅游业更好服务美好生活、促进经济发展、构筑精神家园、展示中国形象、增进文明互鉴。各地区各部门要切实增强工作责任感使命感，分工协作、狠抓落实，推动旅游业高质量发展行稳致远。

全国旅游发展大会于2024年5月17日在京召开。中共中央政治局委员、中宣部部长李书磊在会上传达习近平重要指示并讲话，表示要深入学习贯彻习近平总书记重要指示和关于旅游发展的一系列重要论述，坚持以文塑旅、以旅彰文，走独具特色的中国旅游发展之路。要推动旅游业高质量发展、加快建设旅游强国，强化系统谋划和科学布局，保护文化遗产和生态资源，提升供给水平和服务质量，深化国际旅游交流合作，不断开创旅游发展新局面[①]。

二、加快建设旅游强国，总书记提出新要求

全国旅游发展大会是党中央首次以旅游发展为主题召开的重要会议，会上传达了习近平总书记对旅游工作作出的重要指示。

“新时代新征程，旅游发展面临新机遇新挑战。”在重要指示中，总书记既充分肯定改革开放特别是党的十八大以来旅游工作取得的显著成绩，又对加快建设旅游强国、推动旅游业高质量发展作出全面部署、提出明确要求。

（一）肯定一条道路

习近平总书记指出，改革开放特别是党的十八大以来，我国旅游发展步入快车道。

快车道，意味着发展速度快：2012年到2021年，国内旅游收入年均增长约10.6%；2012年到2019年，国内出游人数实现翻番。我国已形成全球最大国内旅游市场，也是国际旅游最大客源国和主要目的地。

快车道，也意味着发展方式别具一格：在中国，旅游是人民群众提升获得感、幸福感的重要方式，是传承弘扬中华文化的重要载体，是践行“绿水青山就是金山银山”理念的重要领域，还是乡村振兴的重要抓手……

对此，习近平总书记曾作出深刻阐释：

在黑龙江漠河北极村，指出“坚持林下经济和旅游业两业并举，让北国边塞风光、冰雪资源为乡亲们带来源源不断的收入”；

在山西云冈石窟，强调“让旅游成为人们感悟中华文化、增强文化自信的过程”；

① 资料来源：《人民日报》2024年5月18日第01版。

在河南新县的民宿店，赞许“依托丰富的红色文化资源和绿色生态资源发展乡村旅游，搞活了农村经济，是振兴乡村的好做法”……

从小到大、由弱渐强，特色突出、前景广阔。在重要指示中，总书记指出旅游业“日益成为新兴的战略性支柱产业和具有显著时代特征的民生产业、幸福产业”“成功走出了一条独具特色的中国旅游发展之路”。

（二）坚持三个原则

习近平总书记对旅游发展有着深刻认识和丰富实践。在《之江新语》中，他就写过一篇《重视打造旅游精品》的文章，指出：随着经济发展和人民群众生活水平不断提高，以观光为主的旅游已不能满足人们的需求。“求新、求奇、求知、求乐”的旅游愿望，要求我们不断推出更多更好的旅游产品。

如何把握新机遇、迎接新挑战？此次，习近平总书记鲜明提出了旅游发展要坚持的三个原则：

（1）守正创新。守正，守的是“基本盘”。绿水青山、历史文化、优质服务……这些都是旅游发展的基础，必须始终守护。创新，则是旅游发展的驱动力。只有开动脑筋，大胆求变，才能实现传统旅游业态、产品和服务的全面升级。

（2）提质增效。鼓励创新，也要防止“一哄而上”。旅游创新的目的应始终围绕提高质量、提高效率。如何将有限的旅游资源合理开发，创造更多旅游精品、名品？如何进一步发挥旅游的带动作用，让更多人受益？关心旅游“发展了什么”，更要注重“有什么效果”。

（3）融合发展。2020 年 9 月，习近平总书记在教育文化卫生体育领域专家代表座谈会上强调，要坚持以文塑旅、以旅彰文，推动文化和旅游融合发展。更多领域正与旅游相加相融、协同发展。科技、教育、交通、体育、工业……越多融合，越有助于延伸产业链、创造新价值、催生新业态。

（三）统筹五对关系

三个原则之外，总书记还强调统筹五对关系，体现了对旅游发展过程中若干重大关系的深刻把握。

统筹政府与市场。在旅游发展过程中，既充分发挥市场在旅游资源配置中的决定性作用，又发挥好政府在优化旅游规划布局、公共服务、营商环境等方面的重要作用。

统筹供给与需求。从“有没有”到“好不好”，人民的旅游需求呈现多样化、个性化、品质化趋势，这就要求旅游业继续推进供给侧结构性改革。

统筹保护与开发。开发是发展的客观要求，保护是开发的重要前提。只有科学合理的开发，才能促进旅游的快速发展。只有积极有效的保护，才能保证旅游的健康发展。

统筹国内与国际。做强做优做大国内旅游市场之外，提升中国旅游竞争力和影响力要求坚定不移扩大开放，发展好入出境旅游。

统筹发展与安全。安全是发展的前提，发展是安全的保障。要将安全作为检验行业可持续发展的重要标尺，守住安全生产底线、生态安全底线、意识形态安全底线。

（四）明确五项任务

有党中央高度重视，有人民群众积极支持，有老祖宗和大自然留给我们的丰厚资源，我们完全有条件、有能力建设旅游强国。

在重要指示中，总书记还提出旅游业的五项使命任务：服务美好生活、促进经济发展、构筑精神家园、展示中国形象、增进文明互鉴。

从个体层面看，旅游是人民生活水平提高的一个重要指标。发展旅游，就是要让人们在领略自然之美中感悟文化之美、陶冶心灵之美，让生活更加美好。

从社会层面看，发展旅游业是推动高质量发展的重要着力点，旅游也是文化的重要载体。这就要求我们既关注旅游的经济作用，也关注其增强人民精神力量的作用。

从国家层面看，旅游是不同国家、不同文化交流互鉴的重要渠道。只有进一步发展旅游，才能更好展示新时代的中国形象，在“双向奔赴”中交流文化、增进友谊。

这五项使命任务，是总书记对于旅游业作用的深刻总结，也是总书记对旅游业未来的殷切期许[①]。

---

① 资料来源：https://news.cnr.cn/native/gd/sz/20240518/t20240518_526709689.shtml.

第一章

会展与会展业概述

本章导读

本章围绕会展的基本概念、特点和会展业的发展展开。会展业是综合性产业，具有明显的城市经济特征，涉及旅游、交通、邮政、广告、餐饮、住宿、通信等诸多行业。会展业还可增加大量的就业机会，所以会展业素有“城市的面包”“城市经济的助推器”等美誉。随着新技术革命的不断兴起，各国之间的分工得到进一步深化，多元化、多格局的国际经济发展态势已经形成。在全球化发展的同时，经济体系多极化趋势发展迅速。全球化和多极化发展，为会展业的形成和发展提供了更多的机遇和空间，尤其对发展中国家有着极其深远的意义。

【学习目标】

1. 掌握会展的内涵、构成和特征。
2. 了解会展业的形成和发展现状。
3. 理解会展业的构成要素。

【导入案例】

中国会展业全面恢复焕新出发

《中国展览经济发展报告2023》显示，2023年，我国经贸类展会数量和展出面积相比2022年实现大幅度增长，且已超过2019年疫情前水平，展览业呈现全面恢复态势。数据显示，2023年中国境内共举办经贸类展会3923场，办展总面积1.41亿平方米，办展数量和面积基本达到或超过2019年疫情前水平；展览馆实际运营数量和利用率大幅提升，室内展览总面积蝉联全球首位。与此同时，中国企业参与国外展览等经贸展会的次数与规模快速增长。据统计，2023年经中国贸促会审批并实际执行的出国展览项目有900个，涉及55个国家或地区，参展企业3.96万家。

2023年以来，国务院办公厅先后出台或转发了《关于推动外贸稳规模优结构的意见》、国家发展改革委《关于恢复和扩大消费的措施》等文件，要求办好进博会、广交会、服贸会、消博会等重点展会，推动国内线下展会恢复，支持企业出境参展。在地方层面，各地也密集出台了会展业支持政策，推动会展业迈向高质量发展。会展业具备深度融合应用数字技术的天然土壤，人工智能、大数据等新技术催生了虚实融合的一站式会展平台、元宇宙技术场景等新业态，推动了会展业上下游流程重塑，将给行业发展带来深远影响。在新发展格局下，会展业连接着生产与消费、供给与需求、国际与国内，将在推动内外贸一体化发展、促进经贸往来、拉动消费升级等方面发挥更加重要的作用。

（资料来源：中国经济网）

请思考：会展业的发展对经济、社会及国际竞争力都有什么影响？

第一节　会展概述

会展活动古已有之，但是哪些活动可以称为会展活动却众说纷纭。从字面上看，“会展”由“会议”和“展览”两个词语组合而成，所以把会议、展览（包括展览会、博览会以及交易会等）列为会展活动的范畴几乎是没有任何争议的。但是，除了这些有展览、有会议，同时又夹杂一些娱乐活动的典型展会之外，诸如奥运会、亚运会等体育赛事算不算会展活动？还有许多城市举办的节庆活动，如青岛的啤酒节、浏阳的花炮节等是不是会展活动？对这些问题的回答，还存在争议。

会展作为一门系统的学科并被广泛研究的历史仅有数十年，随着世界经济的快速化和多样化发展，会展活动呈现兴旺之势。由于会展研究的起步比较晚，会展如何定义尚未在学界、业界形成比较一致的观点。

一、会展的定义

国际上，对会展的定义可分为三大流派：欧派、美派和综合派。欧派称会展为C&E（Convention and Exposition）或者是M&E（Meeting and Exposition），即认为会展由会议和展览组成，这是比较古老而狭义的定义；美派则把会展概括为MICE，即公司会议（Meeting）、奖励旅游（Incentive tour）、协会或社团组织的大会（Conference）、展览会（Exhibition or Exposition）四部分的总称；综合派在美派基础之上，将MICE逐步演变成MICEE，即在MICE的基础上加上节事活动（Event）。目前，综合派的观点日渐被国际所公认，并成为国际统计标准口径和专业会展行业协会划分标准。

在中国国内，不同的学者对会展的定义也有不同的看法，主要形成了三种典型的会展含义界定。内涵—外延型、内涵特征型和外延界定型。第一种通过对会展内涵的阐述推导出会展外延，如刘松萍、梁文在其编著的《会展市场营销》中是这样定义的："会展是会议、展览、展销、体育等集体性活动的简称，是指在一定地域空间，由许多人在一起形成的，定期的或不定期的，制度的或非制度的，传递和交流信息的群众性社会活动。它包括各种类型的大型会议、展览展销活动、体育运动会、交易会和大型国内外会议等，其中，展览会是会展的重要组成部分。"这一阐述概括了会展的定义，并给出了会展的外延。第二种主要描述了会展的内涵特征，认为会展是以追求经济效益为主要目的，以企业化运作提供社会化服务，以口头交流信息或者集中陈列展示物品为主要方式的集体性和综合性活动。这一定义触及了会展的内涵特质并获得了较多学者的认可。第三种避开对会展内涵的界定，直接从会展外延入手，先对会展的外延分类，再分别对每一类外延进行界定。

本书认为，会展是指在特定的时间和空间内，来自各地的人流、物流、信息流、资金流大量集聚，围绕某个特定的主题开展的某种有目的的活动。它包括各种类型的会议、展览、会展旅游和节事活动，有时还包括一些特殊活动。

二、会展的构成

广义的会展包括会议、展览、会展旅游、节事活动以及其他特殊活动。狭义的会展仅包括会议和展览两部分。

（一）会议

会议是指人们怀着相同或不同的目的，围绕一个共同的主题，进行信息交流或聚会、商讨的活动。一次会议的利益主体主要有主办者、承办者和与会者（许多时候还有演讲人），其主要内容是与会者之间进行思想或信息的交流，往往伴随一定规模的人员流动和消费。作为会展业的重要组成部分，大型会议特别是国际性会议在提升城市形象、促进市政建设、创造经济效益等方面具有特殊的作用。

会议有规模大小和持续时间长短之分。会议的规模可以从几个人到几万人，而持续时间长短也是因需而异的。根据会议规模大小和与会者的身份不同，会议可以简单地分为国际会议、洲际会议和国内会议。

会议的具体形式有大会、年会、例会、专门会议、代表会议、讲座、论坛、专题学术讨论会、研讨会、讨论会、讨论分析会、静修会和座谈会等。

（二）展览

展览也被称为展览会、展会，是一种既有市场性也有展示性的经济交换形式，是一种具有一定规模、定期在固定场所举办、参会人员来自不同地方的有组织的商业聚会。

展览根据展览目的不同大致可分为非营利性展览和商业性展览。非营利性展览最大的特点是展示和信息交流，不进行交易。商业性展览最大的特点就是在最短时间和最小的空间，用最小的成本做最大的生意。

商业性展览可分为如下几类：根据展览内容，可分为综合展览和专业展览；根据开放对象，可分为贸易展览和消费展览；根据展览规模，可分为国际、国家、地区、地方展，以及单个公司的独立展；按展览时间，可分为定期展览和不定期展览；按展览场地，可分为固定展览和流动展览。

在古代，展览曾在经济交流中起过重要的作用；在现代，它仍在很多方面发挥重要作用，包括宏观方面的经济、社会作用和微观方面的企业市场营销作用。展览一般由组展商、参展商、展览场馆、展览市场和参观展览的观众五大要素组成。首先，从展览的功能和市场潜力看，展览最主要的功能在于促进生产、发展贸易，既有市场性，又有展示性，绝大部分展览是以企业为参展商、以专业买家为观众的。所以，市场经济越发达，企业对交易的需求越旺盛，希望参展与观展的人就会越多，展览市场就越发达。其次，从展览的发展趋势看，现代展览已经不仅仅是商品的展示和交易。在展览会期间，主办方和参展方都会召开大量与展览相配合的专业会议，并且举行各式各样的活动以提高展览会的展示和交易效果。

【相关链接】

新时代热词“智慧会展”

智慧会展是指一种非常智能、人性化、注重客户情感体验的展示方式。它主要是一种智能信息技术，突出展览管理和信息收集，始终注重客户的情感体验，实现有效、持续的展览信息，更加关注客户的展览体验。狭义的“智慧会展”指使用互联网、云计算、大数据、人工智能等信息技术手段提供一个全新的展览服务平台，为参展商提供服务，高效智能地管理客户、资金、信息等综合服务体系。

（三）会展旅游

会展旅游，是指通过举办各种类型的大型国际展览会、博览会、交易会、运动会、招商会等，吸引大量游客来洽谈贸易、观光旅游，进行技术合作、信息交流、人员互访和文化交流，以此来带动旅游、交通、餐饮、商业等多项相关产业的发展。作为会展和旅游相互融合的新兴行业，会展旅游是一种高级的、特殊的旅游活动形式。根据不同的会展活动形态，会展旅游一般可以分为会议旅游、展览旅游、节事旅游和奖励旅游四种类型。其中，奖励旅游的蓬勃发展使会展旅游日渐成为会展活动中越来越重要的组成部分。奖励旅游是指由企业承担费用，组织相关人员前往某个目的地旅行，有时也一同举办公司会议。这类会展活动最早在美国兴盛，很快在欧洲的英国、德国、意大利、法国等国家传播并流行开来。亚洲的奖励旅游市场虽然没有美国和欧洲发达，但其发展速度正在不断加快。近几年来，我国一批大企业也开始组织大规模的海内外奖励旅游，带动了会展旅游市场的发展。

（四）节事活动

“节事”一词来自英文“Event”，含有“事件、节庆、活动”等多方面的含义。国外常常把节日（Festival）和特殊事件（Special Event）、盛事（Mega-event）等合在一起作为一个整体，在英文中简称为FSE（Festivals & Special Events），中文译为“节日和特殊事件”，简称“节事”。节事活动分为体育运动会、政治性或纪念性庆典和传统喜庆等几种类型的活动，如奥运会、世界杯、国庆节、建军节，以及春节、端午节等。不同的活动要采取不同的形式和礼仪，如联欢晚会、文艺晚会、舞会、游园、花会、灯会、演讲会、座谈会、报告会、茶话会等。总之，节事活动可以从目的、内容、形式、功能和实质等方面来解释其内涵。从目的上来说，节事活动是通过节日庆祝、文化娱乐和市场营销，提高举办地的知名度和美誉度，树立举办地的良好形象，促进当地旅游业的发展，并以此带动区域或经济的发展。内容要求具有浓郁的文化韵味和地方特色，应根据当地的文化和传统特色来具体设计。形式要求生动活泼，具有亲和力，活动编排严谨、环环相扣、切合主题。从功能上来说，节事活动不仅是一种文化现象，更是一种经济载体，节事活动应围绕经济活动的开展而做适当的调整。节事活动的实质是商业活动，举办期间大量的人流不仅使服务性行业收入迅速增长，还会促使交通、贸易、金融、通信等行业的发展。

以上四类活动称为会展活动是因为这些活动具备以下五个要素。第一，特定的时间。会展活动的开展都是在一定时间内完成的，具有很强的时间性。这些活动都是在经过长时间的周密准备后，在某一时间段内进行的，这与行政组织或企业组织日常管理的“线”状活动不同，可以说是长期筹备、短期举办的“点”状活动。第二，特定的空间。会展活动都会涉及人员的迁徙和流动，参加活动的人来自全国各地乃至全世界，这些人员借助各种交通工具来到活动举办地，并且在举办地进行住宿、交通、餐饮、娱乐等各种消费。第三，特定的主题。会展活动都必须围绕一定的主题展开。典型的例子是各届世博会都有一个明确的主题，如中国2010年上海世博会的主题是“城市，让生活更美好”。第四，集聚性。会展活动的一个鲜明特点就是人流、物流、信息流以及资金流的高度集中。例如，展览会主办者把许多不同企业的商品云集到同一地点，同时又把大量的观众集中到这里参观，参展商和客商在展厅中交换信息、洽谈贸易、实现合作和买卖，又带动了信息流和资金流的集聚。第五，目的性。任何一项会展活动都有一定的目的，而且要求实现某个特定的目标。例如，举办会议活动必须有明确的会议主题和目标，交易会以物品交换为目的，贸易展览会以交流信息、洽谈贸易为目的，宣传类展览会以宣传展示新产品、新科技、新成果为目的。

三、会展的特点

（一）集中性

信息的集中是会展的最大特点，这里的信息包括会议主题传达的信息和产品的信息。通过运作，组展者将许多不同企业的展品云集在同一个地方向大量观众展示。例如，专业的展览会通常是3~5天，在短短几天时间里，参展商可以接触到整个行业的大部分客户，获得很多有关客户的信息。参展商与观众的大量集中使得信息收集的成本大大降低。

（二）新颖性

这里的新不仅指在某次展会上，参展商可能会遇到新的潜在买家，观众将遇到新的供应商、新的产品和服务，而且指许多展会每届都有新的主题、新的亮点。

（三）艺术性

展览会的主办者和参展者都会通过运用声、光、色、形，以及文字、图像等艺术手段来布置展厅，以期带给参展人群强烈的艺术美感的体验。会展活动的艺术性让人们仿佛置身于艺术的海洋里，令人心旷神怡。

（四）综合性

在会展活动的进行中，展览往往与会议、各类节事活动密切结合，各种展览与会议、各类经贸活动、旅游、艺术节共同配合。这是会展产业不断发展和完善的体现，丰富了会展活动的内容，提高了活动的档次和品位，增强了活动的吸引力。

（五）亲历性

亲历性是会展活动的另一个重要特点，在会展活动进行中，人们不再仅仅满足从媒体上获取展会的状况和产品的信息，还要求亲自到达活动现场，体验服务，听取生产商的自我介绍，实地了解生产者提供产品的外观、质量和其他信息，就许多细节和生产商展开交流。

另外，会展是一个涉及经济、社会等诸多方面的行业。会展业以其超常的关联影响和经济带动作用，成为经济发展关注的焦点。其产业带动能力强、综合效益高，有利于提升城市整体形象。

第二节 会展业概述

20世纪90年代以来，伴随着经济全球化的浪潮，世界经济快速发展，各国之间的技术、贸易、文化、经济等往来日益频繁，为全球会展业的发展提供了巨大的机遇。尤其是我国的会展业获得了前所未有的发展，以年均20%左右的速度递增。由此，会展业被称为21世纪的朝阳产业。同时，由于会展业的发展能够带动交通、旅游、餐饮、住宿、通信、邮政、商业、物流等行业的发展，因此会展业又被视作新的经济增长点或经济发展的晴雨表。

一、会展业的含义

产业是指国民经济中生产同类产品或提供类似服务的经营单位的集合。根据产业的定义，可以将会展产业定义为：利用各种会展资源，以会展场馆设施为条件，为社会提供会展活动策划、组织场地及其配套设施和其他各项服务的经营单位的集合。这些单位的经营业务范围包括会展的策划、咨询、组织、广告设计与制作、展台设计与搭建、现场服务、评估、场馆经营等。

会展业在国外已经有100多年的发展历史，而我国会展业的发展相对滞后，是在20世纪80年代我国实行改革开放以后才逐步发展起来的。但是，目前我国的会展业已进入快速发展的轨道，正以每年20%左右的速度发展。目前我国的会展业已经成为一个独立的行业，在国民经济行业分类中拥有自己的代码：L7491，归属于商务服务业。

二、会展业的特征

（一）会展业是经济发展的晴雨表

会展业通常被称为国民经济的“晴雨表”或者是“风向标”，主要原因如下。

（1）会展业与国民经济发展紧密相关。2008年奥运会、2010年世博会等大型活动近几年纷纷落户我国，其根本原因在于我国经过近几十年的建设，国民经济发展迅速，综合国力大大提高，已经具备了举办大型活动的能力。也就是说，一个国家或地区承办国际性大型活动的多少，在一定程度上反映了该国家或地区的经济实力。

（2）绝大多数工农业新产品和新技术是在展会上推销出去的。展会活动中展出的新产品、新技术往往代表了行业的最新水平和未来发展趋势，是工农业生产的先导。

（3）有为数不少的经贸活动是在展会活动中成交的，从某种意义上说，展会活动的活跃程度及展会活动中的状况能够对经济的景气程度做出最先反映。

（二）产业关联强，互动性能好，综合效益高

会展业具有较强的产业关联性，涉及交通、旅游、通信、建筑、广告、装饰等诸多部门和行业。会展活动的顺利开展，一方面需要这些部门和行业的鼎力配合和协作，提高效率和高质量的配套服务；另一方面又直接或间接带动和促进了相关行业的发展，使举办地取得良好经济收益的同时，也获得了巨大的社会效益，如举办地知名度的提高、基础设施建设的加快、社会整体服务水平的提高等。如上海 2010 年世博会不仅促进了上海城市经济的转型，还加快了上海由现代化大都市向世界大都市的转变，使人流、物流、信息流和资金流“四流”汇集上海，以及上海向国际经济、金融、贸易、航运“四个中心”转变的步伐。同时，上海世博会的成功举办有助于培育完善的现代服务产业，有助于做强一批本土名牌企业并提高其国际影响力，有助于创造符合国际惯例的城市软环境，构筑公平、公正的社会诚信体系。此外，世博会的举办也促进了长三角以及全国经济的发展。也正因为如此，会展业越来越受到各地政府的重视，上海、北京、大连等城市已将会展业列为地方政府重点扶持和发展的产业。

（三）信息积聚性好，利于降低买卖双方的交易费用

会展活动区别于一般经济活动的主要特点是：它在确定的时间和地点，进行大规模的信息集中，尤其是在贸易展览会上，能使产品得到充分的宣传、展示，能集合众多的买家和卖家进行互相交流，集中时间，批量购销，既交流了产品，也沟通了信息，从而极大降低了买卖双方的交易费用。

三、会展业的作用

当今，会展业遍及全球的各个角落，各国各个大小城市都有会展活动的举办。世界各地之所以争相举办各种会展活动，其重要原因是会展活动能够给举办地带来巨大的综合效益。会展业作为一个新兴的服务行业，具有广泛的影响力和高度的关联性，其作用主要体现在以下几个方面。

（一）经济带动作用

1. 直接经济效益

会展业通过举办各类展会活动，能够直接产生场租费、搭建费、展位费等收入，为举办方和参展商带来直接的经济效益。这些收入不仅有助于提升当地的经济总量，还能为政府税收和就业市场做出贡献。

2. 间接经济效益

会展业具有强大的产业联动效应，能够拉动或间接带动数十个行业的发展。例如，会展活动会吸引大量的人流和物流，从而推动酒店、餐饮、交通、通信、广告、旅游等

相关行业的繁荣。据有关统计，一个好的会展对经济的拉动效应能达到1 ：9甚至更高，即会展业每收入 1 元，就能带动其他相关行业收入 9 元。

3. 促进消费与投资

会展活动为参展商和观众提供了一个展示和交易的平台，有助于促进商品和服务的交易，加速资金流动。同时，会展业还能吸引国内外的投资，推动当地经济的持续增长。

（二）市场开拓与交流合作

企业可以通过参加会展活动，向公众展示自己的产品和服务，了解市场需求和竞争情况，从而制定更加有效的市场营销策略。会展活动为企业提供了一个低成本、高效率的市场拓展渠道，同时会展业是搭建交流平台的重要工具。在会展活动中，企业可以与同行业的企业进行交流和合作，分享经验和技术，探讨市场趋势和发展方向，这种交流合作有助于提升企业的竞争力和创新能力。

（三）提升城市形象与知名度

会展业在国际上被称为“触摸世界的窗口”和“城市的面包”，会展业是联系城市与世界的桥梁。会展活动可以展示城市形象，提高城市在国际、国内的知名度。在国际上，衡量一个城市能否跻身国际知名城市的行列，一个重要的标志是看这个城市召开国际会议和举办国际展览的数量和规模，一次国际会议或展览不仅可以给举办城市带来相当可观的经济效益，更能带来无法估价的社会效益。国际展会是最大、最有特色、最有意义的城市广告，它能够向世界各地的参展商、贸易商和观展人员宣传一个国家或地区的科学技术水平、经济发展实力，展示城市的风采和形象，扩大城市影响，提高城市在国内外的知名度和美誉度。国际上有许多以展览著称的城市，尤以德国为多。如汉诺威、杜塞尔多夫、莱比锡、慕尼黑等均是世界知名的会展之都，展览在为这些城市带来可观经济效益的同时，也极大提高了它们在国际上的知名度。法国首都巴黎平均每年都要承办 300 多个国际大型会议，因此赢得了“国际会议之都”的美誉。博鳌从前只是名不见经传的小渔村，但作为博鳌亚洲论坛的永久会址，成为我国最著名的小镇之一，小渔村也登上了国际大舞台。

会展活动往往以城市整体形象为依托，通过展会促销活动等有机结合，可以展示城市的经济发展成果、文化底蕴和城市建设水平，这有助于提升城市的国际影响力和知名度，以及城市品牌的塑造和推广。一个成功的会展活动可以成为城市的名片，吸引更多的国内外游客和投资者前来参观和合作。

（四）推动文化与科技交流

会展活动不仅是商品和服务的交易平台，也是文化交流的重要场所。通过会展活动，人们可以了解和感受到不同文化之间的差异和相同之处，增进彼此的理解。同时，会展业也是科技开发和科技成果转让的重要平台。在会展活动中，企业可以展示最新的科技成果和技术创新，促进科技信息的交流和传播，这有助于推动科技进步和产业升级。

（五）创造就业机会

会展业的发展能够创造大量的就业机会，因为从会展活动的策划、组织、管理到现场服务等多个环节都需要大量的人力资源。随着会展业的不断发展，相关行业的就业机会也将不断增加。一般而言，每增加 1000 平方米的展览面积，就可创造近百个就业机会。1996 年汉诺威世博会就创造了 10 万个就业机会。1999 年昆明世界园艺博览会推动了整个云南旅游业的火爆发展，进而带动了相关行业的 40 万 ~ 50 万人就业。2005 年的爱知世界博览会为爱知县创造了 5500 个新的工作岗位。2010 年上海世界博览会在管理、经营、安全保卫和文化娱乐领域创造超 22 万个就业机会。

综上所述，会展业在发展经济、开拓市场、提升城市形象、文化交流与科技创新以及创造就业等方面都发挥着重要作用。因此，应该充分认识和利用会展业的功能和作用，推动其持续健康发展。

四、会展业的形成条件

会展业是指由会展经济运行而引起的相互联系、相互作用、相互影响的同类企业的总和，是现代化经济体系的有机组成部分。会展业作为一种新兴产业类型，是市场经济发展到一定历史阶段的产物，是要素流动引发的必然结果。会展业的形成，必须具备一定的经济、制度和社会文化等方面的条件。

（一）经济条件

生产力高度发展，使要素的跨区域、跨国界移动成为可能，交易成本与流动费用低廉，是会展业形成的基本经济条件。

当国民生产总值和人均国民收入都达到或接近小康水平时，人们才有可能形成对会展产品的有效需求。经济体系受到约束，生产力低下，则会抑制人们对会展产品的消费，阻碍会展业的形成和发展。

会展业对基础设施有极大的依赖性。如果一个国家、一个地区、一个城市受到经济条件的限制，其基础设施不完整、不健全、不发达，在这样的环境中就不会有会展业的形成和发展。

会展业是商业活动高度发达、对外开放程度达到一定水平后的产物。一般而言，一个对外开放程度高、商业发达的国家和地区，必定是会展业发展的迅速之地，而那些闭关自守、商业落后、计划经济体制下的地方，要发展会展业就困难得多。

会展业的形成和发展，不仅受国内经济条件的影响，还会受到国际经济环境的影响。在全球化浪潮的冲击下，任何一个经济体系都不可能独立于外部世界而存在。

随着新技术革命的不断兴起，各国之间的分工得到进一步深化，多元化、多格局的国际经济发展态势已经形成。在全球化发展的同时，经济体系多极化趋势发展迅速。全球化和多极化发展，为会展业的形成和发展提供了更多的机遇和空间，尤其是对发展中国家有着极其深远的意义。

（二）制度条件

所谓制度条件，主要指经济制度的形态、变动规律及相关关系的协调。任何一类经济活动，如果得不到制度许可，甚至遭禁绝，就谈不上什么发展。如果一个国家、一个地区的经济制度对会展活动缺乏必要的许可，会展业的发展也同样无从谈起。同时，经济制度的开放性，也是会展业形成和发展的需要，只有开放，才有可能在较为广阔的地域空间和市场上实现会展资源的有效配置。我国自改革开放以来，各种会展活动层出不穷，我国会展业也在进一步的形成和发展之中，这都是政府积极鼓励、扶植和实行对外开放政策的结果。

（三）社会文化条件

开放、包容的文化传统和稳定的社会秩序也是会展业形成和发展不可缺少的条件。在一个拒绝市场和商品的社会文化体系中，会展业不可能出现。只有当社会能够提供较为稳定的法律法规和制度，会展活动才能稳定有序地开展；只有社会开放和文化具有包容性，才能够吸收外部世界的优秀文化，反映各种风格、不同文化传统的会展活动才能得以开展。

五、国外会展业发展现状

世界会展业至少可以包括会议和展览两个基本组成部分，在西方一般称为会议展览业。展览场地一般都兼有接待会议和举办展览会的功能，称为会展中心。

在功能上，会展是人们进行信息交流、洽谈商业合作和进行市场营销的场所，它发挥的是一种桥梁和媒介作用。西方大多数企业把每年的参展费用开支作为对外联系交际费列在 Communication 项目下，在营销方式上则把它与直接销售和电子商务相并列，三者属于同一范畴的概念。

由于会展业本身是一种无污染产业，且对整个城市经济发展具有较大的带动和促进作用，因此对那些地域狭小，但在交通、通信和对外开放度方面具有较大优势的国家或地区来说，发展会展业常常成为城市经济发展的首选战略之一。在一些办展历史悠久、展览业高度发达的国家，如德国，会展业成为服务业中最重要的经济部门之一。从经济总量和经济规模的角度来考察，会展经济在世界各国的发展很不平衡。

（一）欧洲和美洲的会展业概况

欧洲是世界会展业的发源地，经过 100 多年的积累和发展，欧洲会展经济整体实力最强，规模最大。在这个地区中，德国、意大利、法国、英国都是世界级的会展业大国。

以德国为例，德国会展业的突出特点是专业性、国际性的展览会数量最多、规模最大、效益好、实力强。在国际性贸易展览会方面，德国是第一号的世界会展强国，世界著名的国际性、专业性贸易展览会中，约有 2/3 在德国举办。

北美的美国和加拿大是世界会展业的后起之秀，每年举办的展览会上万个，举办展览最多的城市是拉斯维加斯、多伦多、芝加哥、纽约、奥兰多、达拉斯、亚特兰大、新奥尔良、旧金山和波士顿。

纵观世界会展经济在全球发展情况，不难看出，一国会展经济实力和发展水平是与该国综合经济实力和经济总体规模及发展水平相适应的。发达国家凭借其在科技、交通、通信、服务业水平等方面的优势，在世界会展经济发展过程中处于主导地位，占有绝对的优势。而且，会展经济本身对经济发展具有较大的推动作用，发达国家的会展经济与其他经济部门相辅相成，互相促进，在互动中实现了良好的发展。因此，在制定经济发展战略和城市发展规划时，应积极考虑本国会展业发展的需要，做出有利的安排。

（二）亚洲的会展业概况

在亚洲，会展经济近年来发展也十分迅速，其规模仅次于欧美。日本、新加坡等国都是亚洲会展经济中的佼佼者。它们或者经济发达、基础设施完善、各地辅助设施与服务水平较高，或者具有高度的国际开放性和关联性，或者处于有利的地理区位和贸易、资本流动的中心位置，因而在亚洲的会展业中占据了优势地位。

六、我国会展业发展现状

20 世纪 90 年代以来，伴随经济的快速发展和国际交往的日益频繁，我国会展业获得了前所未有的发展，以年均 20% 左右的速度增长，展会数量逐渐增加，规模日渐扩大，办展水平日益提高，形成了一定规模的行业经济效益和新的经济增长点。目前，中国会展业已形成以北京、上海为龙头，广州、大连、深圳、成都、武汉、重庆、珠海、青岛、厦门等大中城市为辅助的发展格局。总体来说，目前中国会展业的发展有以下特点。

（一）举办展会的数量和类型日趋增多

近年来，我国举办经贸展览会的数量逐年增加，总量已经相当可观。这些展览会主要分布在北京、上海、广州、大连、深圳等沿海经济发达地区。展览会涉及领域广，既涉及机械、电子、冶金、矿产、石油化工、轻工、纺织、农林等生产性行业，又涉及商业流通、运输、通信、旅游等服务性行业。

就展览会类型来说，有国外来华单一国家展览，有综合性展览，有专业性展览。就国际展览而言，专业性展览占 95% 以上。据有关方面不完全统计，全国主要的行业展是电子展、轻工展、食品展、石化展、汽车展、纺织服装展、建材展等。

（二）展会国际化、专业化水平不断提高

在展会数量增加的同时，展会也日益向国际化、专业化、规模化方向迈进。自 1996 年以来，中国组团赴国外办展和在国内举办国际性展览会的规模不断扩大。同时，一批专业展、名牌展日渐形成，一些专业展运作较为成熟和规范，在国内外影响较大。其中，北京国际机床展、纺织展、冶金铸造展和印刷展等已进入 UFI，跻身于国际名牌展的行列，在展览规模、服务水平等方面接近国际水准，被列入全球行业展览计划，参与全球行业展览竞争。此外，北京的服装服饰展、计算机展、广州的春秋两届中国进出口商品交易会、珠海国际航空展、大连国际服装展节等也都在国内外具有相当的影响力和较高的知名度。

（三）办展水平不断提高、质量有所提高

我国会展业在展览活动的次数和场馆的数量上快速发展，在办展水平和办展质量上也不断提高。目前，已经培育了一些规模大、知名度高的展览会。如上海国际汽车展、中国国际高新技术成果交易会（简称“高交会”）、北京“科博会”等展会都上了一个新的台阶，取得了长足的进展。

（四）经济效益显著

会展业促进了经济贸易合作，减少了交易成本，带来了显著的经济效益。随着服务业的发展，会展经济逐年增长，会展已成为社会发展新的经济增长点。2019 年，全国展览总数达到 10000 余次，展览总面积为 14877 万平方米，同比增长 0.6% 和 2%。2020 年后，受疫情影响，会展展览总数有所下降。2023 年以来，中国经济持续恢复向好，消费市场加速回暖，展现出强大韧性，为展览业奠定了坚实的发展基础。随着世界逐步远离疫情困扰，全球展览业已经进入了复苏通道。2023 年 7 月，UFI 发布《全球展览行业晴雨表》，2023 年全球展览业收入将平均达到 2019 年水平的 97%。2023 年上半年，79% 的公司报告称其活动正常，而下半年大部分月份这一比例增至近 90%。

（五）展览会馆规模不断扩大

伴随会展业的发展，我国各大城市兴起兴建场馆的热潮，厦门、福州、成都、昆明、大连、长春、南京、重庆、海口、桂林等城市在近几年都建造了新的会展场馆。目前，我国经外贸部批准的有主办展览资格的公司已达几百家。在总体上，中国已形成了

北京、上海、广州、大连、厦门、青岛、武汉、成都等展览业地区中心。为满足会展业发展的需求，我国一些城市正在纷纷筹建大型会展中心。

（六）展会组织逐步与国际接轨

我国展会组织与国际接轨主要表现在两个方面：一方面，积极参与国际展览组织。1993 年，中国贸促会以国家名义加入了 BIE，成为 BIE 的正式会员。1995 年，中国国际展览中心率先加入国际展览管理协会。之后，不断有中国展览组织成为该协会会员。此外，上海的一些展览组织也参加了各部在美国的贸易展览商协会（简称 TSEA）及亚太地区展览会及会议联合会（简称 APECA）等国际展览组织。另一方面，我国展览公司与国外合作不断加强。例如，中国国际展览公司与慕尼黑博览会公司合资成立了京慕国际展览有限公司。此外，展览业已成为对外开放的助推器和对外经济贸易发展的风向标。近年来，中国展览业国际化程度不断提升，国际影响力不断扩大，越来越多的国际参展商来到中国。中国展览业也加快“走出去”的步伐，在展览规模、服务水平方面接近或领先国际水平，搭建广交会、进博会、服贸会、消博会、链博会等国际经贸合作平台，形成一批全球知名的国际展览会。全球展览业不断复苏有效促进了中国展览业的国际交往、推动中国企业出国参展和办展，吸引更多国际化展览落地中国。

七、我国会展业与发达国家会展业的差异

我国目前会展业总体水平和发达国家会展业的差异较大，具体表现在以下几方面。

（一）管理体制上的差异

国外会展业的管理主要依靠行业的自律机制和自律规范，政府的介入一般体现在基础设施的投资和国际大展会的协助招揽上，我国会展业目前还沿用展会审批制、展览公司资格认定制，尚未完全与市场接轨，形成优胜劣汰的竞争机制。

（二）展会规模上的差异

我国存在低层次重复办展现象，直接导致参展商和观众分流、展会规模较小、展览效果较差。而发达国家不断通过收购的方式来扩大各自的会展规模，提高市场占有率。因此，相对来讲，我国目前的展会规模较小，迫切需要扩大。

（三）展会设施上的差异

与会展业国家相比，我国展览设施水平差距较大。我国展馆缺口较大，全国展馆数量少，展览面积普遍较小，而且分布松散，不适应会展业发展的需要。另外，展馆整体规划比较落后，遇有大型展览便出现交通堵塞情况；展馆扩建由于缺乏资金，建馆水平不高；配套服务设施较落后。这些问题都制约了我国会展业的进一步发展。

（四）观众构成上的差异

伴随展会向专业化发展的趋势，专业观众的数量和比例成为评价展会质量和水平的主要因素。国外展会观众多为专业观众和贸易人员，我国会展对专业观众的重视程度稍低。另外，我国海外贸易观众比例很小，形成了中外双边贸易多、国际多边贸易少的局面。

第三节　会展业构成要素

一、会展组织者

会展组织者是指从事资源开发、会展产品生产和会展市场经营管理的专业会展公司，以及各类拥有会展举办权的机构和组织。它是一个会展项目的开发者，并且是整个会展事务的执行者，还是展后事务的处理者，因而会展组织者是会展中处于主导地位的主体。会展组织者的重要性主要体现在以下几方面。

（一）帮助解决危机，减少风险

大多数会议的举办方不是专家，他们若自行举办会展，往往会因缺乏经验而产生巨大的压力，而熟悉会展并有丰富经验的会展组织者能有效地帮助客户解除压力。会展组织者能扮演咨询者、劝告者，甚至决策者的角色，他们能够积极地构思如何实际地将会议办好，并避免会议地点、会议预算、会议议程等方面可能出现的诸多问题。

（二）提高效率，降低成本

好的会展组织者能够平衡会展的各项工作，提高工作效率，降低投资成本，减少不必要的开支，让客户满意。

（三）帮助承办方获得最大利润

会展组织者不仅能够帮助制订会议的预算，还能放大客户产品的市场价值。好的会展组织者能够创造赞助的机会，开发活动的市场。会展组织者比客户更具有商业特征，能够客观看待客户与赞助人的相互利益，凭借大量的办会经验，利用关系网，寻找新的财政资助，为承办方获得最大利润。

二、会展场馆

会展场馆是会展活动得以进行的平台。根据会议活动和展览活动的需要，它一般分别设有专门的会议厅和展览厅。由于占地面积大、前期投入多、回报周期长，会展场馆一般都由国家投资建设，或由政府部门经营管理，或委托专门的企业组织进行管理。同时，随着会展业市场化的发展，会展场馆也逐渐出现了多元化的投资主体。会展场馆根据不同的标准，有多种类型。

（一）按照主要用途划分

1. 博物馆

这是指对有关历史、自然、文化、艺术、科学、技术的实物、资料、标本等进行收集、保管、研究，并陈列其中一部分供人们参观、学习的专用建筑。例如，杭州除了有西湖等旅游名胜以外，还有位于龙井的中国茶叶博物馆、与同仁堂齐名的胡庆余堂中药博物馆、展示丝绸发展史的中国丝绸博物馆、南宋官窑博物馆等。

2. 展览馆

展览馆有两种含义：一种是指展览专用建筑物；另一种是指从事展览馆业务，具有法人资格的事业或企业单位。

3. 美术馆

这是指以陈列展出美术工艺品为主，主要收集有关工艺、美术藏品，进行版面陈列和工艺美术陈列等的建筑物，有的也设立美术创作室。

4. 纪念馆

这是为纪念具有历史意义的事迹或人物而建造的建筑物。例如，江西省吉安县文天祥纪念馆兴建于 1984 年，1992 年对外开放，1996 年被命名为“全国中小学爱国主义教育基地”。这座建筑面积 2200 平方米，具有民族建筑风格的纪念馆，是京九线上的一处重要旅游景点。

5. 陈列馆

这是指一般为单纯的陈列展出，或设于建筑的一角，或成为独立的建筑，其中多陈列实物以供人们参观学习。

6. 会议中心

这是主要的会议举办场所，是举办各种会展等的主会场。主会场场地占地面积的多少，是根据会展主题要求、期望接待参展商的人数等因素来决定的。它不仅要足以容纳众多的参展商和与会者，而且要给参展商和与会者在心中留下深刻的印象。基于这些考虑，会议中心的场地和设施应符合实用性，与公共设施、绿化、步行道、停车场等构成一个有机的整体。在会议中心的室内，要使温度、湿度、采光、音响、交通等符合以人为本的要求。

7. 展览中心

这是指有固定场馆来展示陈列和举办一些定期、不定期的临时性展览会、博览会的场所。其基本内容是：主办者为了一定的目的，提出一定的主题，按照主题要求选择相应的展品，在展厅里或其他场所，运用恰当的艺术手法，在一定的材料和设备上展示出来，以进行宣传、教育或交流、交易。

8. 体育场

这是指为开展群体性体育活动而设置的体育活动教学、训练和竞赛的公共体育场所。体育场设有专职或兼职的技术指导和管理人员，负责日常工作。

9. 体育馆

这是室内体育运动场所的统称。大规模的体育馆包括篮球、排球、乒乓球、羽毛球等的比赛馆和练习馆。

10. 文化广场

这是指面积广阔的文化场地和场所。

11. 文化馆

这是国家设立在县（自治县）、旗（自治旗）、市辖区的文化事业机构，隶属于当地政府，是开展社会主义宣传教育、组织辅导群众艺术（娱乐）等活动的综合性文化部门和活动场所。

12. 城市规划展示馆

这是供人们进行传授、学习或增进知识等活动的公共建筑，要求具备幽静的环境、必要的设备、适宜的空间和充足的光线等。如上海城市规划展示馆，建筑面积 2 万平方米，主体结构高 43 米，地上 5 层、地下 2 层。

13. 剧院

这是指用于戏剧或其他表演艺术的演出场所。

（二）按照规模大小划分

会展场馆按照规模大小可以分为大型会展场馆、中型会展场馆、小型会展场馆。

大型会展场馆是指会展场馆规模庞大，一般举办大型的国际性会议和综合性的展览活动，如广州国际会展中心、上海国际展览中心等。

中型会展场馆是指会展场馆规模比较大，一般举办区域性的国际会议、大中型的行业会议和行业性的展览活动，如西安国际会展中心、昆明国际会展中心等。

小型会展场馆是指会展场馆规模较小，一般举办地区性的会议和地区性、专业性的贸易展览活动，如广州锦江展览中心、广州百越展览中心等。

（三）按照会展内容不同划分

会展场馆按照会展内容不同可分为综合型会展场馆、展览型会展场馆、博览型会展场馆、会议型会展场馆。

综合型会展场馆是指可同时和分别举办会议和展览活动的场所，如上海国际会展中心、大连星海会展中心等。

展览型会展场馆一般只举办各类产品和信息的展览活动，一般不举办交流会议，如广东现代国际展览中心（东莞）、上海国际展览中心等。

博览型会展场馆是指举办各种画展、花卉展、艺术品展、文物展等博览性活动的场所，如上海新国际博览中心、广州花卉博览园等。

会议型会展场馆是指主要举办国际会议、行业会议等大型会议的场所，如北京国际会议中心、博鳌亚洲论坛会议中心等。

（四）按照性质不同划分

会展场馆按照性质不同可分为项目型会展场馆、单纯型会展场馆和综合型会展场馆。

项目型会展场馆是指不专门用于会展，只是偶尔举办会展的场所，如白天鹅宾馆展示厅、广东国际大酒店展览馆等。

单纯型会展场馆是指专门用于某种产品展览、某个行业展示和某种会议举行的活动场所，如广州花卉博览园、中国农业展览馆等。

综合型会展场馆是指可以举办各种商贸展览和交流会议的活动场所，如上海光大会展中心、武汉国际会展中心等。

（五）按照功能不同划分

会展场馆按照功能不同大致可以分为三种类型：大型展览中心、大型会议中心和会展中心。

大型展览中心和大型会议中心的功能较为单一，主要就是各类的展览和会议，如上海新国际博览中心、香港会议中心。

会展中心又可分为会展建筑综合体和会展城。会展建筑综合体是当今较为流行的一种会展场馆类型，包含展览、会议、办公、餐饮、休憩等多种功能，如加拿大大厦、墨尔本国际会展中心、上海世贸商城、大连星海会展中心。会展城指超大规模的会展中心，如英国国家展览中心、德国汉诺威会展中心等。

三、会展服务提供者

会展服务是会展市场中不可缺少的环节，相对于会展经营和场馆经营而言，会展服务更加多样化，包括展台的设计与装饰、展品运输、广告与信息服务、参展商和观众的接待、场馆的保洁服务等。这些服务随着会展市场化的发展必然走向专业化，将会由会展服务公司来提供。

四、参展商

参展商是受会展组织者邀请，通过订立参展协议书（或会展合同），在会展活动举办的特定时间内在展出场所展示产品或者服务的主体。作为会展场馆的客户群体，参展商是产品、技术等有形和无形商品的宣传者、经贸洽谈的卖方。

五、观众

观众是通过购买门票或提前注册入场参观、与参展商进行洽谈的自然人、企业以及其他相关的市场主体。根据身份不同，观众可分为普通观众和专业观众。普通观众就是一般的观众，专业观众包括贸易商、采购商、批发商等。一般说来，专业观众素质高，很多都能参与企业的决策。这也是当代展览的专业化倾向加重，更多地面向专业观众的根本原因。

会展是一种综合程度相当高、关联性非常强的经济活动。涉及会展的还有各级政府及工商行政管理部门、商会等相关协会、海关、税务、检验检疫等行政性质的主体，以及保险、广告、新闻、运输、酒店、保障等相关商业主体。这些部门都只是会展业的边缘主体。

第四节　中国会展业发展新态势

经过多年努力，我国会展业举办数量、展览面积以及场馆可供展览面积等主要指标于2018年首次跃居世界首位。2020年至2022年，受疫情冲击，我国会展业断崖式下跌。随着经济平稳恢复以及数字技术应用加快，我国会展业正呈现出诸多变化。数据显示，2023年中国境内共举办经贸类展会3923场，办展总面积1.41亿平方米，办展数量和面积基本达到或超过2019年疫情前水平；展览馆实际运营数量和利用率大幅提升，室内展览总面积蝉联全球首位。与此同时，中国企业参与国外展览等经贸展会的次数与规模快速增长。据统计，2023年经中国贸促会审批并实际执行的出国展览项目有900个，涉及55个国家或地区，参展企业3.96万家。2023年是具有标志性意义的一年，会展业迎来一个新的发展阶段。中国会展业的复苏，为业界释放了积极信号。我们正进入一个新的时代，这是一个复苏的时代、扩张的时代和创新的时代。

一、会展业迎来了新时代的发展机遇

中国贸促会发布的《中国展览经济发展报告2023》显示，2023年，我国经贸类展会数量和展出面积相比2022年实现大幅度增长，中国会展经济呈现恢复性增长态势，国内展览市场从疫情冲击中快速回暖，且已超过2019年疫情前水平，会展业呈现全面恢复态势。当前，全球产业链供应链加快调整，中国会展业发展既面临挑战，也充满机遇。对内，2023年以后，各地各部门也陆续发布关于保障国内展会发展的相关政策，支持企业参展、办展，进一步提升国内产业展会的发展力度。对外，面对世界形势深刻

变化，我国进一步加大对外贸企业参加各类境外展会的支持力度，持续培育境外自办展会、扩大办展规模。会展业应秉持开放共享、创新发展理念，深化国际交流合作，共同维护全球产业链、供应链稳定畅通，促进世界经济复苏增长。

从经济发展态势看，会展是产业链、供应链中关键的环节，是推动产业深化转型的重要平台。通过会展搭建产品、服务、技术信息沟通和交流平台，营造市场氛围促进销售，并促进产业合作，通过推动产业链升级，汇聚和重新分配生产要素，增强发展信念，助力我国经济快速增长、产业结构不断优化、环境持续改善，从而实现高质量发展。

随着国家经济实力的发展壮大，中国特色会展体系进一步完善细化，大型会展活动品牌影响力日渐扩大，城市综合会展竞争力不断提升。进博会四大平台效应全球共享，中国牵头起草国际会展标准。党的二十大以来，中国会议展览的层级不断提升，形成了具有中国特色的会展体系，国际影响不断增强，在建设会展强国的征程上迈出了坚实的步伐。

（一）党和国家的高度关注会展业的发展

加快构建新发展格局，是党的二十大提出的一项战略任务。会展业是具有先导性的服务业态，经过两年多的实践，会展业对构建新发展格局战略意义越来越清晰。作为经济发展“风向标”和“晴雨表”的会展活动持续受到党和国家的高度关注，也将具有更加活跃的表现。

2022 年 10 月 25 日，国家发展改革委等六部门发布《关于以制造业为重点促进外资扩增量稳存量提质量的若干政策措施》。其中第五条提出：开展国际产业投资合作系列活动，以及与外商投资企业、有关商会和世界经济论坛等国际组织的对话交流活动。第六条提出：提升国际投资公共服务平台效能。办好中国国际投资贸易洽谈会、中国中部投资贸易博览会等重大展会。

2022 年 11 月 4 日习近平总书记在第五届进博会开幕式上发表视频致辞指出：5 年前，我宣布举办进博会，就是要扩大开放，让中国大市场成为世界大机遇。现在，进博会已经成为中国构建新发展格局的窗口、推动高水平开放的平台、全球共享的国际公共产品。

2022 年 12 月 15 日，中共中央、国务院印发《扩大内需战略规划纲要（2022—2035 年）》，其中第八个方面是“深化改革开放，增强内需发展动力”，第二十七条“发挥对外开放对内需的促进作用”提出：持续办好中国国际进口博览会、中国进出口商品交易会、中国国际服务贸易交易会、中国国际消费品博览会等，推动进口规模扩大、结构优化、来源多元化。

2023 年 2 月 6 日，中共中央、国务院印发《质量强国建设纲要》提出：定期举办中国质量大会，积极参加和承办国际性质量会议。

2023 年 2 月 17 日，《新闻联播》中提到陕西做强做优实体经济时说，强大的实体经济从来都是会展产业对外硬气的基础。会议会展产业作为“无烟产业”和“朝阳产业”，能有效拉动旅游、酒店、餐饮、交通等服务业发展，社会就业拉动效应尤为显著，已成为促进城市发展的重要经济领域，也是城市对外宣传的名片。开好局，走好步，新的一年，会展界聚焦六大产业，立足地方资源，创新开拓大会展（会议、展览、赛事、演绎、节庆活动、会奖旅游等），引导会展产业与能源、航空、医药健康、人工智能、文化旅游等产业融合，为推动和促进陕西创新驱动发展战略和会展产业发展，打造国际化会展之都、赛事之城提供新动能。

2023 年 3 月 5 日，政府工作报告指出，五年来，我们坚定扩大对外开放，深化互利共赢的国际经贸合作。面对外部环境变化，实行更加积极主动的开放战略，以高水平开放更有力促改革促发展，发挥进博会、广交会、服贸会、消博会等重大展会作用。

2023 年以来，国务院办公厅先后出台或转发了《关于推动外贸稳规模优结构的意见》、国家发展改革委《关于恢复和扩大消费的措施》等文件，要求办好进博会、广交会、服贸会、消博会等重点展会，推动国内线下展会恢复，支持企业出境参展。

以上情况都表明，尽管国际形势依然不平静，但我国经济社会的发展形势越来越好。这将十分有利于会展业的发展和会展活动的开展。随着我国一系列稳经济措施的陆续出台，中国经济呈现企稳回升的良好态势，中国会展经济也呈现出恢复性的增长态势。据商务部统计，2023 年以来，中国国内专业展览馆举办的展会数量和面积同比增长明显，中国企业赴国外参展办展热情高涨。

（二）各级政府加大支持力度

作为现代服务业的重要组成部分，会展业具有产业关联度高、带动效应明显等特征，在引导产业发展、推进经贸往来、拉动消费升级、带动技术创新、促进区域发展等方面发挥着重要作用。2023 年，各级政府高度重视会展业的重要作用，不断出台系列支持政策，积极推动线下展会加快恢复。

在中央层面，2023 年 1 月 28 日，国务院召开常务会议指出，推动国内线下展会恢复，支持企业出境参展。2023 年 4 月，国务院办公厅发布《关于推动外贸稳规模优结构的意见》，首条意见即聚焦展会作用，要求优化重点展会供采对接，推动国内线下展会全面恢复，办好中国国际进口博览会、中国进出口商品交易会、中国国际服务贸易交易会、中国国际消费品博览会等重点展会。2023 年 7 月 31 日，国务院办公厅转发《国家发展改革委关于恢复和扩大消费措施的通知》，要求促进文娱体育会展消费；鼓励各地加大对商品展销会、博览会、交易会、购物节、民俗节、品牌展、特色市集等活动的政策支持力度，进一步扩大会展消费。

在地方层面，各地也密集出台了会展业支持政策，特别是北京、上海、厦门、长沙、苏州等地，将会展业作为经济高质量发展的重要发力点，出台了一系列会展政策与服务规范，推动会展业迈向高质量发展新台阶（见表 1-1）。会展业具备深度融合应用数字技术的天然土壤，人工智能、大数据等新技术催生了虚实融合的一站式会展平台、元宇宙技术场景等新业态，推动了会展业上下游流程重塑，未来将给行业发展带来深远影响。目前，深圳国际会展中心成功研制了国内首个自主可控的智慧会展统一开放平台，实现了超大型会展中心实时动态的数字孪生。目前，我国会展业价值属性已发生根本转变——从传统的生产性服务业提升至现代服务业中的战略先导产业，成为构建开放型经济和现代化产业体系的重要平台。在新发展格局下，会展业连接着生产与消费、供给与需求、国际与国内，将在推动内外贸一体化发展、促进经贸往来、拉动消费升级等方面发挥更加重要的作用。

表 1–1　2023 年部分地区出台的会展业支持政策

地区	时间	政策
福州	2023.2	《福州市关于加快打造东南会展高地的若干措施》
广州	2023.3	《广州市品牌展会认定办法（暂行）》
厦门	2023.5	《厦门市进一步促进会议展览业发展扶持办法》
雄安新区	2023.5	《关于雄安新区促进会展业发展的若干措施》
上海	2023.6	《上海市推动会展经济高质量发展打造国际会展之都三年行动方案（2023—2025 年）》
宁夏	2023.7	《关于促进会展博览产业发展政策措施》
湖南	2023.8	《湖南省推动会展业高质量发展的若干措施（征求意见稿）》
苏州	2023.8	《苏州市关于推动会展业高质量发展的若干政策措施》《苏州市会展业高质量发展三年行动方案（2023—2025 年）》
济南	2023.8	《济南市促进会展业高质量发展的若干措施》
北京	2023.9	《关于促进本市会展业高质量发展的若干措施》
郑州	2023.9	《郑州航空港经济综合实验区加强会展引领作用、支持会展业优先发展的若干意见》
哈尔滨	2023.10	《哈尔滨市支持第三产业（会展业）发展补贴资金管理暂行办法》
武汉	2023.10	《武汉市推动会展业高质量发展建设国家会展中心城市三年行动方案（2023—2025 年）》
沈阳	2023.11	《推动沈阳市会展业高质量发展三年行动计划（2023—2025 年）》

（资料来源：根据公开资料整理）

随着全球经济发展形势逐步明朗，全球会展业整体发展持续向好，以及会展业政策的大力支持，中国会展业发展需求将进一步释放，中国会展业市场活力将进一步被激发。随着会展业的深入发展，我国各级政府也越来越重视会展业在带动产业发展、促进经贸往来方面发挥的重要作用与积极影响。因此，会展业也不断获得政府在政策上的支持，而这也成为我国会展业驶入复苏“快车道”的重要支撑条件。

（三）中外人员往来持续恢复释放会展业发展活力

人员流动是会展业发展最基础的要素，疫情期间，国际人员往来受限，极大阻碍了展览活动特别是国际展览活动的开展。2023 年以来，随着我国不断优化外国人员来华签证及入境政策，有序恢复受理审批中国公民因出国旅游、访友申请普通护照，恢复办理内地居民旅游、商务赴港签注等，中外人员往来便利化程度进一步提升，入境旅游稳步复苏，国际人员往来持续恢复。

民航部门支持和鼓励中外航空公司恢复国际航班，进一步便利国际经贸合作和中外人员往来，国际客运航班持续恢复，自 2023 年 8 月下旬以来已稳定在疫情前的 50% 以上。其中，英国、意大利、阿联酋等 22 个国家的航班量已经接近或超过疫情前水平。中国国家移民管理局数据显示，中国第三季度对外国人签证的签发量已经恢复到了 2019 年同期的水平；第三季度全国移民管理机构共查验出入境人员 1.23 亿人次，同比增长 454.4%，达到 2019 年同期的 73%。

携程数据显示，2023 年第三季度入境游订单比第二季度增长 34%。2023 年前三季度北京接待入境游客 75.07 万人次，同比增长 303.5%；接待外国人 59.96 万人次，同比增长 309.8%；国际旅游收入 10.8 亿美元，同比增长 192.4%。

二、后疫情时代会展业面临的挑战

（一）基础设施不能满足人民日益增长的需求

基础设施的投入是办好展会的基础保障和基本需求，但我国多数城市的会展场所不具备充足的展览厅，目前仅在深圳、上海等地具有较大的室内展厅，无法满足人民日益增长的参展需求，进而影响举办规模，在一定程度上会影响展会所能创造的效益。

另外，有的会展展览厅是临时使用，无线网络、移动通信网络等基础覆盖不足，影响个人服务体验，大部分展厅还没有考虑或由于资金不足没有融入机器人、AR、VR 等先进技术，也未广泛应用 5G 通信技术，无法满足人民日益增长的需求。

（二）应对线上行业冲击的应对能力尚未形成

当前阶段，大部分会展还是通过线下沟通和对接达成交易目标，实地展览展出居多。但随着数字经济发展速度加快及疫情对行业和经济的影响，各类短视频、直播平台的崛起带来了新的经济业态，人们能够通过网络平台第一时间获取信息并完成交易。2022 年，我国境内全年共举办展览 7544 次，较 2021 年同比增长了 0.2%，但相较 2019 年，仍下降 31.62%，传统会展流失了巨大的人流量，但还没有形成应对能力，面对当下数字化浪潮的席卷，会展行业的转型和融入似乎有些迟滞。

（三）缺乏会展策划和运营的专业人才

会展活动需要会展筹备组具有较强的统筹和组织能力，需要具备策划、设计、组织、运作、文案等专业人员。国际会展需要具有外语能力和国际贸易方面的专业人才。在会展过程中，还需要会展团队随时进行资源整合优化，从而开展精准化营销，促进达成会展的核心目标。然而目前来看，高层次会展专业人才储备稀缺，半路转型居多，使会展的持续发展受到影响。

三、未来展会的新趋势

（一）混合展会持续增长

随着搜索“混合展会”的增加以及虚拟展会的兴起，未来的展会将更可能采用混合模式。这种模式融合了虚拟展会的灵活性和现场展会的互动性，使展会组织者能够更容易地创建和规划混合展会。根据 EventMB 2021 年的一项研究，即使在线下展会逐步得到恢复之后，仍有 71% 的展会策划人表示将继续采用数字化战略，这表明数字化战略已经被视为未来展会成功的关键组成部分。为了满足市场对于无缝衔接线上线下体验展会的需求，许多新兴的初创公司应运而生，它们致力于提供更加便捷和创新的混合展会解决方案，以及如何利用技术来提升展会的质量和影响力，这种模式的发展也将推动行业对新技术的采纳，比如增强现实（AR）、虚拟现实（VR）和人工智能（AI）等，这些都将为参与者带来更加沉浸式和个性化的体验。

（二）展会和活动成为一种重要的公关工具

为了弥补受疫情影响遭受的损失并实现长期的投资回报（ROI），公司开始寻求更持久和稳定的收入来源，包括与赞助商建立更紧密的合作关系以及开发新的商业模式和收入渠道等。企业活动正在经历一场重要的转变，从传统的收入来源转变为一种营销工具。这种转变的核心在于利用在线展会的能力来触及更广泛的受众，从而实现更有效的品牌传播和市场推广。在线活动的这种特性使企业能够以较低的成本达到广泛的传播效果。例如，微软在 2019 年的用户会议上对每位参与者收取了 2395 美元的费用，吸引了 6000 名参会者。而在 2020 年，微软将会议改为免费形式，吸引了高达 197000 人参与。这种模式的转变意味着企业展会的重点将更多地放在如何通过展会来建立品牌形象、提升知名度以及与目标受众建立联系上。

（三）展会进入全年无休的循环周期

随着小型虚拟展会变得越来越普遍，大型公司传统的年度大会或展会的模式正在发生变化。现在，企业可以更频繁地举办展会，这不仅提供了更多与客户和合作伙伴互动的机会，而且还能够持续推动对话和交流，从而延长展会的影响力和参与度。通过定期举办小型展会，公司能够保持与受众的持续接触，分享最新的产品更新、行业洞察或公司新闻。这种策略有助于维持受众的兴趣和参与，同时也为公司提供了更多的机会来收集反馈、分析数据并根据受众的需求调整策略。国内许多领导型的会展公司也正在实践上述模式，可以预见，更加细分的展会将越来越频繁。此外，虚拟展会不受地理位置的限制，全球受众都能够参与进来。这种广泛的参与为公司提供了更加多样化的视角和反馈，有助于公司更好地理解全球市场，并制定更具包容性和全球视野的战略。

（四）专业人士利用展会提升技能

办展技术的迅猛发展让从业人员的技能提升显得更加紧迫，会展行业的快速变化要求在结构、技术和专业技能方面进行相应的调整，为了跟上这些变化的步伐，专业人士正在积极提升自己的技能，包括掌握新的技术工具和平台以便更有效地策划、执行和管理虚拟和混合展会；具备解读和利用数据的能力以便更好地理解参与者行为、优化展会策略并提升展会效果；不断寻求新的方法来吸引和保留受众，这可能涉及设计独特的展会体验、开发互动内容或利用最新的沉浸式技术等。

四、会展业在新发展阶段的转型方向和策略

新发展阶段，会展业需要创新，快速转型升级。展会活动是引导产业发展、推动技术创新、促进经贸合作、拉动消费升级的重要平台，是联结生产与消费、供给与需求、国内与国外的重要桥梁，是对外开放的助推器和外经贸发展的风向标。我国高度重视会展经济发展，出台了一系列的政策措施，以推动会展业融合创新。中国特色会展体系不断完善，会展品牌影响日益扩大，借助广交会、进博会、服贸会、消博会等国家级展会，越来越多外国产品和服务进入中国市场，也有越来越多的中国制造和中国创造走向世界，为全球贸易体系和经济增长做出了重要的积极贡献。彭军建议，会展业需从建立健全会展法律法规、规范行业管理、培育国际化品牌会展、打造国际一流龙头企业等方面发力，持续增强组展办展能力，不断提升话语权，增强中国会展业国际竞争力和影响力。新发展阶段的转型方向和策略可以从以下几方面入手。

（一）树立数字化和低碳化发展理念

会展产业尤其是产业会展与生俱来就具有极强的科技和创新基因，大大推动了会展业的数字化变革进程。即便当下线上展会、网络展会和数字展会发展仍不尽如人意，但数字化转型是可以确定的，从未来发展来看，实体展会和虚拟展会相结合、运营管理过程的数字化流程再造以及互联网等异业主体跨界竞争或将是大势所趋，数据科技赋能业务需求，转换商业模式、组织架构进而重塑生态势在必行。

2021 年 12 月 7 日，“中国会展碳达峰碳中和行动宣言”发出，彰显了我国低碳与

可持续发展的坚定决心。如果说会展业数字化是行业未来面对不确定性中唯一的确定性，那么“双碳”目标的提出也必然促使会展业将绿色低碳发展提升到新的高度，并将成为我国会展业未来数十年内可预见的发展主基调之一。积极推动构建“线上＋线下”会展模式，对传统的会展模式进行创新升级，同时借助直播平台、短视频和5G互联网技术实现O2O转化，打破实践和物理空间，让更多的观众参与其中，提高人民群众参展和参观满意度。另外，从实践层面来看，线上会展和商、旅、文、游结合或与产业上下游结合是线上会展和产业联动发展的两大潜力方向，也是未来会展业绿色可持续发展下的低碳产品模式。

（二）探索会展产业数字化和低碳化转型升级

会展业具备深度融合应用数字技术的天然土壤，人工智能、大数据、虚拟现实等新一代数字技术的广泛应用激发会展业发展新动能，催生了虚实融合一站式会展技术平台、元宇宙技术场景等展览新业态、新模式；技术领域的快速变革，推动会展业上下游企业重塑组织结构、工作方式和业务流程，为会展业发展带来了深刻变革。

疫情暴发以来，由于线下展览场景受限，加速了“数字展览”业态从技术理念到应用实践的发展进程。励展博览集团调查显示，疫情暴发后，84%的观众和参展商至少尝试过一种新的数字服务。全球会展业协会（The Global Association of the Exhibition Industry）对未来展览模式发展趋势的调查显示，65%的受访者认为应推动线上与线下相结合的展览模式，在现有展会中增加数字服务/产品（见图1-1）。

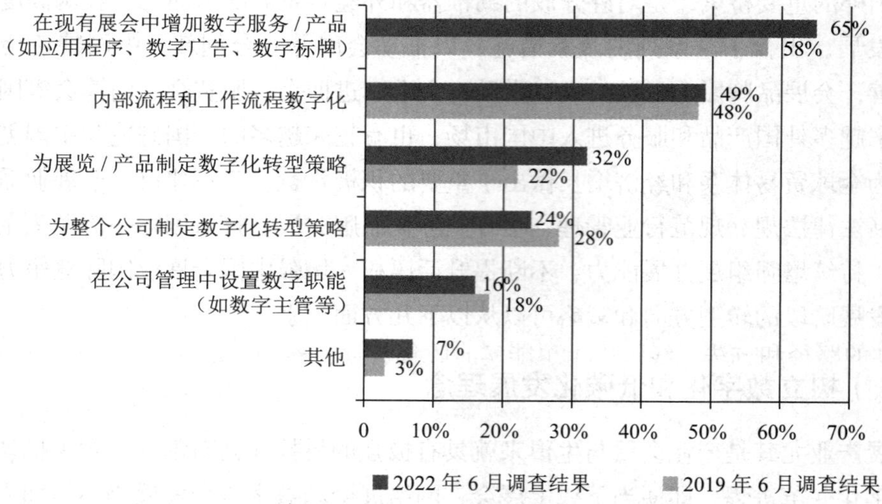

图1-1　会展企业数字化进程调查

（资料来源：UFI）

各级政府也纷纷出台相关政策鼓励展览行业应用数字技术推进展会服务创新、管理创新、业态模式创新。2023 年，北京市提出“提升场馆数字化水平”，上海市提出“鼓励展览场馆大力推进智慧场馆建设，加快会展线下线上融合发展”，苏州市提出构建会展业“智能服务”体系。

数字化转型是展览企业实现抗风险能力、市场竞争力提升的重要途径。数字化展览服务使企业能够充分利用云端空间，通过应用数字工具，办展、参展、观展等多主体之间可有效突破传统线下场景的时空限制，实现跨地域、跨行业的深度合作交流。数字化展览管理助力企业优化运营成本，提高管理效率，降低参展、办展的成本和技术门槛，同时可以吸引更多的参展商和观众，增强展览效果。

目前，会展业各方主体对数字化的理解程度和接受程度不断深化，纷纷布局数字化转型升级。英富曼集团和杭州会展集团共同推出“全球数贸通”计划，米奥会展推出网展贸 MAX 数字化产品支持企业双线展，励展博览集团推出励展通电子平台，帮助展商实现智能化参展。广交会、进博会等各大展览品牌，借助 5G、元宇宙等新技术打造永不落幕的“云展”平台。腾讯、阿里巴巴等互联网企业也深度参与数字会展业务。深度融合数字技术、推动业态模式数字化发展，已成为业界共识，为会展业发展注入新动能。

（三）推进“新基建”建设应用

未来，数字经济主要是运用区块链、大数据、5G、云计算，引入物联网、人工智能技术，利用虚拟现实技术实现增长，是新基建的基石。应积极探索和实践模式整合，推动变革，加强生态合作，实现业态的创新，推动会展业“数字 + 低碳”的双线发展，从而促进国家经济高质量发展。

从会展周期看，传统线下展会通常办展周期多以年计，而会展数字化转型给予了线上办展快速发展契机，可以结合实际需求适时开展，这种减排效应亦是革命性的。

从会展质效看，全面提升会展现代化管理水平，筑牢展会基础设施是最基本的。在会展中，要借助物联网技术应对人流量大的问题，要融入 AR、VR 技术为现场观众营造虚拟现实环境和未来场景演示，通过沉浸式的体验方式，激发年轻人的参与感，促成交易，实现会展效益。另外，机器人服务的引入也是提高会展的科技含量、体现会展智能化程度的路径和方法。线上展示也能实时收集数据，检测活动热度和销售情况，有助于灵活调整策略，做好引流和分流。建立数字化管理平台，可以运用提前模式，提前解决问题，确保会展质量。另外，还可以通过数字化平台，了解分析观众特征和行为，优化展会布局和商业性，促进合作和发展，提高满意度。

创立自媒体平台，加强自媒体平台建设，实现与用户的充分交流，提升用户认可，是企业进行新媒体运营的关键一步。新媒体日常化也能及时回应用户的期待，实现用户的诉求随时渗透、随时得到答复，增进企业与用户之间的对接，夯实用户群体稳定性。

（四）加强数字化和低碳化转型激励

推进会展产业创新离不开系统的政策激励设计，制定和落实针对会展业数字化和低碳化发展的激励与资助政策，出台鼓励产业转型升级和业务创新的具体行动方案并提供实际的资金补贴，是企业关注的焦点及乐于行动的有效触发点。会展作为经济“助推器”，应该得到政府部门的大力扶持，尤其是对策划、组织优秀的会展单位，应该给予政策倾斜和激励，便于会展规划长期性和稳定性。

（五）加强会展队伍建设

在数字经济和绿色可持续发展时代，“会展 + 互联网”、双线融合、数字赋能已成为会展业发展可预见的新趋势。为了迎接这一挑战，会展从业者要发挥快速学习和创新的能力，把握当前会展业发展的技术和市场变化，转变思想观念，树立数字化和低碳化发展理念，主动融入产业数字化和低碳化改造浪潮，从发展战略、组织管理、业务内容和流程控制等方面回应数字化和低碳化变革需求。要加强专业复合型人才引进，通过校企联合培养等灵活机制实现，可以采用“引进来”和“走出去”的方式获得人才资源；加强对现有会展从业人员的培训和提升，包括扩展专业知识领域的学习，可以分板块开展培训，提高团队的综合能力和专业素养。此外，要加强对数字经济、“双碳”经济政策的理解及底层逻辑的把握，适应产业升级的运营策略。

【复习思考题】

1. 会展的含义与特点是什么？
2. 会展的主要形式有哪些？
3. 会展业形成和发展的条件有哪些？
4. 会议场馆的类型有哪些？
5. 会展服务提供者为使展会成功举办，应该怎样为展会提供服务？列举一个你参加过的展会说明。

【案例分析】

古代农耕社会，人们往往在庆贺丰收、举行宗教仪式、欢度节日的时候展开交易活动，后来逐渐发展成为定期的、有固定场所的以物品交换为目的的大型贸易及展示的集会。公元 5 世纪，波斯举办了第一个超越集市功能的展览会。

18 世纪，随着新技术和新产品的不断出现，人们逐渐想到举办与集市相似，但只展不卖，以宣传、展出新产品和成果为目的的展览会。1791 年，捷克首都布拉格首次举办了这样的展览会。随着科学技术的进步，社会生产力的发展，展览会的规模也逐步扩大，参展的范围从一地扩大到全国，由国内延伸到国外，直至发展成为由许多国家参与的世界性博览会。

第一届真正意义上的世博会是1851年在英国伦敦举办的。维多利亚时代是英国的鼎盛时期，工业革命的完成使英国成为欧洲的头号强国，殖民主义的扩张使英国自诩为“日不落帝国”，因强大而带来的巨大号召力使英国成功地举办了这次盛会。

由艾尔伯特亲王领衔的一个特别委员会指定著名的海德公园作为博览会场地，用招标形式建造的大型展馆长490米、宽117米、高33米，巨大的钢框架被81000平方米的玻璃完全覆盖，显得壮丽辉煌，后人将此称为“水晶宫”。

第一届世界博览会在热闹非凡的气氛中开幕，在占地9.6万平方米的展区中，展览用的桌子总长约13千米。展览期间，有630万参观者。

伦敦世博会上约有18000名商人展出了他们带来的约10万件产品。这些展出品中包括了一块24吨重的煤块，一颗来自印度的大金刚钻，还有一头大象标本，而蒸汽机、农业机械、纺织机械则向参观者展示了现代工业的发展和人类无限的想象力。组委会为5000多位参展商颁奖，其中，中国送展的丝绸、旗袍、茶叶等获得了多种不同的奖项。

伦敦世博会的巨大成功，不仅体现在630万的参观者和18.6万英镑的盈利，更重要的是英国由此获得了巨大的声誉，而英国人民则得到了两座博物馆——艾尔伯特博物馆和坎星顿科学技术博物馆。伦敦世博会为英国奠定了两个博物馆的展品基础，这种做法成了以后历届世博会的优良传统。

分析题：

1. 以第一届世博会伦敦万国工业产品大博览会为例，分析大型展会成功举办的条件。

2. 查阅中国国际进口博览会（CIIE）、中国广交会（中国进出口商品交易会）、德国汉诺威工业博览会（Hannover Messe）和日本东京国际动漫展（Tokyo International Animation Fair）相关资料，试分析国际和国内会展现状，并对中国会展业发展提出建议。

第二章

会展策划概述

本章导读

本章从会展策划的作用和方法展开，会展策划诸要素之间互相影响、互相制约，构成一个完整的体系。进行会展策划的学习，有利于会展策划（设计）人才具有全局性、前瞻性的专业理念，在全球化的背景下，既能站在会展业的前沿，高屋建瓴地进行策划；又能掌握系统扎实的会展设计、管理等知识，从而更好地胜任会展策划及相关工作。

【学习目标】

1. 认识现代会展策划含义、特点和重要作用。
2. 掌握会展策划的主要内容和基本方法。
3. 通晓会展策划的整体流程，并且能够有效地评估和测定会展效果。

【导入案例】

创意云南文化产业博览会（2022—2023年）

主题：七彩非遗·传承与创新。

时间：2023年10月20—24日。

地点：昆明滇池国际会展中心。

在为期5天的时间里，举行“非遗之夜”展演、启动仪式、主旨论坛、非遗大集、文化数字化展、主题活动日、分会场主题活动等50余项活动。

本届文博会主会场展览总面积3万余平方米，紧紧围绕“有一种叫云南的生活”主线，设置云南文化产业综合馆、创意昆明馆、文化传承发展馆三大主题展馆，设置展位300余个，来自省内外商家600余户，展出产品近50万件。

7号馆——云南文化产业综合馆：主要呈现云南各州市文化产业、云南非遗文化、民族文化等，可以酣畅淋漓地体验“有一种叫云南的生活”。州（市）企业（除昆明外）共计195家。

8号馆——创意昆明馆：暨“创意昆明”系列主题活动，聚焦非遗，旨在通过本次活动传承推广非遗，让非遗走进大众生活，并在以往的基础上进行了再创新、再升级。设立县（市）区展区、新型非遗美学空间体验展、昆滇老字号展、数字文化产业展、金茶花文创展五大主题展区。昆明企业共计155家。

9号馆——文化传承发展馆：设置了“非遗大集展区”，首次汇集来自上海、湖南、福建以及云南各州市的各类非遗项目110项，集非遗文创产品的展示、非遗沉浸体验场景的打造于一体，促进观众对非遗文化的认知与喜爱。本馆还设置了特邀展区，邀请了独具中国文化特色的国图文创、长安文创、西南联大文创等，以及充满科技亮点的文化数字化展区、洲明科技展区等。置身其中，既能在文化与历史中徜徉，也能在科技的世界遨游。

同时，在昆明公园1903夜间经济示范街区、腾冲高黎贡文化创意园区、建水紫陶文化产业示范园区、西双版纳告庄西双景民族文化体验园区、鹤庆新华银器文化产业园区、丽江玉龙雪山文化产业园等地设置了17个分会场及多个文创微集市。

创意云南文化产业博览会创办十年来，已成为文化产业交流合作、成果转化运用的重要平台。此平台加强了与各界的沟通互动，深化同南亚东南亚共建“一带一路”国家文明对话，共同探讨推进文化建设的新思路、新话语、新机制、新形式，探索跨区域、跨领域合作的新模式、新路径，务实推动一批项目合作落地见效，为建设中华民族现代文明作出新贡献。

（资料来源:《云南日报》，2023-10-21）

请思考：在会展活动中，创意策划具有什么作用和意义？

第一节　会展策划的含义、特点和作用

一、会展策划的要素构成

会展策划是在会展活动开始的最初阶段进行的，有时甚至贯穿会展活动始终的一种有限的、提前的、指导的活动，是围绕会展活动的目标，在充分占有并全面、深入分析会展信息的基础上，运用科学的策划方法，制订会展活动最佳方案的过程。一般来说，一份完整的会展策划，包含以下几个要素。

（一）策划者

在企业内部，会展策划者是会展主办方市场开发部或策划部门；在企业外部，会展策划者是专业的会展策划或服务公司。策划者的素质直接影响着会展策划的质量水平，从而影响会展活动的质量水平。

（二）策划依据

对市场环境、产业和市场的发展现状及发展趋势、会展业同业及自身优劣势的深入全面的调研、分析与总结是做好策划工作的基础。

（三）策划目标

策划目标是指一个期望的最终结果，它必须是在充分调研的基础上确立的。目标必须明确；目标必须是可测量的，这样才能评估它的生存能力和生产能力；目标必须是可达到的，即它能在一段合理的时间内以一个合理的成本完成；目标必须是现实的，能以可利用的人力和财力来完成；目标必须有时间限制。策划目标既要考虑到主办方及承办方的利益，还要考虑参展商和专业观众的利益，因此制定目标时要权衡几者的目标。一般来讲创办会展活动时要注意树立展览会的良好形象，确立该会展在国际和国内业界的地位，同时突出展览会主体在同行业中的优势和实力，对参展商和观众来说，要使他们通过参加展会达到沟通产销、推动交流、促进技术应用与发展、促成交易等目的。

（四）策划对象

一般会展活动举办流程包括会展市场调研、立项、策划相关活动、举办地点的选择与展区划分、会展服务承包商的确定、会展营销、会展现场服务等环节和内容。策划对象可以是某会展活动的整个流程，即对上述全部会展举办环节和内容的策划，也可以是对会展活动举办流程中某一个环节或几个环节的策划，还可以是对某一个环节中某一要素的策划，如立项策划中的主题策划、举办时间策划、办展机构策划等，会展营销策划中的招展策划、招商策划等。

（五）制订具体实施方案

会展策划不是简单的排列组合，而是针对策划对象，基于信息调研的基础上，为实现策划目标而设计的各种具有创造性的方案，订立具体的实施内容、方法、步骤、进度、控制与检验标准与方法等。

（六）策划效果评估

当会展活动按策划方案完成以后，就要对会展策划方案进行检验与评估。完成了什么目的和目标，为什么能够达成，没有完成哪些目的和目标，都应逐一分析原因。下次办会展的时候会出现同样的环境因素吗？应该怎样提高整体成效，为下次的会展策划决策提供依据？因此在会展策划中，效果评估可以说既是一项策划的终点工作，也是起点工作，它为以后的会展项目策划提供决策依据。

会展策划诸要素之间互相影响、互相制约，构成一个完整的体系。进行会展策划的学习，有利于会展策划（设计）人才具有全局性、前瞻性的专业理念，在全球化的背景下，既能站在会展业的前沿，高屋建瓴地进行策划，又能掌握系统扎实的会展设计、管理等知识，从而更好地胜任会展策划及相关的工作。

【相关链接】

“互联网＋会展”的终极目标：智慧会展

“互联网＋会展”的终极目标是智慧会展。智慧会展是以互联网作为“基础设施”，运用目前以及未来的信息和通信技术手段，收集、分析、整合会展行业的各类信息，通过“互联网＋”驱动，对包括策展、组展、场馆管理和运营、设计和工程、服务和运营，以及公共安全、环保、配套服务、相关活动等在内的全产业链上的各种资源做出智能配置，对各种需求做出智能响应。实质是要实现会展行业的智慧管理和智慧运行，进而促进行业的可持续发展。

智慧会展＝智慧配置＋智慧管理＋智慧运行。“互联网＋”对于智慧会展的驱动力在于，一是以大数据、云计算、移动互联网等为代表的新一代信息技术，二是由此逐步孕育产生行业内各种创新生态。前者是技术创新层面的技术因素，后者是行业创新层面的结构、经济因素。这是智慧会展的两大基因，不可或缺。围绕“互联网＋会展”，行业需要更有战略眼光和宏观布局，以及基于长远规划的产业链协调联动。从会展行业的构成和“互联网＋”的技术应用方面来看，智慧会展应该划分为智慧信息连接、智慧会展环境和智慧技术应用三个部分。智慧信息连接主要体现在互联网、云计算、大数据、可视化等技术上，是以确实可行的数据采集机制和大数据库为基础，完成会展数据的收集、管理、分析、筛选和运用。智慧会展环境是指围绕会展营销活动的整体环境的智慧化进程，包括策展、组展、场馆管理、会展运营、会展服务的全过程。智慧技术应用包括四大部分：一是用于决策的资源分析、选择类和会展效果反馈评估类的技术应用，二是与策展、组展、场馆相关联的应用平台（App），三是用于展览展示效果的技术应用集成，四是会展经济所带动周边效应的相关技术应用。智慧会展的关键在于信息的共享、资源的有效利用以及管理的精细化，因此，在初期更应突出基础信息和基础资源这两个重点。智慧会展的核“芯”当然是“互联网 +”。对于每一个（次）会展活动的流程而言，“互联网 +”基本可以体现在四个层面上：互联网 + 会展组织、互联网 + 展馆管理、互联网 + 会展运营、互联网 + 会展形式，四个层面实际是一体的。通过与互联网融合，提升运作效率，获得更多的附加值，每一个领域的升级既是内因，也是量变。当四个领域由量变发生质变，其结果就是智慧会展。

二、会展策划的特点

（一）针对性

会展策划是具有针对性的活动，它是会展理论在会展活动中的具体运用。在进行会展策划时，应首先明确会展活动应达到什么目的，它是针对什么问题而举办的会展。例如，有的会展以特定消费群体的生活方式为依据，具有鲜明的主题，这就要求在进行策划时必须围绕主题组织展品、开展活动。

（二）系统性

会展策划是针对整个会展活动的运筹规划，因此具有系统性的特点。进行会展策划时要对会展的各个方面各个环节进行权衡，使企业目标特别是通过参展而实现的企业市场营销目标具有一致性，使其在产品、包装、品牌、价格、服务、渠道、推销、广告、促销、宣传等方面保持统一性。这样可以减少会展策划的随意性和无序性，提高效率。

随着会展理论研究的不断深入，近年来有学者提出“立体策划”的概念，可以说是会展策划系统性的一种表现。

（三）变异性

市场永远是变化的，会展策划必须充分考虑到市场的变化。例如，新冠疫情发生以来，会展行业经历了大洗礼，不少会展企业采取多种方式自救，其中线上会展受到全行业推崇。此间举行的第 18 届中国—东盟博览会和中国—东盟商务与投资峰会正是采取“实体展 + 云上东博会”的形式办展。“云上东博会”打破空间限制，保证国内外政商界的关注度和参与度，开辟多领域合作的“云上南宁渠道”，为会展行业可持续发展做出了有益探索。

（四）可行性

可行性是指会展策划方案在现实中要切实可行，没有可行性的策划方案写得再好也只是纸上谈兵。一般来说，会展策划方案必须经过分析论证才能实施。分析论证策划方案的可行性主要围绕策划的目标定位、实施方案以及经济效益等主要方面进行。

【相关链接】

展会如何实现自我创新并推动产业发展

国务院办公厅、商务部等部门先后出台《根据关于发展银发经济增进老年人福祉的意见》《关于促进老字号创新发展的意见》。两份看似毫无关联的意见，同时提出要借助展会功能，通过创新促进产业发展。由此可见，展会对于产业创新的巨大作用，越来越受到政府部门的重视。从技术进步来看，线上会展、元宇宙会展、数字化、人工智能的运用，让会展对产业发挥更长效、更高频、更深的影响成为可能，近期 OpenAI 推出的 Sora，让人工智能在会展业的运用再度成为讨论的热点。从历史发展来看，展会和产业创新如影随形，中国会展正在经历从大国走向强国的阶段。创新和高质量发展已经是中国会展业最显著的标志。那么展会如何通过创新推动产业发展？一是创新对产业会展功能的定义和认知。二是洞察行业与客户需求，提升展会价值。三是内容创新，引领行业。四是创新办会办展理念。五是打造新场景，进行形式创新。会展业通过创新和自我迭代取得高质量发展，将会在国民经济中扮演更重要的角色，承担起搭建平台、促进产业融合发展的重任。

三、会展策划的作用

对于会展的组织者来说，会展策划是会展运作的核心环节；对于参展厂商来说，会展策划提供的是参展策略和具体计划。

（一）战略指导作用

策划是一种理性思维，以确保即将进行的活动有条不紊地按预定的目标进行，它是策划者为策划目标进行决策谋划、探索、设计多种备选方案的过程。决策者以策划方案为基础，进行选择和决断，从而保证决策的程序化和科学化。

战略指导作用是指会展策划能为会展活动的执行提供总体的指导思想。以展览策划为例，诸如展览场地、展会规模、展会的主题及时间的安排、展会品牌、主要合作伙伴（行业）等方面，在会展策划方案中都要事先提出详细的预案。

（二）实施规划作用

实施规划作用是指会展策划能为会展活动提供具体的行动计划。一般说来，会展策划方案通过之后，在具体的实施过程中可以根据情况适当调整，但会展活动运行的总体思路与要求是不变的，策划案是会展活动实施的主要依据。

（三）进程制约作用

进程制约作用是指会展策划能安排并制约会展活动的进程。尤其大的会展活动，所涉及的工作千头万绪，在会展活动执行的进程中，必须严格按照策划所提出的方案进行工作，这样才能确保会展活动的顺利进行。

（四）效果控制作用

效果控制作用是指会展策划能预测、监督会展项目活动的效果。某一会展活动在执行过程中是否达到预期的效果，对照策划案的相关要求就能够清晰看出。会展策划一方面能对会展活动的最终完成效果进行控制，另一方面也可对策划案本身的可行性、合理性进行检验。

（五）规范运作作用

规范运作作用是指会展策划能使会展运作趋于科学、合理、规范。会展策划者在进行计划或规划之前，运用科学的策划运作程序对计划进行构思和设计，为计划生成提供智谋，有利于计划切实可行、预算投向可靠。

第二节　会展策划的主要内容

会展策划行为离不开市场，策划者必须以市场为导向，利用各种宣传、广告手段，营造商业氛围，形成市场声势，并利用各种关系和途径，建立起庞大的展会营销网络，进行广泛的市场推广和招展招商，最终令目标客户纷纷报名参加。在整个策划活动中，以专业的展会服务赢得买家和卖家的信赖与支持十分重要。以展览为例，会展策划原则上是应该使 80% 以上的参展商都达到参展目的，使 70% 以上的参观商都达到参观效果。

会展策划是一项综合性的工程，它涉及的内容是多方面的。一般来说，会展策划的内容有会展的调查与分析、会展的决策与计划、会展的运作与实施、会展的效果评价与测定等。

一、会展的调查与分析

会展的市场调查是选定会展项目的重要依据。它是会展策划的基础，也是必不可少的第一步。一般情况下，市场调查要根据本地、本区域的经济结构、产业结构、地理位置、交通状况和展会设施条件等特点，围绕市场进行调查。市场调查的主要内容包括会展环境的调查、会展企业情况的调查、会展项目情况的调查、会展市场竞争情况的调查，以及参观商、支持协助单位等情况的调查。只有在充分了解市场潜力、市场限制以及市场动态等信息的基础上，才能有的放矢地进行策划。

二、会展的决策与计划

做出会展决定需要一个决策的过程，应该掌握一定的策略。影响会展决策的要素有营销需要、市场条件、营销方式、内部条件等，会展的决策与计划应从分析决策的要素入手，确定会展的基本目标、集体目标和管理目标，然后决定展会的战略安排、市场安排、方式安排等。

三、会展的运作与实施

会展的运作与实施是进行会展的中心环节，也是会展策划的中心之所在。在这个阶段，会展策划人员根据会展策划书的计划与安排进行广告宣传工作、组织招展招商工作、进行会展设计工作以及会展相关活动。

会展宣传的主要方式包括媒体广告和户外广告。媒体广告包括专业媒体（如报纸、杂志、网站等）和大众媒体（如电视、电台、主导型报纸等），主办者可以围绕不同的会展特点和亮点来进行宣传。户外广告，则是在人流量较大的公共场所，以海报、灯箱、广告牌、宣传布幅、彩旗等形式进行宣传。

组织招展招商工作要求充分宣传、认真选择。在招展招商的准备阶段，需要建立潜在客户名单，设计并发放参展说明书，熟知参展中的知识产权问题等。

会展设计工作一般包括：第一，按实际需要将工作分为招展招商组团、设计施工、展会运输、宣传联络、行政后勤、展台工作、后续工作等几大类；第二，在各大类之下详细列明具体事项；第三，弄清工作之间的关系；第四，要定期检查工作进度和质量，及时发现并解决问题，以保证整体工作协调正常运作。

四、会展的效果评价与测定

计划、实施、评估，是现代经营管理的三个步骤。会展的效果评价与测定是全面验证会展策划实施情况必不可少的工作。当整个会展策划、实施工作结束后，会展人员应及时进行评估，总结经验，寻找问题，并写出评估测定工作总结报告，不断提高会展策划的水平。

会展评估工作一般包括两个方面：一是对展会环境、展会筹办工作及展会后台工作进行评估，这一部分工作在展会结束时完成；二是对展会工作及展会前台工作进行评估，这一部分比较复杂，先在展会结束时针对展台工作进行评估，然后在展会的后续工作过程中跟踪评估。

【相关链接】

高质量的展会离不开高质量的策划

智海王潮和蓝鲸私域共同主办的“鲸潮·未来电商大会”，最初主要提供对接、交易等功能。通过研究参会者需求，主办方发现，对于电商而言，参展商、参会者不仅仅需要听会参展，由于互联网行业的小步快跑的特点，很多参会参展者更希望得到未来电商大咖的直接指导和交流，这些人群愿意为快速迭代、获得领先付出更多。由此，鲸潮打造“鲸潮私董会”，通过更有价值、更有针对性、更有成果的私域社群进行有效连接，采取线上课程、线下活动相结合的方式，针对参会参展人群中的高需求人群提供更高附加值的服务。目前，仅半年就有近600名私董加入，展会外的年服务收入超过1000万元，会展功能得到延展，客户黏性更高，对产业的创新推动作用更加强大。同时，“鲸潮·未来电商大会”也成为一个生态性的“私域+电商”的产业互联网平台。

第三节　会展策划的基本流程和基本方法

大型展会如世博会的策划，不仅要考虑经济因素，还要考虑政治因素、社会文化因素等。在我国，虽然展会市场化的进程在加快，但不少的大型展览会还带有政府行为的色彩，其决策规划情况更加复杂。这里，参照国际展会的一般惯例，就一般展会的策划流程进行概述。

一、会展策划的基本流程

（一）成立策划小组

会展策划工作需要集合各方面的人士进行集体决策，因此，首先要成立一个会展策划小组，具体负责会展策划工作。一般而言，会展策划小组应包括项目主管、策划人员、文案撰写人员、会展设计人员、市场调查人员、媒体联络人员和公关人员等。

项目主管一般由总经理、副总经理或业务部经理、创作总监、策划部经理等人担任。在会展公司里，项目主管具有特殊地位，他是沟通会展公司与展会服务承包商、参展商的媒介。一方面，他代表会展公司与展会服务承包商、参展商等洽谈业务；另一方面，他又代表展会服务承包商、参展商等监督会展公司一切活动的开展。

策划人员一般由策划部的正副主管和业务骨干来承担，主要负责编拟会展计划。

文案撰写人员专门负责撰写各种会展文案，包括会展常用文书、会展业务社交文书、会展业务专用文书、会展业务推介文书、会展业务事务文书、会展业务合同协议文书、会展业务法律文书以及会展策划案等。文案撰写人员应该具有很强的文字表达能力，并能够精确地领悟策划小组的集体意图。

会展设计人员专门负责进行各种类型视觉形象的设计，是策划小组重要的组成部分。因为在整个会展策划过程中，诸如各种类型的广告设计、展示设计、展示空间设计等都需要设计人员的参与。设计人员必须具有很强的领悟能力和将策划意图转化为文字、图画的能力。

市场调查人员应能进行各种复杂的市场行情调查，并写出市场调查报告。

媒体联络人员要求熟悉各种媒体的优势、劣势、刊播价格，并且与媒体有良好的关系，能按照会展策划的部署，进行媒体规划，争取最佳的广告宣传效果。

公关人员应能够为会展公司创造融洽、和谐的公众关系氛围，获得各方面的支持帮助，同时能够从公关的角度提供建议。

在会展策划过程中，由项目主管负责，各方面人员需通力配合、协调一致，共同做好会展策划工作。

（二）进行市场调查

市场调查是以科学的方法，有系统、有计划、有组织地收集、调查、记录、整理、分析有关产品或劳务市场等信息，客观地测定与评价，发现各种事实，用以协助解决有关营销的问题，并作为各种营销决策的依据。

会展市场调查是会展策划的基础。从传播学的角度来看，市场调查是会展策划者为了解市场信息，把握市场动态，进而确定会展目标和主题，编写会展策划方案，选择会展策略，检查会展效果等所需的调研工作。只有在系统地收集有关市场与相关背景的资料，并加以科学概括分析基础上确立的会展策划，才能很好地实现其总体目标。

在执行市场调查时，不仅要考虑本区域的优势产业和主导产业，还要考虑重点发展中的行业、政府扶植的行业等。具体分析行业市场情况，要摸清市场的归属，即买方市场还是卖方市场等。

主办者需要将市场调研的重点放在以下三个方面：一是市场环境调研，包括经济环境、社会文化环境、人口环境、政治法律环境、技术环境等；二是产业和市场信息调研，如产业规模、产业分布状况、产业发展阶段、产品销售方式、市场规模、市场竞争态势、产业和市场发展趋势、经销商数量和分布状况、行业协会情况等；三是同业会展竞争能力的调研，如 SWOT 的分析等。通过市场调查能够确定会展活动举办的可能性和可行性。

总之，在瞬息万变的市场中，如果没有科学的市场调研和预测作为先导，会展的策划、运作就很难达到预期的目标。

（三）决定会展策略

在一般情况下，会展决策应考虑营销需求、市场条件、营销方式、内部条件等因素。在充分地进行市场调研与预测之后，需要进行会展目标市场的定位与制订会展营销计划。以展览会为例，组织者在进行目标市场定位时需考虑以下因素。

第一，展览会的类型。组织者首先要明确自己所主办的是什么类型的展览会，因为政府主办的展览会、公益性质的展览会和商贸展览会在具体操作模式和策略的制定上有很大的区别。

第二，产业标准。导致展览目标市场定位复杂的原因之一是一次展览会往往涉及多个产业。如举办一次汽车展览会，组织者除考虑汽车生产企业外，还要努力吸引销售、运输等汽车需求较大的企业，甚至一些研究机构等。

第三，地理细分。不同地区的参展商和专业观众有着不同的需求特征及营销反馈，所以地理变量经常被作为划分展览市场的依据。在进行地理细分时，展会组织者不仅要分析不同国家的参展商对展览会的个性化要求，而且要弄清参展商在本国的具体分布，这样才能行之有效地进行决策。

第四，行为细分。行为细分是指根据参展商的参展动机、购买动机、购买状态或对展览会的态度等进行划分，其中参展动机被认为进行展览市场细分的最佳起点。

决定会展策略应该在充分掌握现有相关资料的基础上进行，如宏观政策环境、企业经营实力、会展市场竞争状况、顾客满意程度等。

（四）制定媒体策略

现代社会是一个信息社会，人与人之间、企业与企业之间都需要交流，而信息交流的主要载体便是各种各样的媒体，实施有效的媒体策略对会展组织者至关重要。会展组织者往往根据有限的广告预算以及举办会议、展览会、节事活动的需要和条件，来选择合适的媒体。在选择媒体的类型时需要综合考虑目标受众的媒体习惯、产品性质、信息类型以及广告成本等因素。

在市场经济的冲击下，中国传媒的市场化步伐越来越快。市场化程度的提高，带来了媒体的迅速成长或衰落，会展专业媒体也不例外。因而，在制定具体的媒体策略时，必须分析媒体在会展活动中的成长策略。以展览活动为例，在制定策略上，要综合考虑媒体在宣传活动中、联系活动中以及提升展览企业形象活动中的成长策略等。例如，若从提升城市形象的角度分析，在一次大型的国际会议、展览会或节事活动中，城市政府面向媒体的主要工作包括以下三点。

第一，在会展活动开始之前，政府需要媒体对展会前期的准备工作、展会的特点及创新性等做大量宣传报道，具体方式有举行记者招待会，或组织专家学者讨论并在专门的媒体上发表声明，以吸引市民和潜在专业观众的注意。

第二，在展会举办期间，继续组织有关媒体尤其是本地的主流报纸或电视台对会展活动做进一步宣传，以满足不同公众对此次活动的关注需求。

第三，活动结束之后，政府应该鼓励媒体对此次活动的效应和成果等做总结性的报道，以加深公众的印象，并达到提升城市形象的目的。

若从参展商与媒体的角度来说，在展会开幕之前，参展商除了可以通过直接邮寄等方式与客户联系并邀请对方光临自己的展台外，还要积极利用各种形式的媒体对本企业的参展活动做大量的宣传，可以在报纸、杂志或参展手册上刊登广告，也可以利用展会主办者发行的展会快讯宣传和介绍企业参展产品，以吸引专业买家来洽谈。在展会期间，还可以通过别出心裁的现场表演、公关事件，或召开新产品推介会，来吸引媒体和专业观众的广泛关注。

另外，为推广企业的品牌形象或提高产品的知名度，参展商必须与媒体保持良好的关系，并积极提供有价值的新闻，争取让媒体在展会期间对本企业给予更多的报道。纵观现有的会展杂志、报纸及网站的竞争格局和特点可以发现，专业刊物正走向多元化，刊物定位也更加鲜明，媒体的形式丰富多彩，互联网正在被广泛应用。因而，在会展的媒体制定上，必须与时俱进，选择更加有效的媒体策略。

（五）制定设计策略

一般而言，较大的展会活动，会展的设计问题在开展前几个月就开始了。从参展商的角度来说，设计不仅是一个展台设计的问题，在策划阶段就要考虑设计展览结构、取得展览公司的设计批准、制作展会宣传册等。

展台设计根据情况要求有不同的设计原则、功能区分，所以其设计的策略也是千变万化的。以宣传材料的设计与制作为例。对于参展商来说，狭义的宣传材料主要指各种文字资料，如宣传册页、新闻稿件等。而事实上，宣传材料不限于现场分发给观众或记者的文字资料，还包括很多形式，如直接邮寄资料、产品介绍、DVD、纪念包（手提袋）、酒店的户外广告或展会的每日快讯等。

在宣传材料外观的设计上，必须尊重整体风格，同时要能形成强大的视觉冲击力。外观设计主要是解决材料的形状和大小两个问题，并要求设计富有人性化，便于携带。

（六）制订预算方案

良好的财务管理和预算控制是筹办会展最重要的因素之一，如果安排得当不仅能起到增加收益、提高效益的作用，而且能使管理者了解收入的来源及比例。预算是协助实现财务目标的一个工具。会展在制订预算时必须做到有计划、有步骤，不断更新信息。一般来说，制订一份会展预算至少包括以下几方面的内容。

第一，历史数据。回顾过去的工作，以便制订出相对精确的新预算。

第二，行政管理费。包括项目共享的费用如工资、奖金和复印、电话、信函来往、计算机等要支付的费用。

第三，收益。即预算带来的收入，包括拨款、预算、注册费、出售展品和纪念品的收入、赞助等。

第四，固定费用，如印刷和邮寄宣传资料所需的费用。

第五，可变费用，如餐饮费等。

第六，详细开列的项目。详细开列的项目列明预算中的各个项目。

第七，调整控制。由于预算是根据估计而制订的，因此不一定准确，需要不断地调整。

在会展中，为了衡量一个项目的财务成果，必须设置一个用于实现既定财务目标的预算开支。预算采用的方式，可视具体情况而定。

（七）撰写策划方案

会展策划就是会展的策略规划，为了会展的成功举办，必须对会展的整体性和未来性的策略进行规划，包括从构想、分析、归纳、判断，一直到拟定策略、方案的实施、事后的追踪与评估过程。

会展策划与计划不同，它有为达到会展目的提出的各种构想。这些构想和创意是新颖的，与目标保持一致的方向，有实现的可能。把策划过程用文字完整地记录下来就是会展策划案。

广义的会展策划案可以涵盖经市场调查而产生的可行性研究报告、项目意向书、项目建议书以及广告策划方案、宣传手册等，包括围绕某次会展的展前、展期、展后所有的策划方案。

（八）实施效果评估

展会的效果是长期的，展出者在重视并投入很大精力进行展台设计、产品展示、展览宣传、展台接待和推销等工作的同时，也应当投入相当的力量做会展后续工作。如果说会展相当于“播种”，建立新的客户关系，会展的后续工作就相当于“耕耘”与“收获”，将新的关系发展为实际的客户关系。会展的后续工作有很多，实施效果评估是其中的重要一环。

会展的效果评估内容也很丰富，有展会工作评估和展会效果评估。其中，展会效果评估需要由展出者自己安排或委托专业评估公司来做。展会效果的评估内容分为定性的内容和定量的内容，条件许可的情况下尽量用定量的评估内容，这样能使评估的结果更客观、更有价值。

二、会展策划的基本方法

会展策划的方法是多种多样的，到底选择何种方法进行策划，不仅要看会展策划团队所能利用的资源条件如何，更要看策划者本身所具备的学识、能力和素养。

（一）系统方法

系统方法的主要原理是把实物看成一个完整的系统，这个系统既包括自身组成要素的各个方面，又包括各要素间的联系以及各相关实物间的关系与地位。系统的方法要求从系统的一方面或几个方面或整体出发，对策划对象进行不同角度的整体分析。系统方法通常有以下五个步骤：

第一，确定策划目标。从系统的整体要求出发，提出需要解决的中心问题，确定会展活动所必须达到的目标与希望达到的目标。

第二，综合拟订方案。根据既定的会展策划目标，拟订可以实现的各种方案。

第三，分析评价方案。策划所形成的各种方案各有优缺点，应该通过分析、比较和评估，确定具有最佳价值标准、满意程度高的方案。

第四，系统选择，策划优选。通过综合分析、比较和计算，从诸多备选方案中选出最优化的方案。会展策划人员应该提出书面的策划报告，由会展项目主管部门决定最终方案。

第五，跟踪实施、调整方案。策划人员应该跟踪方案执行情况，以便及时发现问题，修改、补充原方案，最终实现策划目标。

（二）创意方法

在某一特定环境下，人们以知识、经验、判断为基点，通过亲身的感受和直观的体验而闪现出的智慧之光，可以很全面地提示事物或问题的本质，可以让人有一种假设性的觉察和敏感，这就是通常所说的灵感。灵感实际上是因思想集中、情绪高涨而突然表现出来的一种创造能力，即创意。任何创意的前提是条件加方法，任何创意的产生都要在产生联想、假设的基础上，用大脑去思考、去进行分析、总结和归纳等，只有经过这样的反复论证才能产生新的创意，这个过程是智能放大的过程。智能放大在创意的实施与产生过程中是不可缺少的，同时也是关键所在。常用的创意方法有以下几种。

1. 头脑风暴法

头脑风暴法是由美国创造学家 A. F. 奥斯本于 1939 年首次提出、于 1953 年正式发表的一种激发创造性思维的方法，因适应日益复杂的经济社会发展而被广泛运用，是最常用的方法之一。此法是让所有参加人员围绕某一会展策划议题，如会展目标、主题、举办地、时间、相关活动、会展项目推广策略等以及各项细节，集思广益进行交流获得创意的方法。

头脑风暴法的优点是：获取广泛的信息、创意，互相启发，集思广益，在大脑中掀起思考的风暴，从而启发策划人的思维，提出优秀的策划方案。具有五大特征：第一是集体创作；第二是思考的连锁反应；第三是延迟批判；第四是创意量多多益善；第五是不介意创意的质量，而是以量求质。现代很多策划创意均是集体思考或集体合作的成果。

2. 垂直和水平思考法

垂直思考法又称逻辑思考和分析法，是指按照一定的思考线路，在一个固定的范围内，自上而下进行垂直思想，此方法偏重已有的经验和知识，通过对旧的经验和知识的重新组合而产生新的创意，能够在社会公众既定的心理基础上满足对创意的诉求，但在形式上难有大的突破，结果比较相似。

水平思考法是指在思考问题时摆脱已有知识和旧经验的约束，冲破常规，提出富有创造性的见解、观点和方案。这种方法的运用，一般是基于人的发散性思维，故又把这种方法称为发散式思维法。例如，微软公司在全球各地招聘人才时，比尔·盖茨亲自出了一道题目，就是要求面试人员在面前的纸上画一个三角形，用笔画一个直线，把三角形的三个顶点连接起来。虽然，对于这个问题运用习惯的方法是解决不了的，但如果冲破常规，用比三角形更粗的笔来画，问题便迎刃而解了。可见，只要思维是发散的，想象力便是无限的，才可做到策划方案的创新。

3. 跳跃联想法

这种思考方法是在收集会展策划创意时，为了找到令人惊异的构思，而在看似毫无关联的两个问题之间构想出特定关系。这种方法以跳跃性思维产生联想，并不把自己思考的基准点加以固定。例如，现代家居展上有装饰公司提供设计方案、材料、文案、后期家居用品配饰等一揽子工程，而海尔、科宝等家电企业也进入家居装修行列，提供包括厨房、卫浴、家用中央空调、热水系统、智能化系统等最新的家居集成解决方案。

4. 转移经验法

转移经验法是指把一种知识或经验转移到其他事物上的思维方法。在进行经验的转移时，既可是同类、同质经验上的转移，也可是异类、异质经验上的转移。

（三）德尔菲法

德尔菲法是指采用函询的方法或电话、网络的方式，反复咨询专家们的建议，然后由策划人做出统计，如果结果不趋向一致，那么就再征询专家，直至得出比较统一的方案。这种策划方法的优点是：专家们互不见面，不会产生权威压力，可以自由且充分地发表自己的意见，从而得出比较客观的策划方案。

运用这种策划方法时，要求专家具备策划主题相关的专业知识，熟悉市场的情况，精通策划的业务操作。根据专家的意见得出结果后，策划人需要对结果进行统计处理。但是这种方法缺乏客观标准，主要凭专家判断，再者由于次数较多、反馈时间较长，有的专家可能因工作忙或其他原因中途退出，从而影响策划的准确性。

（四）智能放大法

智能放大法是指对事物有全面而科学的认识，然后在这种认识的基础上对事物的发展做夸张的设想，运用这种设想对具体项目进行策划。

由于这种方法受到一定的时间、地点以及人文条件的限制，具体操作要靠策划人自己来准确把握。这种策划方法容易引起公众的议论，形成公众舆论的焦点，进而很快拓展其知名度，成为炒作的原材料。“没有想不到的，只有做不到的”，是这种策划方法的原则。但是这种策划方法并不是一味地往大处想，而是在现有的客观条件下，合理地考虑到公众的心理承受力。这就是说，智能放大法是有一定风险的，太过于夸张，容易导致策划向反面发展，从而彻底改变策划的初衷。

需要指出的是，无论采取哪种策划方法，都必须围绕会展目标进行。从根本上来说，会展策划是调动一切可能利用的资源，运用科学合理的方法与手段，对会展项目的开展进行筹划、指导运作、实施的过程。会展策划所采用的方法是否得当，往往是策划方案是否可行的重要因素。

总之，会展作为一种营销方式，在开拓市场、巩固市场等方面发挥着重要作用。但是会展是一项复杂、浩繁的工程，它的工作环节很多，为了保证其可行、顺利、有效地展开，必须重视会展的策划工作。有学者指出，只有当会展被当作最有效的营销方式时才决定会展，而在决定会展后，能激发创意，有效地运用手中的资源，选定可行的方案，达到预期目标或解决一个难题，就是策划，会展策划在整个会展过程中扮演着重要角色。

【复习思考题】

1. 简述会展策划的主要特点。
2. 简述会展策划的主要内容。
3. 简述会展策划的基本流程。
4. 如何撰写会展策划？
5. 如何对会展效果进行有效评估？

【案例分析】

世界著名展览公司

会展业作为一种特殊的服务业，已成为在全球经济中占有相当比重的新兴产业，成为不少国家服务业中最重要的经济部门之一。从国际上许多成功的会展城市来看，会展业特别是已经做出品牌的会展，为城市乃至整个国家带来了巨额利润和经济的空前繁荣。

近年来，北京市商务局整理了《全球知名会展公司（机构）信息集萃》。其中共收集了50家全球知名会展公司（机构）的基本信息。这些公司（机构）主要来自德国、美国、英国、法国、意大利、日本、巴西和新加坡等会展业比较发达的国家和地区，而且这些公司（机构）基本上是在本国会展公司（机构）排名中位居前列的。

这50家全球知名会展公司（机构）中共有14家在中国设立子公司、17家设立代表处；其中9家在北京设立子公司、13家在北京设立代表处。来中国投资的31家全球知名会展公司（机构）中，共有19家既致力于招展又致力于办展、6家主要致力于办展、6家主要致力于招展；其中，来北京投资的22家全球知名会展公司（机构）中，共有14家既致力于招展又致力于办展、3家主要致力于办展、5家主要致力于招展。这50家全球知名会展公司（机构）的基本信息包括公司（机构）规模、发展历程、业务重点领域、举办的重要会展和联系方式等内容。把这些公司（机构）按国家进行分类，可以了解来北京投资的公司（机构）以及它们的主要业务方向：招展或办展。

1. 德国知名会展公司

（1）法兰克福国际展览公司（Messe Frankfurt Exhibition）☆△▼

（2）德国汉诺威展览公司（Deutsche Messe AG，Hannover）☆△▼

（3）德国杜塞尔多夫展览公司（Messe Dusseldorf）☆△▼

（4）德国科隆展览有限公司（Koelnmesse）☆△▼

（5）德国慕尼黑国际展览集团（Messe Munchen International）☆△▼

（6）德国柏林展览公司（Messe Berlin GmbH）☆△

（7）斯图加特展览公司（Messe Stuttgart）★△▼

（8）德国埃森展览公司（Messe Essen GmbH）▼

（9）德国莱比锡展览公司（Leipziger Messe）☆△

（10）德国德马吉展览公司（DEMAGE）★△▼

2. 美国知名会展公司

（1）美国克劳斯公司（E.J.KRAUSE & ASSOCIATE，INC）☆△▼

（2）美国富瑞门集团（Freeman Decorating Company）★▼

（3）爱奇会展有限公司（IDG World Expo）☆▼

（4）美国麦杰克国际公司（MAGIC）★△▼

（5）美国包装机械协会（PMMI）★▼

（6）全美家庭用品制造商协会（International Housewares Association）▼

（7）美国 Questex 传媒集团（Questex Media）▼

（8）美国消费电子产品协会（CEA）▼

（9）美国 Pennwell 公司（Pennwell）▼

（10）美国博彩协会（American Gaming Association）▼

3. 英国知名会展公司

（1）励展博览集团（Reed Exhibitions）☆△▼

（2）蒙歌玛利展览有限公司（Montgomery）☆△▼
（3）英国国际贸易与展览有限公司（ITE Group Plc）☆△▼
（4）英国国研会展集团（IIR）☆△
（5）英国 Brintex 公司（Brintex）▼
（6）奥伟展览集团（Allworld Exhibitions）☆△
4. 意大利知名会展公司
（1）米兰国际展览公司（FMI）★△▼
（2）里瓦德尔 Fierecongressi 股份有限公司（Riva del Garda Fierecongressi S.p.a.）▼
（3）米兰博览会集团（Fiera Milano S.p.a.）△▼
（4）里米尼展览公司（Rimini Fiera S.p.a.）▼
（5）意大利博洛尼亚展览集团（Bologna Fiere Gruppo）★▼
5. 法国知名会展公司
（1）法国爱博集团（GROUP EXPOSIUM）☆△▼
（2）法国巴黎展览集团（COMEXPO Paris）△▼
（3）马赛国际展览公司（SAFIM）▼
6. 日本知名会展公司
（1）日本 CMP 集团（CMP Japan Group）▼
（2）日本康格株式会社☆△▼
（3）日本杰科姆会展服务公司（JTB COMMUNICATIONS，INC）☆△▼
7. 巴西知名会展公司
（1）巴西奥冈达拉·马夏度展览公司（Alcantara Machado）▼
（2）巴西 Diretriz 集团（Diretriz Group）▼
8. 新加坡知名会展公司
（1）新加坡展览有限公司（Singapore Exhibition Services Pte Ltd）
（2）新加坡国际展览集团（Singex Group）★△▼
（3）新加坡会议与展览管理服务有限公司（CEMS）☆△▼
9. 其他知名会展公司
（1）万耀企龙展览集团（VNU Exhibitions）△▼
（2）中东展览联盟（Middle East Exhibition Union）★△
（3）西班牙马德里国际展览中心（IFEMA）☆△
（4）白杨树国际展览集团（Be Youthful Surpassor International Exhibition Group Ltd.）☆▼
（5）加拿大 DMG 传媒集团（DMG World Media）☆△▼
（6）亚洲博闻有限公司（CMP）☆▼
（7）俄罗斯 Restec 展览公司（Restec Exhibition Company）▼

（8）葡萄牙 EXPONOR 国际展览公司（EXPONOR–Feira Internacional do Porto）▼

（注：☆指在北京有办事处或分公司，★指在除北京以外的中国其他地区有办事处或分公司，△指主要投资目的是招展，▼指主要投资目的是办展。）

分析题：

1. 试分析会展公司在促进会展业发展中的作用。

2. 挑选一家中国知名会展公司与国外会展公司进行比较。

第三章

会展项目立项策划与可行性分析

本章导读

本章围绕会展项目中立项策划的方法和步骤展开，对会展项目的可行性进行深入分析。会展项目立项策划就是根据掌握的各种信息，对即将举办的展览会的有关事宜进行初步规划，设计出展览会的基本框架，提出计划举办的展览会的初步规划内容。这些内容主要包括：展览会名称和地点、办展机构、展出范围、办展时间、展出规模、展览会定位、招商与招展计划、宣传推广计划、展览会进度计划、现场管理计划、相关活动计划等。

【学习目标】

1. 掌握会展市场信息收集的方法、范围。
2. 学会如何确定展会主题，掌握会展立项策划书的主要内容与写作方法。
3. 掌握展会项目立项可行性分析的内容及结构。

【导入案例】

2025年广州高尔夫球博览会立项策划书

1. 会展市场环境

据市场调研结果显示，中国是目前世界上最具有潜力的高尔夫球产业市场。因此主办方有信心利用多年积累的庞大国际客户资源以及行业经验，将“中国高尔夫球博览会”打造成为亚洲乃至全世界极具影响力的产业峰会，同时将在中国南方打造一个全新的“亚洲国际高尔夫球博览会”。据悉，未来的中国高尔夫球博览会将加大培训力度，聘请海内外专家分享先进技术及先进管理经验，并加大高质量买家的邀请，使中国高尔夫球博览会成为真正意义上的集信息交流、新技术新产品展示、教育培训、商业联络于一体的高尔夫球产业促进平台。

2. 政策支持

广州高度重视会展产业发展并给予大力扶持，先后出台相关政策，未来几年力争会展业主要指标位居亚洲前列，会展业成为广州市现代服务业的支柱产业之一。

3. 展会基本框架

（1）名称：2025 年广州国际高尔夫球博览会。

（2）举办时间：2025 年 10 月 20—22 日。

（3）主办单位：中国高尔夫球协会、北京励展光合展览有限公司。

（4）承办单位：北京励展光合展览有限公司。

（5）举办地点：广州锦汉展览中心。

（6）展会规模：展览面积约 18208 平方米，预计展商 200 个，参观人数超过 2000 人。

（7）展会定位：目标参展商是涉及高尔夫产业方面的设计企业、制造企业、相关的高尔夫球俱乐部，目标观众是高尔夫球爱好者和一般的普通大众。

（8）办展目标：加强展会的国际知名度，使其成为参展商开拓市场，提升品牌形象的专业平台。

（9）办展频率：每年一次。

（10）展品范围：球场与练习场设施设备及建设用品展区、高尔夫个人用品消费品及 OEM 生产展区、高尔夫设计建造行业 / 服务及媒体区、高尔夫球具特卖区。

4. 会展价格（略）

5. 会展地点的选择

广州锦汉展览中心位于广州市商业中心地带，与周边酒店、休闲设施及便利的交通构成一个成熟的商务会展区域，是专业展览会的理想举办场所。

6. 人员分工计划

（1）安保工作。聘请有安保经验的人员到现场维持秩序，负责门票的验收。

（2）清洁人员。可委托当地的清洁公司负责场馆每天展后的清洁工作。

（3）翻译人员。聘请 2~3 个翻译人员到展台前负责必要的翻译工作。

（4）柜台人员。主要负责参展商办理参展的手续。

（5）指引人员。主要在馆外给观众指引到展馆的道路。

（6）后勤人员。负责展会期间的有关事务。

7. 招展计划（略）

8. 大会宣传

（1）通过大型户外广告牌进行宣传。

（2）通过电视、报纸、杂志、广播、网络及其他大众传媒进行全面的宣传推广。

（3）通过智能交通、安防、消防、网络等行业专业媒体进行全面宣传推广。

（4）在国内外具有一定规模和影响力的同类和相关专业展览会进行宣传推广，通过与国外对口专业组织合作，进行国际采购招商与推介。

（5）出版博览会电子期刊，专题介绍博览会有关活动的情况。

（6）建设博览会官方网站，与业内知名网站、展商网站进行链接，并与阿里巴巴等商务网站合作，将博览会相关活动及参展企业信息在网上进行宣传推广。

（7）通过积累的行业资源及广大客户网络，进行精准性的宣传推广。

请思考：会展成功举办需考虑哪些因素?

会展活动是一项复杂而系统的工程，其成功的关键因素在于选题立项策划的科学性与合理性，而选题立项策划的基础是充分的市场调查，在掌握了足够的市场信息和相关的产业信息之后，展览目标与题材的选择、展会主题的确立以及具体展会项目立项策划都是策划举办展会必不可少的环节。

第一节　会展市场信息收集

全面收集会展项目的各类信息是一个会展项目得以成功举办的基础和关键。市场信息收集的过程是一个系统的、有目的的市场调查过程，它主要是通过各种市场调查手段，有目的地、系统地收集、记录和整理有关的市场信息和资料，客观地反映市场态势，为全面认识市场、进行市场分析和预测，以及为办展机构进行科学决策提供依据。

一、信息收集的方法

（一）利用网络进行信息收集

互联网的广泛应用给人们的生活带来了很多便利，同时也拉近了人们之间的距离。利用网络进行信息收集是一种非常便捷的信息收集手段，并具有时效性强、覆盖面广、方便快捷等特点。但值得注意的是，要对一些重要的信息要进行多方面的分析和比较，以保证信息的准确性和时效性。

（二）利用传统媒体收集

利用传统媒体收集信息虽然是一种比较传统的信息收集方式，但这种方式还是比较有效的，也经常被人们所采用。各种媒体的信息传递方式不尽相同，在信息收集时也应注意各自的特点。例如，电视传递信息的速度快，但一般比较宽泛，所以要想取得更详细的信息仅靠电视是不够的，只有通过其他渠道才能获得；报刊传递信息的速度没有电视那么快，但它所刊载的一些信息一般都比较详细，如我国新颁布了一项法规，电视的新闻报道可能只报道一个标题，而报刊则会全文登载。

（三）向有关部门索取相关信息

在会展信息的收集过程中，还可以向有关机构或部门索取展览会的相关信息。这些部门主要包括政府部门、大使馆商务处、国际组织、商会、行业协会等。在向上述组织索取信息时，索取信息的范围也要有所不同。向政府部门主要收集产业规划、产业政策、法规和统计数据等方面的信息，向行业协会主要收集行业发展状况、发展趋势预测与分析和企业名录等方面的信息。

（四）通过同类展览会现场收集信息

在确定举办一个会展活动之前，要尽可能多地参观几个在不同区域举办的同类展览会。这种方式的成本可能相对较高，但收集的信息具有一定的可靠性，是第一手资料，对策划自己的展览会有一定参考价值。通过现场参观，可以了解他们的展出规模、布展水平、参展商和专业观众的区域分布，并能够收集参展企业名录等，同时可以了解他们的长处与不足，为自己的展览会的整体策划和制定竞争策略提供依据。

（五）通过专门的市场调查机构收集信息

随着我国市场经济的不断深入和社会化分工的逐步细化，我国市场上出现了许多从事市场调查和市场信息收集的专门机构。正规的市场调查机构会有一定数量的专业人员，他们能够根据客户的要求，制定专门的市场调查程序，利用较为科学的调查方法，有针对性地收集信息。这样，经过他们整理分析而得出的调查结论还是较为客观和真实可信的。采用不同的信息收集方式、不同机构提供的信息具有不同的类型和特点（见表3–1、表3–2）。

表 3–1　信息收集方式与信息范围对应

信息收集方式	信息类型	特点
网络	产业规划、法规政策、行业预测、统计数据、展览会信息、企业名录等	范围宽泛、准确性不够
电视媒体	法规政策、行业预测、统计数据、展览会信息、企业名录等	准确、传播速度快、详细度不够
报刊	法规政策、行业预测、统计数据、展览会信息、企业名录等	详细、准确
展览会现场考察	展览会信息、行业市场信息、企业名录等	准确、费用较高

表 3-2 有关机构与可供信息对应

信息获取机构或方式	信息类型	特点
政府部门	产业规划、法规政策、统计数据等	宏观、准确
行业协会	产业规模与分布、行业预测、企业名录等	宏观、微观、准确
国际会展组织	展览会信息	具体、准确
国际行业组织	产业规模与分布、行业现状与发展预测等	宏观、准确
大使馆商务处	展览会举办国产业规模、企业名录等	具体、准确
市场调查机构	行业市场信息	较准确、费用较高

从表 3-1、表 3-2 可以看出，收集信息的方式不同，会影响到信息的类型和特点；有关机构因职能分工不同，它们所提供的信息也有区别。这就需要信息采集者根据自己的实际需求，运用自己的专业知识，对搜集到的信息加以认真分析和甄别，以保证信息的准确性和真实性。

二、会展信息收集的范围

（一）产业信息

一个会展项目可能会涉及一个或几个相关联的产业，涉及产业规模的大小会直接影响到展览会的展出规模。为此，收集产业信息时，一般要收集产业性质、产业规模、产业集群分布、厂商数量、产品销售方式和产业技术含量等方面的信息。

1. 产业性质

产业性质指这个产业是新兴产业，还是老旧行业；是朝阳行业，还是夕阳产业。对于不同的产业，会展的作用是不同的。如新兴产业，由于其市场规模在急剧扩大，企业的盈利性较好，举办展会是较为合适的；但夕阳行业，由于绝大部分最终将走向消失，会展只会增加其运营成本，因此就要缩小展出工作规模，甚至不再做展出工作。

2. 产业规模

在这一方面主要收集该产业的生产总值、销售总额、进出口总额和从业人员的数量等，这些信息是策划举办会展项目时参考的重要数据。了解产业的生产总值和销售总额可以为预测会展的规模提供依据；了解产业从业人员数量可以为预测到会参观的专业观众的数量提供重要参考。这些数据是策划举办展览会时所必不可少的重要参考信息。

3. 产业集群分布

任何一个产业都会有相对集中的产业带，这是按照其自身行业的发展规律，经过一定时间的发展而自然形成的。产业集群分布是制定会展招商招展和宣传推广策略的基础。一般来说，产业集群集中区域，企业的数量和从业人员自然会多。掌握相关产业集群分布状况对展览会组织机构来说十分重要，因为它与确定展览会举办地点和制定展览会的招商招展与宣传推广策略有着密切的联系，这也是展览会组织机构制定展览会招商招展和宣传推广策略的基础。以电子信息产业为例，我国电子信息产业已初步形成了以珠江三角洲、长江三角洲、环渤海湾地区、部分中西部地区为主的四大电子信息产业基地，它们具有电子信息企业集中、产业链较为完整、配套设施较为完善等特点。电子信息产品制造业的主要优势领域为通信设备、计算机、家用电器、视听产品和基础元器件。所以，只有在掌握了上述类似信息的基础上制定的策略和方案才会具备目的性和可执行性，从而减少市场风险。

4. 厂商数量

会展活动的举办必须有足够数量的厂商。如果产业拥有的厂商数量较多，则会展的潜在参展商和专业观众也会多，展会举办成功的可能性也较大，反之亦然。

5. 产品销售方式

产品的销售方式及其成熟度对举办会展活动的影响也比较大。如某产业产品的销售网络比较健全，大型批发市场较多，各个企业的销售渠道已经自成体系，在此行业招展就会遇到很大的困难，涉及该行业的展览会的举办难度也会加大。再者，举办展览会必须遵循行业的特点和规律。有些行业的产品，上市的季节性很强，举办这些产业的展览会，必须按照产品的上市季节来确定展览时间，否则展览会很难成功。

6. 产业技术含量

产业技术含量主要是指该产业的产品以及生产设备所需要的技术的难易程度以及它们的体积和重量等。了解这些信息，对会展项目策划的场地选择非常重要，因为不同的会展场馆在室内高度、地面承重、展馆进出通道等方面的技术数据不一样，其对展品的要求也不一样。一般情况下，产品的体积不是太大，比较方便搬运、运输，产品更新换代较快的产业更适合举办展览会，并且适合每年举办一届或者两届，而那些产品比较笨重和产品生命周期比较长的行业则比较适合两年举办一届。由于各地的展览场馆在展馆室内高度、场地承重、展馆进出通道等方面的限制，这类会展活动往往不在展馆内展出，而是在室外展出，了解这方面的信息对我们确定展览会的展出地点和举办周期是十分必要的。这类展览会主要有矿山机械设备展览会、航空展览会和重型机械设备展览会等。

另外，在收集产业信息时，还要密切注意并收集行业的发展趋势、热门话题和行业的亮点等方面的信息，这些信息对今后策划相关会展活动很有帮助。

（二）市场信息

我国会展业经过多年发展，市场化程度越来越高，大多数会展活动完全用市场化的方式和手段来运作，也就是通常所说的“商业性展览会”。即使是政府主导型的展览会也在逐步向市场化的方向转变。由此可以看出，市场化经营是我国会展业发展的主流。举办市场化的商业性展览会，需要对市场进行全面和详细的了解，对各种市场信息进行全面的认识和深入的分析，在此基础上做出的决策才具有科学性和准确性。从策划举办一个展览会的实际需要出发，需要收集以下几个方面的市场信息。

1. 市场规模与发展信息

一个会展项目所涉及产业的市场规模决定了在该产业内举办展览会的规模，尤其在一些细分行业内举办的展览会，受这一方面的影响更为明显。如果市场规模过小，展览会的展出规模就很难扩大，甚至不能成功举办。由此可见，会展业不是一个完全独立存在的产业，它是一个与其他产业相互依存、相互促进、相互发展的产业。

同时，市场的变化瞬息万变，任何一个产业市场都会有扩大或缩减的可能性。如果一个产业市场缩减到一定程度，就会失去了在该产业内举办展览会的基础。作为一个明智的展览会组织者，在关注相关产业市场的同时，更重要的还要密切关注相关产业市场的变化动态，根据产业市场的变化，随时调整办展策略，降低展览会组织者的经营风险。

2. 市场竞争状况信息

目前，就我国的市场而言，独家企业垄断市场的现象几乎不复存在，行业内企业之间的竞争越来越激烈。只是行业的不同，其表现形式和竞争的激烈程度也不一样罢了。企业的市场竞争意识决定着企业的参展意愿。市场竞争较自由的行业，行业内企业的竞争意识也就相对强烈。他们都想通过参加展览会这种方式来推销自己的产品，扩大自己产品的市场占有率，所以，在该产业内举办展览会就较容易成功。而市场竞争度不高或市场垄断性较强的产业，行业内企业的市场竞争意识也会相对较弱，在该产业内举办展览会的难度就较大。还有一种情况，就是市场的大部分份额被少数几家大企业占据着，他们对市场产生决定性的影响。他们的市场行为对行业内其他的企业产生重大的影响，他们是否参展往往会关系到一个会展活动的成败。

3. 经销商与终端客户信息

在组织会展的过程中，一个会展活动的参展企业不仅仅是生产企业，经销商和零售商也占有一定的比例。在一些区域性的展览会中，经销商和零售商占的比例可能会更大。他们不但是展览会组织者的目标客户，还有可能是会展活动的专业观众。在组织一个国际性展览会时，除了邀请经销商和零售商外，还应该邀请进出口商届时参展或参观，他们是会展活动中不可忽视的有生力量。所以，掌握一个行业的经销商数量和分布状况，对展览会组织者制订展览会的招商招展计划有着重要的意义。

另外，会展活动的组织者还应该了解举办展览会所涉及行业产品终端用户的消费形态、购买渠道和方式等。例如，机械加工设备等行业的产品以生产加工型企业购买为主，而轻工、日用品行业则以个体消费为主，有些行业产品则两者兼之。所以，掌握展览会所涉及行业产品终端用户的消费形态，其主要目的是为会展活动邀请和组织买家与观众做准备，以及采取相应措施来刺激消费者的消费欲望。

4. 行业组织信息

在我国目前的市场经济条件下，随着政府职能的转变，行业协会或商会的作用在行业内越来越重要。我国一些经济发达地区，行业组织成立较早，号召力和凝聚力也就较强。一般来说，产业内存在行业组织，就意味着该产业内有一些较统一的行业规范和行业管理，产业内的企业行为和市场行为会受到某些条例的约束，其市场竞争和市场发展也就有序。以会展行业为例，虽然全国性的会展行业协会尚未成立，但许多地方却成立了自己的行业协会，并根据各地的实际情况，采取各种措施和手段来协调与规范自己的会展市场。其主要目的就是通过行业协会的作用使会展市场健康有序地发展，避免恶性竞争。所以，行业组织对一个展览会的评价或看法会较大程度地影响到企业的参展意愿和参展行为，它们在行业内的招商招展能力是一般展览会组织者无法相比的。因此，在举办展览会时，在了解行业组织作用的基础上，应积极争取行业协会的支持与合作，这样会取得事半功倍的效果。

（三）法律法规信息

即使在世界上许多市场经济发达的国家，其所有的产业和市场都不同程度地受到所在国家有关法律法规的影响和约束，但不同产业和市场受影响的程度不同。从一个展览会组织者的角度来说，了解国家的法律法规对成功策划和举办展览会十分重要。所以，在策划举办一个展览会时，需要从以下几个方面来了解有关法律法规的信息。

1. 产业政策信息

一个国家在不同的历史发展时期会制定不同的产业政策，根据国家整体经济发展的需要，采取鼓励、扶持、限制等政策来促进或限制某一个或几个产业的发展，以保证整个国家国民经济的平稳发展。现阶段，我国对那些高新技术产业采取的是鼓励和优先发展的政策，对那些市场竞争力不强的民族产业则采取扶持政策，而对那些高耗能、污染严重的产业采取限制发展的产业政策。如果举办的展览会是受到扶持的产业，一般会得到政府的支持，展览会的成功概率也比较大。

2. 产业发展规划信息

产业发展规划是国家和地方政府为了保证其国民经济的平稳发展，对其产业在某一发展阶段内的发展所做的长远和宏观规划。如我国的“十四五”规划就涉及各大产业并对各产业的现状、存在的问题、发展目标以及所采取的政策与措施都做了详细的阐述。各地方政府还结合自己的实际情况制定自己的重点产业和优先发展产业的发展规划。这些规划在某种程度上决定着该产业在今后一定时期内的发展状况和发展趋势。一般来说，如果举办的展览会与政府规划的重点产业和优先发展产业结合紧密，就容易得到政府的支持，企业对展览会的反应也会比较强烈。所以，在政府规划的重点产业和优先发展产业里举办的展览会一般容易成功，并具有较为广阔的发展空间。

3. 市场准入信息

市场准入包括两个方面：一个是国家对生产或经营企业资格的准入；另一个就是政府对产品销售、使用和生产等方面的市场准入政策，如国家对电工产品和食品强制推行安全标志、对药品实行特许经营、对香烟和酒实行“专卖”等。这些规定会直接或间接地影响企业的参展意愿和参展行为。在这些行业里举办展览会，就要采取与其他行业不同的办展策略，一般来说，在这些行业举办会展活动的难度相对较大。

4. 产品进出口政策信息

在不同的产业发展阶段，国家对其产业的产品进出口也会实施不同的政策，这些产品的进出口政策对举办国际性的展览会会产生直接的影响。如果我国某一产业的发展比较落后或生产的产品满足不了市场的需要，为了促进相关产业的发展或满足市场需求，平抑物价，对该产业的产品就会采取相对宽松的进口政策和相对优惠的关税税率。在这种情况下，国外企业参加在我国举办的展览会就会有较高的积极性。另外，在 WTO 的框架下，国与国之间的贸易壁垒减弱，但随着贸易额的增长，贸易摩擦也在不断产生。为了限制一个国家的某一类产品大量进入另一个国家，这个国家往往会采取征收高关税的政策，这些政策对国外企业参加展览会往往产生非常重大的影响。再如，如果一国禁止或限制某类产品进出口，那么海外企业无论是参展还是参观展览会的意愿都会非常低。我国对展览会展品的入关有着详细的规定，在举办国际性展览会时，除了了解我国有关产品进出口政策信息外，还必须详细地了解展品报关、监管和清关的手续与程序，以确保展览会的顺利举办。

5. 知识产权保护

现在，展览会已成为参展企业发布和推介新产品较为理想的场所，很多企业利用展览会这一有利时机来展出和宣传自己的新产品与新设计。如何保护这些新产品和新设计的知识产权，如何保护参展企业的合法权益，是展览会主办者所必须面对的重要的现实问题。前些年，在展览会上时常会出现侵犯知识产权的展品，参展企业之间知识产权纠纷案件也时有发生。这些事件的发生影响了展览会的声誉，也在一定程度上妨碍了我国会展业的健康发展。为此，商务部、国家工商总局、国家版权局和国家知识产权局于 2006 年 1 月 10 日发布了《展会知识产权保护办法》，并自 2006 年 3 月 1 日起施行。此办法共 7 章 35 条，并对适用范围、当事人的法律责任、投诉处理等事宜做了详细的规定。近年来，一些地方也针对本地会展发展状况，出台了新文件。如福建省知识产权局、福建省版权局联合印发《福建省展会知识产权保护指引》，旨在促进福建省展会业健康发展，适用于在福建省范围内举办的投资（贸易）洽谈会、交易会、推广会、博览会、展览会、展销会、展示会等活动中，与专利、商标、版权等知识产权保护有关的事务，这也为展览会组织者处理知识产权纠纷案件提供了法律依据。

（四）相关展览会的信息

就目前我国的会展市场来看，已经基本不存在没有展会的产业。因此，在策划举办展览会时，一定要对该行业内现有展览会的情况有所了解。了解这些信息，一方面可以为决定是否在该产业内举办展览会提供决策依据；另一方面如果以现场参观的方式来了解相关展会信息的话，既可以收集参展商的信息，扩大自己目标参展商的数据库，又可为在该产业内举办展会制定相应的竞争策略提供参考依据。一般情况下，在策划举办展会时，至少要收集到以下三个方面的信息。

1. 同类展会的数量和分布信息

在收集同类展会信息时，首先要关注的是它的数量和区域分布。因为一个产业或几个相关产业的企业总量有限，如果同类展会的数量越多，在举办展览会时，所占有的客户资源就越少，会给展会的招商和招展工作带来一定难度；如果这些展览会的分布区域相对分散，这就说明展会之间的竞争激烈程度相对减弱，对举办类似的展览会也相对有利。

2. 同类展会的竞争信息

在同一题材的展会之间，不管展览会的规模大小和影响力如何，它们之间的竞争是不可避免的。这是市场经济的基本法则，也是目前展览市场存在的一个不可争辩的事实。所以，在策划举办一个新展会时，展览会的组织者必须尽可能详细地了解同类展览会之间的竞争关系和它们竞争的激烈程度。只有这样，制定的各种策略才具有可行性。

3. 重点展会的基本信息

重点展会就是那些基本代表展览会所涉及产业现状和发展趋势的展会。一般来说，这些展会的举办历史较长，举办机构具有一定的权威性，招商和招展的网络比较健全，并且展出规模和影响都较大、行业口碑比较好，是新展会项目的主要威胁。所以，在策划一个新展会时，要尽量详细地掌握该题材内所有展会的基本情况，这对策划立项举办新的展会是十分重要的。

总之，会展企业在收集信息时，必须明确收集信息的目的和用途，并有针对性地进行收集，这样才能收集到对会展策划和组织有价值的信息。

第二节　会展题材的策划

充分收集信息并进行分析之后，才可以确定展会的题材。选定适合的会展题材对于要计划举办的会展来说是十分重要的，它不仅关系到会展的展出范围、展出规模，还将关系到会展未来的发展前景。为此，在会展立项策划过程中，要认真对待这项工作，准确无误地确定会展的主题。

一、确定会展题材需要考虑的几个主要因素

（一）产业结构因素

产业结构因素主要是考虑会展举办城市及周边地区的经济结构和产业结构等状况，

这对最后决定是否进入该城市举办会展将起着重要的作用。

（二）主导产业因素

主导产业因素就是在要进入某城市举办会展时，要考虑的产业排列顺序为：该城市及其周边地区的优势产业、主导产业、国家或当地重点发展产业和政府扶持的产业。

（三）城市自然因素

城市自然因素主要包括会展举办城市的辐射能力、地理位置、航空与铁路交通状况、城市接待能力和展览设施等。

（四）市场细分因素

市场细分就是按照消费者的需求，把整个市场分成几个或若干个子市场。通过市场细分，办展机构可以分析和把握市场机会，找到自己的目标市场，并找到适合自己举办会展的行业。

二、细分市场分析与预测

通过市场细分为办展机构找到了进入某一行业举办会展的市场机会，但是否真正决定进入该行业举办会展，还必须对该细分市场进行仔细分析和预测。经过分析，得出的结果是该行业确实存在举办会展的机会，并具有较好的发展前景，就可以举办该题材的会展。一般来说，主要从以下 5 个方面对行业细分市场进行分析和预测。

（一）产业市场规模是否够大

会展的展出规模是由参展企业的数量来决定的。如果产业市场规模过小，产业内企业的数量自然不会多，将来参加会展的企业也就少。在这种情况下，办展机构进入该行业举办会展要慎重。

（二）产业市场是否具有较好的发展前景

任何一个市场都有一个培育和发展的过程。如果该行业市场目前的规模不是太大，但经过分析和预测，该市场近几年的增长率比较高，确实具有较好的发展前景，这时就可以抢占商机，进入该行业举办会展。虽然目前会展的规模不大，但随着该行业市场规模的不断扩大和行业内企业数量的增多，举办几届会展之后，其展出规模也一定会随之而扩大。

（三）行业市场是否能给企业带来合理的利润

行业市场是否能给企业带来合理的利润主要包括两个方面的内容：一是在注意分析

和预测细分市场的规模和发展前景的同时，还要注意分析和预测该市场是否能给行业内的企业带来一定的经济效益。二是分析在该行业举办会展是否能给办展机构带来利润。如果在一定时间内不能给办展机构带来相应的经济效益，办展机构也就无法生存，就更没有必要进入该行业举办会展了。

（四）行业市场的竞争态势

1. 行业市场内企业之间的竞争态势

如果该市场的大部分份额由少数几家大型企业占据，但它们对会展的关注度又不是太高，在这种情况下，即使进入该行业市场举办会展，也一定会困难重重。

2. 办展机构之间的竞争态势

在进入该市场之前，是否已经有其他办展机构进入。如果有的话，只有在分析了其优势、劣势及其办展策略后，才能决定是否进入该市场。

3. 细分市场的竞争自由度

细分市场的竞争自由度给业内企业带来的经济效益比较丰厚，当进入该市场举办会展时，需保持高度警惕，密切关注市场的发展动态，积极应对实力强大的其他办展机构的进入。

（五）办展机构的资源优势

办展机构在进入一个新行业举办会展之前，必须对自己所占有的各种办展资源进行认真、客观的分析。这些资源优势主要包括：政府部门和行业管理部门支持力度优势，客户资源优势，办展策划、组织、实施与服务优势，以及办展机构的资金支撑优势等。任何办展机构都不可能是全能的，每个办展机构都有自己的优势和劣势，在进入一个新行业举办会展之前，应对自己的办展资源进行科学和准确的评估，以便为自己进入新行业成功举办会展提供有力的保证。

三、会展题材的种类

国际品牌展会一般先根据前期收集的信息，选定目标市场，再进一步确定具体的展会题材。展会题材选择准确与否，将直接影响展会的专业性和市场拓展性，对展会的招展和未来发展有重大影响。

（一）全新题材

全新题材是指办展机构在从未涉足过的新行业里举办会展。进入一个新行业举办会展，其工作难度加大，并具有一定的挑战性，但对会展组织机构而言，也会有不少好处。一般来说，办展机构进入一个新行业举办会展需要具备以下几个条件。

1. 办展机构要占有一定数量的行业信息资源

这些行业信息必须准确，来源要可靠，并具有时效性。也就是说，这些信息基本上能反映出该行业和行业市场的现状与未来发展走向。

2. 办展机构要具备一定数量的会展涉及行业的企业资源

这主要关系到会展的招商招展工作是否能顺利进行以及制定会展的整体发展策略。

3. 办展机构要具备一定可利用的社会资源

这些社会资源主要包括政府主管部门和行业协会等机构。有些时候，这些部门支持力度的大小往往会直接影响到会展的展出规模和影响力的大小，甚至会关系到一个会展的命运，尤其是对新举办的会展。

4. 办展机构要有一定的专业人才

这里所说的专业人才不是指办展专业人才，而是指会展涉及行业的专业人才。办展机构进入一个陌生行业办展，必须掌握一定的专业知识，还要了解该行业市场的竞争规则。

5. 办展机构要具备一定资金支撑优势

就一个新会展而言，一般前期投入都比较大，甚至前几届会出现收支不平衡或亏损的状况。这当然与办展机构对会展的定位有着直接的关系。无论如何，没有一定数额的资金支持，该会展的发展前景再好也很难继续举办下去。

相对而言，具备上述这 5 个条件的办展机构进入一个新行业举办会展的市场风险会大大降低，成功的概率也会相对提高。

（二）分离题材

分离题材是指按照目前市场细分的原则，把原有会展中归属于某一细分市场的企业或者展品分离出来，举办一个独立的会展。采用这种“一分为二”的策略，通常要满足以下几个条件。

1. 规模条件

规模条件主要是指原有的会展已经发展到一定的规模，某一细分题材在原有的会展中已经占有一定的比重，并呈现出迅速发展的态势。

2. 客观条件

客观条件主要是由于场地限制、会展定位等，某一细分题材在原有的会展中已经很难再进一步扩大，如果将这一细分题材独立分离出来单独举办，将会有更大的发展空间。

3. 题材细分条件

某一细分题材在原有会展中虽然占的比例比较大，但将其从中分离出来，原有会展不会受到太大的影响，而且原有会展还可以得到更大的发展空间。

4. 产业发展条件

根据产业结构的发展，这一细分题材已发展为一个相对独立的产业，将其分离出来，更适合独立办展，并具有一定的发展潜力。

5. 资金支撑条件

资金支撑条件主要指办展机构要具备足够的资金、专业人才和技术优势来培育这一独立的会展。

总之，采用这种方式对原有会展进行分离，我们必须遵循有利于多个会展共同发展的原则。

（三）扩展题材

扩展题材是指将现有会展还没有涵盖的那些与现有会展题材有密切关联的题材纳入现有会展题材的一种方法。在会展的组织、实施过程中，会展组织机构常常会采用这种方法来扩大参展企业数量和观众来源，扩大会展的展出规模，使现有会展的题材更具完整性、专业性和行业代表性。对一个现有会展进行扩大展出范围、补充新的展览题材时，必须将满足以下 3 个条件作为前提。

1. 关联性

新补充的细分题材必须与现有会展的题材有一定的关联性，不能单纯为了扩展而扩展，应避免盲目扩展。

2. 有效补充性

新增加的细分题材是对现有会展的有效补充，不会因为新细分题材的加入而影响到现有会展的专业性和达标性。

3. 展出场馆的可利用性

展出场馆要有足够的发展空间，新补充的细分题材不可挤占现有会展的展出空间，并且新细分题材的加入不会影响到现有会展的整体展出效果。

（四）合并题材

合并题材是指将两个或两个以上题材相同或近似的会展合并为一个会展或者是按照产业的关联性把两个或两个以上彼此相同的细分展览题材分离出来，形成另一个全新的会展。为了使合并题材达到预期的效果，降低市场和经营风险，在展览题材合并时一般要考虑以下因素。

1. 近似性与关联性

近似性与关联性是指合并的题材必须是同一或近似行业，并且它们之间一定要有很强的关联性。

2. 不利影响的规避性

不利影响的规避性是指在合并题材涉及两个或两个以上会展时，要采取切实可行的相应对策，将题材合并给各会展带来的不利影响降到最低程度。

3. 时机性

时机性是指要根据行业产品的市场营销规律，选择最佳合并的时机，使合并后的会展能为行业内企业所了解和接受，并能提高他们参展和参观的积极性。

4. 互利互惠性

互利互惠性就是当题材合并在两个或两个以上的办展机构之间进行时，办展机构之间应本着平等合作和互利互惠的原则，在题材合并前要商定彼此之间的责权范围和利益分配方案。否则，将会影响会展的组织与实施。

第三节　会展主题策划

会展主题，又称会展的主题思想、主题概念，它是一个会展项目的灵魂，是会展主办者传达给参展商和公众的一个明确的信息，同时也是社会了解会展的首要方面。广义的会展主题是对于一个新的会展项目而言的，包含两个方面：一是展题（即会展名称，或称会展品种、展种）的选定，即组展方决定开发一个什么样的会展项目（新展种）；二是会展理念，即确定本届展会（或下届展会）将以什么理念来吸引目标客户，展会的目标客户主要是参展商和采购商（专业观众），搭建商、运输商、赞助商等也属于展会的连带客户。会展理念是对会展指导思想、宗旨、目的要求等最凝练的概括与表述，是统领会展各个环节的“纲”，是会展项目的中心思想，并贯穿始终。狭义的会展主题是针对老的会展项目而言的，具体指会展理念。

主题的作用是使展会目标客户明了展会的目的及内容，并在展会目标客户的脑海里留下深刻的印象，提升展会品牌形象。参展商根据展会主题决定是否参展、展会上将展示什么内容，参观者明了展会的有关信息后决定是否参观。因而，对具体的办展企业来说，办展企业应该真正了解每一届展会、每一个客户的需求，制定出合适的主题，量身定做，提供给参展商和参观者想要的内容。因此，有效的主题设计是培植一个成功会展品牌的基础和核心。

【案例】

2024 中国（上海）国际齿轮传动及减变速机展览会

2024 中国（上海）国际齿轮传动及减变速机展览会于 2024 年 7 月 24 日至 26 日在国家会展中心（上海）举办。

1. 会展主题

本次展会以“突出品牌、开拓创新、注重实效、强化服务”为主题，旨在展示数控机床、齿轮传动、减速机、智能装备及精密部件等领域的最新技术和产品。

2. 会展目标与宗旨

促进交流与发展：展会以促进国内外齿轮及减速机行业间的交流与发展为己任，为企业打造一个促进技术交流、把握市场新机遇的实效平台。

满足采购需求：展会满足了行业买家一站式高效采购需求，为众多国际品牌进入中国及亚洲市场提供了机遇，同时也为中国市场带来了全球采购的平台。

推动行业发展：展会通过展示创新、绿色、开放发展的新成果，极大地推动了齿轮及减速机市场的国际交流及贸易市场的发展。

这个会展不仅是一个展示最新技术和产品的平台，更是一个促进行业交流、推动市场发展的重要契机。

（资料来源：http://tuanlegou.sstcf.com/）

思考题：请用本案例中的会展理念解释会展目标与宗旨。

一、会展主题的确立

（一）针对展会客户进行调研

（1）龙头厂商的生产和市场营销情况。

（2）龙头厂商的参展愿望推测。

（3）潜在的中小参展商的整体实力。

（4）大采购商的基本情况与需求推测。

（5）拟办展城市及其附近地区相关企业的数量和规模以及营销习惯。

（二）针对行业进行调研

1. 行业变化

找出从上届展会至今，该行业最大的变化，厘清行业发展方向。

2. 行业焦点

关注近期和未来该行业最振奋人心的焦点。

（三）以往经验调研

往届展会及国际、国内同类展会可借鉴学习的成功经验。

（四）专家意见

要向行业协会专家、政府主管部门官员、法律专家、政策专家咨询，如果多数专家并不看好拟推出的主题，一定要谨慎行事。较受专家肯定的预选方案应予以特别重视。

（五）确定会展理念

根据调研及专家咨询，确定会展理念。

二、策划会展理念的要求

（一）具有时效性

会展传播的理念，必须符合当时的国际社会背景和社会流行思潮，所选择的主题要反映社会共同关注的问题。因此会展的主题要与时局的发展紧密结合，才能吸引目标客户的眼球。国际与国内所发生的一系列大事是全球政治、经济、文化的综合反映，关系到全人类的命运，也影响和改变着人们的生活。所以，会展的主题思想应该反映世界宏观形势的变化和人们思想观念的转变。

（二）有特色

策划的主题必须新颖、奇特、扣人心弦，使人产生新鲜有趣的感觉。现代社会被称为信息爆炸的社会，在科技发展日新月异的今天，对于公众来说很多信息如同过眼烟云。现代交通、通信和网络的发展，使人们对许多新鲜事物司空见惯，很难提起兴趣。所以会展理念必须新颖独特，有特色、有创意，避免陈词滥调或过度使用，否则无法吸引客户。

（三）言简意赅，通俗易懂

“凡大道至简至易”，最简单的东西其实最深刻地揭示事物的本质。会展理念也是如此，简单明了，通俗易懂，才易于被公众理解接受，才会得到广泛传播。

（四）使观众产生参展或参观的欲望

会展理念要能激发起人们的联想，从而使人们产生参展或参观的欲望。因此会展理念应该在简单明快的语句背后给观众留下无限的遐想空间，激起人们一定的好奇心。

（五）明确反映会展目标

会展理念应与会展目标保持一致，并能准确地反映会展目标。

三、策划理念的方法

无论是会展理念的内容，还是会展理念的形式，都要经过一定的艺术加工和提炼。经过提炼的理念，应简练、新颖、流畅、易记，并能很好地表达会展活动的意图。会展理念的提炼通常采用以下几种方法。

（一）借用法

借用熟知的名人名言、警句和现实生活中一些闪光的语言作为活动的主题。

（二）归纳提炼法

归纳提炼法就是通过对会展的指导思想、目的要求、宗旨的归纳总结提炼出理念的方法。如“中国曲阜国际孔子文化节”旨在纪念孔子对人类文化的杰出贡献，弘扬中华优秀传统文化，加强国际的文化交流与合作，增强中华民族的文化认同感和凝聚力。2023 中国曲阜国际孔子文化节的主题是全人类共同价值与人类命运共同体——加强文明交流互鉴共同应对全球挑战。祭孔大典主题：盛世华章，和合大同。

（三）加工提炼法

加工提炼法是在归纳的基础上，利用一些修辞知识优化主题的方法。这种方法可以使活动主题鲜明、动听、深刻，上口，而且有一定的内涵。如美国宇航员 1969 年 7 月 20 日登上了月球，并向世界宣布：“我现在走出登月舱了，这是个人的一小步，更是人类的一大步。”登月后的第二年即 1970 年在日本大阪举办的世博会即以“人类的进步与和谐”为主题，此主题就是采用加工提炼的方法得到的。

第四节　会展项目立项策划书

会展项目立项策划书是为策划举办一个新会展而提出的一套规划、策略和方法，它是对会展立项策划各项内容的归纳和总结。

项目立项是行业分析和项目构思的结果，必须考虑周全。展览组织者策划一届展览会，首先明确要举办一个什么性质、什么主题的展会，然后做一个初步的构想，包括展出的内容、时间、场地、展台售价、合作伙伴以及目标客户等，分析其与自身的能力和目标是否相吻合。如果主办方经过评估认为值得，则需要通过可行性分析对展览会进行更具体的审核。

一、会展项目立项策划书的内容结构

一般来说，会展项目立项策划书主要包括以下内容。一是办展的市场环境分析，包括对展会展览题材所在产业和市场的情况分析，对国家有关法律、政策的分析，对相关展会的情况的分析，对展会举办地市场的分析等。二是提出展会的基本框架，包括展会的名称和举办地点、办展机构的组成、展品范围、办展时间、办展频率、展会规模和展会定位等。三是其他内容，包括展会价格及初步预算方案、展会工作人员分工计划、展

会招展计划、展会招商计划、展会宣传推广计划、展会筹备进度计划、展会服务商安排计划、展会开幕和现场管理计划、展会期间举办的相关活动计划和展会结算计划等。

二、会展项目立项策划书的基本要素及写作方法

（一）会展的名称

会展的名称一般包括三个方面的内容，即基本部分、限定部分与补充部分。

1. 基本部分

用来表明展览会的性质和特征，常用词有展览会、博览会、展销会、交易会和节等。一般来说，展览会是以贸易和展示宣传为主要目的的展会，专业性较强，展览现场一般不准零售；博览会是指以展示宣传和贸易为主要目的的展会，展览的题材多而广泛，专业性不强，展览现场一般也不准零售；展销会是指以现场零售为主要目的的展会；交易会和节的含义较广，同时具有展览会、博览会、展销会三者的含义。

需要指出的是，尽管以上不同类型展会的功能有所区别，但在实际操作中，有混用的现象，都用来表示展会。

2. 限定部分

限定部分主要用来表明展览会的举办时间、地点、规模以及内容等。

（1）举办时间。举办时间常用的表示方法：届（如首届、第二届等）、年份（如2024年）、季（如春季时装展）。

（2）举办地点。举办地点一般用所在的城市、省份、国家或区域名来表示。一般由国务院各部门、全国性行业组织举办的国际展览会地点只写中国即可，如“中国国际××展览会”；省级以上人民政府单独或联合举办的国际展览会地点需写“中国（地方名称区域名称）+国际××展览会”；其他国际展览会，均使用地方性展览名称，即“展览地名称+国际××展览会”。

（3）会展规模。会展规模一般用国际、国家、地区等表示。根据国家的有关规定，凡冠以“国际”名称的展览会，展览面积在2000平方米以上的由国务院、商务部或省级商务主管部门审批。国际展览会在2000平方米以下的由展会举办地省级商务主管部门备案。在国际展览会中，又分为出国展览会和入境展览会。出国展览会也需要经过商务部、中国国际贸易促进委员会批准。而不冠以“国际”名称的则为国内展览会，这一分类并非国际惯例，可视为中国特色，应提交行业主管部门批准。如大连国际时装节中的“国际”表明该展会是一个国际展；2024（第十四届）亚洲户外用品展览会，则是区域性展会；如第十七届全国发明展览则为“全国性”展览会。

（4）会展内容。会展内容通常是一个产业的名称、产业中某类产品的名称或者不标识的内容。例如“汉诺威工业博览会”表明该会展内容是“工业”产业，“2004全国（济南）绿色照明灯饰电器展览会”表明该会展内容是电器产业中的“绿色照明灯饰电

器”；“第二届中国西部国际博览会”名称中未标识具体展览内容。

3. 补充部分

补充部分是对限定部分的补充，具体地说明展览会的时间、地点等内容，也可以加上组织单位的名称。如“第十八届中国北京国际科技产业博览会”，限定部分是“第十八届”和“中国北京国际”。

（二）办展机构

办展机构是指负责展会的组织、策划、招展和招商等事宜的有关单位，可以是企业、行业协会、政府部门和新闻媒体等。一个展览会的办展机构一般有以下几种：主办单位、承办单位、协办单位、支持单位等。

1. 主办单位

主办单位是指拥有展会所有权并对展会承担主要法律责任的办展单位，在法律上拥有会展的所有权。主办单位可以负责会展的实际策划和运营管理，也可以不负责，具体操作中有三种情况。

（1）主办单位同时也是承办单位。即主办单位拥有会展所有权并对会展承担主要法律责任，且负责会展的实际策划、组织、操作与管理。国外展览会主办单位一般既是主办单位也是承办单位。例如，“国际医院及医疗设备用品展览会”由德国杜塞尔多夫展览公司主办并承办。

主办单位主要责任包括以下几方面：①展会的策划、招展、收费、支出和实施；②租用展馆，划分展区和分配展位；③选择、指定展览会的相关服务商或承包商（展品运输、展台装修搭建、旅游服务商）；④负责与展览相关的会议、开幕式和礼宾活动；⑤负责处理与参展商、观众、媒体的关系。

财务分析：收益高，但自行投资、自行办展，风险大。

（2）拥有会展所有权并对会展承担主要法律责任，但不参与会展的实际策划、组织、操作与管理。即由承办单位负责会展的实际策划、组织、操作与管理的单位，但主办单位可凭借资源优势协助招展、招商、研讨等。如中国国际针纺织品博览会，主办单位是中国纺织品商业协会，承办单位是中纺联（北京）会展服务有限公司。主办单位在招展招商方面具有很大号召力，可以协助招展招商。

财务分析：收益较少，承担经营风险。

（3）名义主办。名义主办单位拥有会展所有权但不承担主要法律责任，也不参与会展的实际策划、组织、操作与管理。如有些主办单位是政府或政府部门，并不承担筹备展览的实体工作。例如，2023第五届中国（安徽）国际自行车电动车展览会的主办单位是合肥市人民政府和中国轻工业对外经济技术合作公司。再如，中国北京国际户外家具及休闲用品展览会，主办单位是中国住房和城乡建设部，承办单位是中国建筑文化中心和北京中建文博展览有限公司。

财务分析：收益较少，也不承担经营风险。例如，“上海国际工业博览会”的主办单位由国家发展和改革委员会、商务部、工业和信息化部、科学技术部、中国科学院、中国工程院、中国国际贸易促进委员会以及上海市人民政府等多家单位组成，但这些主办单位不参与会展的实际策划、组织、操作和管理。

2. 承办单位

承办单位是指直接负责展会的策划、组织、操作与管理，并对展会承担主要财务责任的办展单位。承办单位是办展机构中较为核心的单位。例如，“第二十届大连国际汽车工业展览会”的承办单位为中国国际贸易促进委员会大连分会和大连国际商会展览公司。

3. 协办单位

协办单位是指协助主办或承办单位负责展会的策划、组织、操作与管理，部分地承担展会的招展、招商和宣传推广工作的办展单位。

4. 支持单位

支持单位是指对展会主办或承办单位的展会策划、组织、操作与管理，或者是招展、招商和宣传推广等工作起支持作用的办展单位。支持单位不承担展览经济上的责任，对展览只是名义上的支持，支持单位的设立主要有利于提高展览的档次与规格。

除了这四种主要的办展机构外，有的会展活动还有发起单位、赞助单位等。对于一个展览会来说，主办单位和承办单位是最为核心和最为重要的办展机构，是必不可少的。协办单位与支持单位可视展会的实际需要来定。

（三）办展时间

办展时间主要解决三个问题：一是展览时间的确定，二是展览时长的确定，三是展览周期的确定。

1. 展览时间的确定

要掌握市场对目标展品需求的季节变化，选择适当的时间办展。如市场对服装这一产品需求的季节性变化很大，服装展就必须充分考虑这一情况；又如高校毕业生人才洽谈会，应当充分考虑用人单位的需求和高校学生的毕业时间因素；另外，还要避免同类展会时间冲突。

2. 展览时长的确定

一般来说，在参观人数基本固定的前提下，展览时间越长，各项支出就越多，成本就越高，效益就越低。反之，成本就越低，效益就越好。国际上许多专业展会的展览时间一般为 3 天。

3. 展览周期的确定

展览周期应根据市场需求来确定，如中国进出口商品交易会（广交会）原来是一年一届，由于市场需求旺盛，现已改为一年两届，每届三期。

展会周期还有根据气候因素来决定的。由于春秋两季气候宜人，许多展览会放在3—6月或9—12月举行。

（四）举办地点

会展的举办地点，包括三个方面的内容：一是会展在哪个国家、哪个城市举办；二是会展在哪一类场馆举办，如酒店、展览馆、会议中心等；三是确定在哪一个场馆举办。

展会选择在哪个国家和城市举办，是与展会的展览题材、展会的性质和展会的定位分不开的。一般的选址总是在交通便利和较重要的经济中心。例如，国际性的展会一般在对外交通和海关比较便利的地方举办，这样可以方便海外企业参展和观众参观。在具体选择展馆时，还要综合考虑使用展馆的成本、展期安排是否符合自己的要求以及展馆本身的设施和服务水平等因素。具体而言，影响选址的因素有以下几方面。

1. 会展内容

会展项目在选址时应该考虑会展题材是否与举办地的产业特色相符合，这样才能够满足会展项目的目标市场。举办地的区位是否适合会展的发展应该是选址时首先要考虑的问题。如天津滨海新区已形成航空航天、石油化工、装备制造、电子信息、生物医药、新能源新材料、轻纺和国防科技八大主导产业以及现代服务业，因此相关题材展会可选择在天津滨海新区举办。天津滨海新区具有天津保税区和天津港，作为物流集散地，一些贸易型展会可选在此举办。例如，在成都就看不到大型机械展，因为像机械这样的大件物品运输成本很高，外加成都当地的制造业水平有限，属于一个典型的消费型城市，所以对此类展商也就缺乏吸引力。反过来说，成都人口众多、生活休闲，使得它很适合成为大众消费品展会的举办地，食品行业的参展商可以在这里找到糖、烟、酒商品交易会这样的顶级盛会。而要参加科技类的展览会当然要首选北京和深圳，如京科博会和深圳高交会等。

2. 会展类型

消费型会展更倾向于吸引本地市场，可能在一定时间内多次举办，观众一般都在当天来回，因此要求展馆在地理位置上与人口众多的城市中心毗邻，且交通便捷。而商贸型会展吸引的是专业参展商与专业观众，他们更关心商贸活动的有效性、信息的获得、新产品的推介等，展馆可以选在繁荣的产业基地、商业中心或旅游城市等。整体而言，这些会展无论是对观展者还是参展商而言持续时间都超过一天。因此，展馆所在地的公共交通系统（机场、火车站）的便捷性以及当地住宿、餐饮、娱乐设施的齐备与否对展馆选址都非常重要。

3. 政策法规、时局政治

一般地方主办的展会首先考虑在各自所在区域举办展会，而由于政策法规、时局政治的影响也会对展会举办地的选择产生影响。例如，奥运举办前的2008年3—9月北京不准许举办任何大型会展活动，因此一些会展活动被转移到天津、廊坊等地举办，这无疑会给这两个地区的会展经济发展带来契机。消防、建筑等一系列法规也会影响到会展活动，地方对会展的一系列保险、税收、展位费用减免等政策对会展选址也有一定影响。如天津滨海国际会展中心的优惠政策，其中对展位规模达200 ~ 300个的品牌展会和专业展会减免600元/展期/展位，展位规模达300个以上的减免800元/展期/展位。这些政策对于展会的办展机构而言具有很大的吸引力。

4. 商务休闲影响选址

除了考虑经济发展因素外，会展活动举办地的选址还会考虑选择在自然旅游资源和人文景观相对具有吸引力的地方。会展活动选择举办地点时，会将食、住、行、游、娱、购这六大要素放在重要位置加以考虑。

5. 展馆的基础设施

无论是选择会议中心、体育馆、酒店、集市广场，或是选择专门展馆来举办会展，为了保证活动的安全和成功，都必须了解展馆相应的基础设施与设备是否符合展会需要，包括：展厅、展馆、展位、限高、会议室数量及设施、现场费用、水电气系统、通信系统、可用的公共服务和会展服务等方面的信息。

（五）展品范围

展会的展品范围要根据展会的定位、办展机构的优劣势和其他多种因素确定。根据展会的定位，展品范围可以包括一个或者是几个产业，或者是一个产业中的一个或几个产品大类。例如，“博览会”和“交易会”的展品范围就很广，几乎无所不包，而德国“法兰克福国际汽车展览会”的展品范围涉及的产业就很少。

（六）办展频率

办展频率是指展会一年举办几次还是几年举办一次，或是不定期举行。从展览业的实际情况看，一年举办一次的展会最多，约占全部展会数量的80%，一年举办两次和两年举办一次的展会也不少，不定期举办的展会已经越来越少了。

办展频率受展览题材所在产业的特征的制约，几乎每个产业的产品都有一个生命周期，产品的生命周期对展会的办展频率有重大影响。产品的投入期和成长期是企业参展的黄金时期，展会的办展频率要牢牢抓住这两个时期。

（七）展会规模

展会规模包括三个方面的含义：一是展会的展览面积是多少，二是参展单位的数量是多少，三是参观展会的观众有多少。在策划举办一个展会时，对这三个方面都要做出预测和规划。

在规划展会规模时，要充分考虑产业的特征。此外，展会规模的大小还会受到展会观众数量和质量的限制。

（八）展会定位

通俗地讲，展会定位就是要清晰地告诉参展企业和观众本展会“是什么”和“有什么”。具体地说，展会定位就是办展机构根据自身的资源条件和市场竞争状况，通过建立和发展展会的差异化竞争优势，使自己举办的展会在参展企业和观众的心目中形成一个鲜明而独特的印象的过程。展会定位要明确展会的目标参展商和观众、办展目标、展会的主题等。

（九）展会价格和展会初步预算

展会价格就是为展会的展位出租制定合适的价格，这样对吸引目标参展商参加展会十分重要。展会展位的价格往往包括室内展场的价格和室外展场的价格，室内展场的价格又分为空地价格和标准展位的价格。

在制定展会的价格时，一般遵循“优地优价”原则，即那些便于展示和观众流量大的展位的价格往往要高一些。展会初步预算是对举办展会所需要的各种费用和举办展会预期获得的收入进行的初步预算。

（十）人员分工、招展招商和宣传推广计划

人员分工计划、招展计划、招商计划和宣传推广计划是展会的具体实施计划，这四个计划在具体实施过程中互相影响。人员分工计划是指对展会工作人员的工作进行统筹安排。招展计划是指为招揽企业参展而制定的各种策略、措施和办法。招商计划是指为招揽观众参观而制定的各种策略、措施和办法。宣传推广计划则主要为建立展会品牌和树立展会形象，以及展会的招展和招商服务。

【案例】

进博“春风”吹满尼罗河畔——第七届进博会在埃及开罗开展系列推介活动

有这么一个国家，它和中国同属四大文明古国，它是第一个同新中国建交的阿拉伯和非洲国家，它与中国建立全面战略伙伴关系已达十年，它是首届进博会主宾国。它，就是埃及。在两国元首战略引领下，共建“一带一路”倡议同埃及“2030 愿景”深度对接，成果丰硕。2018 年以来，进博会为中埃经贸合作提供崭新平台。自此，两个地区大国的友好合作迸发出新的生机，两大古老文明的交流互鉴展现出新的活力。在这一背景下，进博会推介团队来到这片古老而神秘的土地，通过举办推介会、拜会当地政府部门和商协会等机构、参与《习近平谈治国理政》阿拉伯语版推介会等，积极开展对外

交流宣介，希望进博会成为一扇帮助埃及了解把握中国市场机遇、推动两国经贸交流合作的金色大门。2024 年 4 月 23 日下午，第七届进博会推介会在埃及开罗举办。中国驻埃及大使馆公使张朝阳、中国国际进口博览局副局长李国清、埃及展览和会议总局主席谢里夫·阿尔·马瓦迪、开罗商会第一副主席谢里夫·叶海亚、埃及企业家协会执行董事穆罕默德·优素福、埃中友好协会副主席麦吉迪·阿米尔出席活动并致辞。埃当地商协会、企业代表、媒体代表等 150 余人参加本次活动。活动前，进博图片展吸引外方来宾驻足观看。一张张图片在会场四周如画卷般展开，带给参观者身临其境的感受，仿佛将大家带到展会场馆，见证进博会盛况，领略“四叶草”风采。进口博览局工作人员用英语向与会中外嘉宾详细介绍进博会的成效和各板块特点，欢迎大家积极参展参会。不少观众感慨进博会的规模之大、规格之高、成效之佳，对参加进博会展现出浓厚兴趣。活动现场播放了阿拉伯语进博会宣传片和“进博故事”阿语特辑视频，工作人员用图文案例向现场观众进行宣介。不少参会企业聆听宣介后，对进博会兴趣大增，现场当即填写提交参展报名表，并与推介团队详细了解企业展报名流程和虹桥论坛报名方式等具体事宜。埃及展览和会议总局、埃及企业家协会、埃中友好协会、埃及中国贸易中心 4 家机构和企业代表与进口博览局签署第七届进博会合作备忘录。中东社、《日出报》《消息报》《国家回声报》《共和国报》《今日埃及人报》、尼罗河电视台和新华社、央视总台、《光明日报》、凤凰卫视等 20 家中外媒体到会采访报道。

（资料来源：中国国际进口博览局）

（十一）展会进度计划、展会现场管理计划和展会相关活动计划

展会进度计划是指在时间上对展会的招展、招商、宣传推广和展位划分等工作进行的统筹安排。它明确在展会的筹办过程中，到什么阶段就应该完成哪些工作，直到展会成功举办。展会进度计划安排得当，展会筹备的各项准备工作才能有条不紊地进行。

展会现场管理计划是指展会开幕后对展会现场进行有效管理的各种计划安排，它一般包括展会开幕计划、展会展场管理计划、观众登记计划和撤展计划等。现场管理计划安排得当，展会现场才能秩序良好。

展会相关活动计划是指对准备在展会期间同期举办的各种相关活动做出的计划安排。与展会同期举办的相关活动最常见的有技术交流会、研讨会和各种表演等，它们是展会的有益补充。

第五节　会展项目立项可行性研究

完成了会展项目立项策划书，并不意味着该立项的会展就可以举办了。项目立项只

是对举办什么题材的展会和如何举办该展会提出了一个初步的意见，制订了初步的方案，至于该展会是否真的可以举办和该方案是否真的可行，还需要对该展会项目及方案进行可行性分析。可行性分析的结论及其他必须考虑的因素，才是决定是否举办该展会的最终依据。可行性分析完成之后，要形成可行性研究报告。

一、会展项目立项可行性分析的内容结构

（一）市场环境分析

市场环境分析包括宏观市场环境分析、微观市场环境分析和市场环境评价。

宏观市场环境包括对人口环境、经济环境、技术环境、政治法律环境、社会文化环境等的分析。

微观市场环境包括对办展机构内部环境、目标客户、竞争者、营销中介、服务商、社会公众等的分析。

市场环境评价一般采用SWOT分析法，即内部优势、内部劣势、外部机会、外部威胁分析。

（二）展会项目生命力分析

展会项目生命力分析包括项目发展空间分析、项目竞争力分析等。

项目发展空间分析即对举办该展会所依托的产业空间、市场空间、地域空间、政策空间等是否具备进行分析。

项目竞争力分析包括对展会定位的号召力、办展机构的品牌影响力、参展商和观众的构成、展会价格、展会服务等进行分析。

（三）展会执行方案分析

展会执行方案分析包括对计划举办的展会的基本框架进行评估、对招展招商和宣传推广计划进行评估。

对计划举办的展会的基本框架进行评估包括：展会名称和展会的展品范围、展会定位之间是否有冲突，办展时间、办展频率是否符合展品范围所在产业的特征，展会的举办地点是否适合举办该展品范围所在产业的展会，在展会展品范围所在产业里能否举办如此规模和定位的展会，展会的办展机构在计划的办展时间内能否举办如此规模和定位的展会，办展机构对展会展品范围所在的产业是否熟悉，展会定位与展会规模之间是否有冲突。

对招展招商和宣传推广计划进行评估包括：招展计划评估、招商计划评估、宣传推广计划评估。

（四）展会项目财务分析

1. 成本预测

举办一个展会的成本费用一般包括：（1）展览场地费用。即租用展览场馆以及由此而产生的各种费用，这些费用包括展览场地租金、展馆空调费、层位特装费、标准层位搭建费、展馆地毯及铺设地毯的费用、展位搭装加班费等。（2）展会宣传推广费。包括广告宣传费、展会资料设计和印刷费、资料邮寄费、新闻发布会的费用等。（3）招展和招商的费用。（4）相关活动的费用。包括技术交流会、研讨会展会开幕式、嘉宾接待、酒会、展会现场布置、礼品、聘请展会临时工作人员的费用等。（5）办公费用和人员费用。（6）税收。（7）其他不可预测的费用。

2. 收入预测

举办一个展会的收入一般包括：（1）展位费收入。（2）门票收入。（3）广告和企业赞助收入。（4）其他相关收入。（5）盈亏平衡分析。（6）现金流量分析。（7）净现值分析。（8）净现值率分析。（9）获利指数。（10）内部收益率。（11）风险预测，包括市场风险、经营风险、财务风险和合作风险。

二、会展项目立项可行性研究报告的写作要求

会展项目立项可行性研究报告是办展机构进行决策是否要举办该展会的重要依据，因此，会展项目立项可行性研究报告的写作必须做到材料真实充分，分析客观科学，判断准确有理。

（一）市场环境分析

市场环境分析是展会立项可行性分析的第一步，它是指根据展会立项策划提出的展会举办方案，在已经掌握的各种信息的基础上，进一步分析和论证举办展会的各种市场条件是否具备，是否有举办该展会所需要的各种政策基础和社会基础。市场环境分析不仅要研究各种现有的市场条件，还要对其未来的变化和发展趋势做出预测，使立项可行性分析得出的结论更加科学合理。

（二）展会项目生命力分析

市场环境分析是从计划举办的展会项目的外部因素出发来分析举办该展会的条件是否具备；展会项目生命力分析则是从计划举办的展会项目的本身出发，分析该展会是否有发展前途。分析展会项目的生命力，不是只分析展会举办一届或两届的生命力，而是要分析该展会的长期生命力，即要分析如果本展会举办超过五届，是否还有发展前途的问题。

（三）展会执行方案分析

展会执行方案分析是从计划举办的展会项目的本身出发，分析该展会项目立项计划准备实施的各种执行方案是否完备，是否能保证该展会计划目标的实现。展会执行方案分析的对象是该展会的各种执行方案，分析的重点是各种执行方案是否合理、是否完备和是否可行。

需要强调的是，对展会基本框架进行评估，重点不是分析构成展会基本框架的某一个因素的策划安排是否合理和可行，而是从总体上分析展会基本框架是否合理和可行。因为尽管对构成展会基本框架的每一个因素的策划安排可能是合理和可行的，但由这些因素所构成的展会基本框架从总体上看却可能是不合理和不可行的。所以，要避免这种“个体合理，群体冲突”现象的出现，对展会基本框架进行评估就十分重要。

（四）展会项目财务分析

展会项目财务分析是从办展机构财务的角度出发，分析测算举办该展会的费用支出和收益。展会项目财务分析的主要目的是分析计划举办的展会是否经济可行，并为即将举办的展会制定资金使用规划。

（五）风险预测

从展会立项可行性分析的角度看，风险就是办展机构在举办展会的过程中，由于受到一些难以预料和无法控制的因素的影响，办展机构举办展会的计划和举办展会的实际收益与预期发生背离，从而使办展机构举办展会的计划落空；或者是即使展会如期举办，但办展机构有蒙受一定的经济损失的可能性。

（六）存在的问题

包括通过以上可行性分析发现的展会项目立项存在的各种问题、研究人员在可行性分析以外发现的可能对展会产生影响的其他问题等。

（七）改进建议

针对上述问题，提出对展会项目立项策划的改进建议，指出要成功举办该展会应该努力的方向等。

（八）努力的方向

根据展会的办展宗旨和办展目标，在上述分析的基础上，针对存在的问题，提出要办好该展会所需要具备的其他条件和需要努力的方向。

【复习思考题】

1. 简述会展市场信息收集的方法和范围。
2. 试述会展立项策划书的主要内容与写作方法。
3. 试述会展项目立项可行性分析的内容结构。

【案例分析】

2025年广州高尔夫球博览会会展策划的可行性报告

1. 社会、经济意义

加快企业树品牌创名牌步伐，加快国内高尔夫球产业的发展，有利于国内高尔夫球市场的发展，有利于当地高尔夫球运动的发展壮大，推动当地经济发展。

2. 会展项目的SWOT分析

（1）优势：展馆地理位置条件优越；展会所在城市经济发达，市场潜力巨大；专业性强。

（2）劣势：高尔夫球在会展举办城市还不普及；会展品牌不够响亮（对策：政府可出台政策让高尔夫球运动深入普通大众；会展公司加大对展会的宣传力度）。

（3）机遇：高尔夫球产业在中国有巨大的市场潜力；广州经济发达，将有越来越多的人参与到高尔夫球运动中。

（4）挑战：国外同行知名品牌展会的竞争；展会历史短，举办经验不足（对策：寻求外国知名会展公司合作，发展自己的品牌；向国外学习先进办展经验）。

3. 项目执行方案

（1）展览事务部：负责博览会招展招商、展位安排和展馆现场管理和服务等工作。

（2）环境卫生部：委托清洁公司负责展会期间的清洁卫生。

（3）新闻宣传部：负责展前展中的宣传工作。

（4）安全保卫部：负责展会期间的安全保卫工作、现场秩序维持工作。

（5）后勤接待部：负责参会宾客的后勤保障等工作。

4. 进度安排

（1）布展：2025年10月18—19日。

（2）展览：2025年10月20—22日。

（3）撤展：2025年10月22日。

5. 经费预算（略）

分析题：此报告的内容是否完整？请结合本章所学知识对其进行完善。

第四章

会展招展策划

本章导读

本章重点围绕会展活动中招展策划的方法和步骤展开。招展方案是在招展策划的基础上，为展位营销而制订的具体执行方案。招展方案是对会展招展工作的整体规划和总体部署，它是会展策划诸多方案中的核心方案之一，对会展的招展工作有着重要的影响。编制会展的招展方案，要在全面掌握市场信息的基础上，结合会展的定位，参考展览题材所在行业的特点，对各项招展工作进行统筹规划和科学安排。

【学习目标】

1. 通过案例教学，学生学会如何进行招展的宣传与推广工作。
2. 了解和掌握招展代理的选择及其管理。
3. 学会编写招展书和参展商手册。

【导入案例】

浙滇合作再升级：数字贸易博览会与南亚博览会签署战略合作协议

第三届全球数字贸易博览会暨2024杭州会展业（昆明）推介会于7月24日在风景秀丽的云南昆明盛大开幕。本次盛会由商务部外贸发展事务局、浙江省商务厅及云南省商务厅联合主办，杭州市商务局、昆明市商务局承办，杭州市发展会展业服务中心、杭州市城市会展研究会、昆明会展产业促进会协办。推介会汇聚了来自政府、企业、行业协会的众多精英，共同探索数字贸易的未来趋势，推动两地会展业的深度交流与融合发展。

浙江省、杭州市数字贸易专班与云南省商务厅的座谈交流会上，双方就数字贸易博览会及南亚博览会的筹办经验、招展招商合作及接待工作进行了深入而富有成效的探讨，为未来的合作奠定了坚实基础。杭州会展业（昆明）推介会在午间正式拉开序幕——一段精美的杭州会展宣传片在大屏幕上缓缓播放，将杭州作为会展之都的繁荣景象与独特魅力展现得淋漓尽致。画面中，现代化的展馆、繁忙的会议现场、创新的展览内容，无一不让人对杭州的会展业充满向往。本届数贸会呈现出五大新特点：新机遇、新基础、新布局、新要求、新场地。杭州的数字贸易博览会以及云南昆明的中国—南亚博览会都是国内领先的会展盛会，希望通过跨区域合作，推动会展业国际化、专业化，促进国内外贸稳定增长、优化贸易结构，未来将继续以数贸会为引擎，打响全球数字贸易中心品牌。推介会上，杭州市城市会展研究会与昆明会展产业促进会成功签约，标志着双方在资源共享、市场共拓等方面将展开更紧密的合作，同时为两地会展业的协同发展翻开新篇章。

请思考：招展策划对会展的成功举办有何意义？

参展商的数量和质量，是决定会展成败的关键。招展就是办展机构招揽企业参加会展的行为。招展策划是对招展活动方案进行的策划，是会展整体策划中最基础的工作之一，也是会展筹备过程中最重要的环节之一，招展策划是否合理，内容是否完善，直接关系到招展工作的执行，招展工作的好坏直接影响会展的效果，也是会展能否取得成功的关键。

第一节　建立目标参展商数据库

招展策划的第一步是通过广泛收集目标参展商的信息，建立一个完整实用的目标参展商数据库，为展会招展做好基础性的准备工作。如果没有一个完整实用的目标参展商数据库，招展工作就无法展开。一个好的目标参展商数据库不仅是展会招展的基础，也是进行展会规模预测和制订展会招展方案的基础。

所谓目标参展商，是指办展机构认为可能会来参加展会展出的企业和其他单位。这些企业主要是该展会展览题材所在行业的企业，也有少数是与该题材所在行业有关联的行业的企业。目标参展商是会展招揽展出者的目标范围，会展招展是在掌握了展览题材所在行业企业的基本数量、特征和分布状况的前提下进行的，会展的展位营销工作基本就是针对这些企业而展开的。因此，要建立一个完整实用的目标参展商数据库，首先必须广泛收集目标参展商的有关信息。

一、收集目标参展商信息的方法

目标参展商的有关信息可以通过各种方法来收集。

（一）通过行业企业名录收集

很多行业有一些资料齐全的行业企业名录或者企业大全，办展机构可以从这里找到大量的目标参展商信息。

（二）通过商会和行业协会收集

各行业的商会或者协会一般与本行业内的企业联系密切，掌握了大量的企业信息，办展机构可以通过与商会和行业协会的合作得到这些有用的资料。

（三）通过政府主管部门收集

政府主管部门对自己主管的行业的企业一般比较了解，与企业也有一定的联系，是一个重要的信息来源。

（四）通过专业报刊收集

各行业的专业报纸和杂志与行业内企业的往来密切，掌握了一定数量企业的信息。另外，通过收集专业报刊上企业的广告也可以掌握一定数量的企业信息。

（五）通过同类会展收集

同类会展是收集目标参展商资料的一个理想场所。在会展上，可以到各展位直接收集每一个参展商的信息，也可以通过购买会展会刊或参展商名录来收集。

（六）通过外国驻华机构收集

各国驻外机构每年都会向本国企业推荐一批著名的会展供它们作参展选择，因此，通过外国驻华机构收集该国企业信息也是一种不错的选择。

（七）通过专业网站收集

专业网站上有大量的企业注册用户，也有很多企业在网站上做广告，上网是收集企业信息的一种快捷途径。

（八）通过电话黄页收集

电话黄页与行业企业名录类似，里面也有大量的本地企业的信息。电话黄页对于那些收集某一特定地区范围内的企业的信息尤其实用。

二、收集目标参展商的信息内容

收集目标参展商的信息，除了要收集它们的名称、地址、联系电话、传真、E-mail

和网址、联系人等基本信息外，还要收集关于它们生产的产品的种类、目标市场、企业规模等信息，因为这些信息对以后会展招展工作有重要的参考价值。

在收集目标参展商信息时，除了要掌握每一个具体企业的基本信息外，还要从总体上把握这些信息。从总体上把握是指要从宏观上对这些信息加以分析和把握，如分析该行业企业的结构状况，分析该行业企业的地区分布状况，了解行业的市场特点等，这些信息对于办展机构进行招展策划大有帮助。

收集到上述各种有关目标参展商的信息后，就可以着手建立目标参展商数据库了。

三、建立目标参展商数据库的原则

（一）要有一定的数据量

这是对目标参展商数据库的最基本要求。每一个目标参展商的信息称为一个数据，数据应尽可能多，招展才会有充足的目标客户来源。

（二）数据真实可靠完整

在收集目标参展商信息时，由于来源渠道较多，有些数据或不真实或重复或不完整。因此在建立数据库之前，应首先去伪存真，删除重复信息，补充完善信息，以利于招展工作的顺利开展。

（三）分类科学合理

只有分类科学合理的信息，才便于日后的查找，从而对整个招展工作起到应有的支持作用。

（四）便于查找和检索

要使数据库可以按地区、产品类别、厂商名称、所属行业等企业信息进行多方检索与查找。

（五）可以及时修改

数据库信息可能会随时间的推移，随企业的变化发生变化，要及时删减增补、修订、调整。保证数据的修改能够方便进行，且要设定一定的权限，保证数据的安全性。

第二节 招展函的编写

招展函是办展机构用来说明会展，以招揽目标参展商参展的小册子。招展函的主要作用是向目标参展商说明会展的有关情况，并引起他们参加展会的兴趣。招展函是会展进行展位营销时主要的核心资料之一，也是目标参展商最初了解会展情况的主要信息来源。

一、明确编制招展函的原则

会展招展函的内容较多，也较繁杂，在编制招展函时一定要对其内容、图片和版面做仔细的规划和安排，使招展函在会展招展的过程中发挥其应有的作用。在编制招展函时要遵循以下原则。

（一）简单实用

招展函的内容要全面准确，但不要拖沓和烦琐，要简洁，最好寥寥几个字让人一目了然。招展函的内容要实用，与会展招展无关的内容不要列到招展函上。

（二）内容全面准确

招展函很多时候是参展商了解会展的第一手资料，也是他们最后做出是否参展决策的重要参考资料。因此，招展函所包括的内容一定要全面、准确，不能有所遗漏，不能出现差错。

（三）便于邮寄和携带

由于招展函一般要通过邮寄或者经招展工作人员传到目标参展商手中，因此，招展函的制作样式要便于邮寄和携带。

（四）美观大方

招展函的版式安排、文字图片等的布局要美观大方，让人赏心悦目。但招展函文字的字体要适合人们的阅读习惯，不要因为追求美观而影响阅读。

二、掌握招展函的内容

很多时候，招展函都是目标参展商用来了解会展的第一份正式文件，目标参展商对会展的第一印象就是来自会展招展函。为了能使目标参展商对会展有足够的了解并对会展做出基本的判断，招展函介绍会展的内容必须准确而全面。

（一）会展的基本内容

会展的基本内容主要包括：会展的举办时间和地点、会展的名称和标识、办展机构名单、办展起因和办展目标、会展特色、展品范围和价格等。

1. 会展的举办时间和地点

会展的举办时间和地点一般放在会展招展函的封面。其中，举办时间也会放在招展函的内页，只不过封面的举办时间通常是会展的正式展览时间，内页的举办时间往往还包括会展的布展、撤展，以及对专业观众和普通观众的开放时间等。

2. 会展的名称和标识

会展的名称和标识一般放在会展招展函封面最醒目的位置，会展的名称一般用较大的字体。如果会展是国际性的，会展的名称还包括其英文名称。

3. 办展机构名单

包括会展的主办单位、承办单位、协办单位和支持单位等，有时候还包括会展的批准机构，一般放在会展招展函的封面。

4. 办展起因和办展目标

简要说明为什么要举办该会展以及计划将举办一个什么样的会展，如会展计划有多大规模，预计有多少观众等。如果是已经连续举办多次的会展，对往届会展的回顾也是一项必不可少的内容。

5. 会展特色

常常是用非常简洁的言语来高度概括会展的特色，如会展的宣传口号、会展的主题等，要易记易懂、易于传播。

6. 展品范围

详细地列明会展的展品范围，有时候还包括会展的展区划分，供参展商作参展决策时参考。

7. 价格

包括空地价格、标准展位价格、室外场地价格等。对于标准展位，一般还要对其基本配置做出详细说明。

（二）市场状况介绍

市场状况介绍主要包括行业状况和地区的市场状况等。

1. 行业状况

对展会展览题材所在行业的状况进行简要介绍，如行业生产、销售、进出口及发展趋势等。

2. 地区的市场状况

简要介绍办展所在地区的市场状况，如果会展是国际展，那么介绍的地区范围就不仅仅是会展所在的城市和省份，可能还包括整个国家及其周边国家，如德国的会展介绍常常包括整个欧洲大陆。上述介绍的地区范围究竟该包括哪些地区，主要取决于会展的定位和市场辐射范围的大小。

（三）会展招商和宣传推广计划

1. 会展招商计划

简要介绍会展邀请专业观众的办法、范围和渠道。如果是已经连续多次举办的会展，对往届会展到会观众的回顾分析将是十分有用的资料。

2. 宣传推广计划

简要介绍会展宣传推广的手段、办法、范围和渠道，以及会展计划如何扩大其影响的措施等。会展宣传推广计划是参展商较关注的项目，需要详细列明。

3. 相关活动

简要介绍会展期间将要举办哪些相关活动、各种活动的举办时间和地点，以及参展商参加活动的联系办法等。会展相关活动的作用是双重的，它既有对会展的宣传和辅助作用，也有对参展商的宣传和展示作用，有些参展商因此也乐于参加。

4. 服务项目

搞好服务是会展提高竞争力和吸引力的重要手段之一。招展函要告诉目标参展商，如果参展，它们将从会展获得怎样的服务，这些服务包括会展提供的各种有偿服务和免费服务。

（四）参展办法

1. 如何办理参展手续

告诉目标参展商，如果它们计划参展，它们将怎样办理参展手续。

2. 付款方式

列明会展的开户银行、开户名称和账号、收款单位名称、参展商参展的付款办法、应付定金的数量和付款时间等。

3. 参展申请表

预留参展商参展申请表，一旦目标参展商计划参展，就可以填写该表并传真回办展机构预订展位。参展申请表样例如表 4-1 所示。

表 4-1 第 × 届中国国际食品和饮料展览会参展申请

展会名称	第 × 届中国国际食品和饮料展览会			
单位名称	中文			
	英文			
通信地址	中文			
	英文			
联系人		电话		传真

续表

<table>
<tr><td>邮政编码</td><td></td><td>手机</td><td></td><td></td></tr>
<tr><td>电子邮件</td><td></td><td>网址</td><td></td><td></td></tr>
<tr><td>申请摊位</td><td colspan="4">综合区：9m^2 标准摊位 ________ 个（3m×3m）；12m^2 展位 ________ 个（3m×4m）；
是否要角摊位：是□
冷冻专区：9m^2 标准摊位 ________ 个（3m×3m）；12m^2 展位 ________ 个（3m×4m）；
是否要角摊位：是□</td></tr>
<tr><td rowspan="2">参展展品</td><td>中文</td><td colspan="3"></td></tr>
<tr><td>英文</td><td colspan="3"></td></tr>
<tr><td rowspan="3">业务性质</td><td>□生产企业</td><td rowspan="2" colspan="2">申请特殊用电
（另行收费）</td><td>□申请 24 小时用电</td></tr>
<tr><td>□外贸企业</td><td>□申请额外用电</td></tr>
<tr><td colspan="4">□其他（请注明）</td></tr>
<tr><td colspan="5">公司简介（中文 50 字含标点、英文 200 字符含标点）：</td></tr>
<tr><td colspan="3">负责人签字：

年 月 日</td><td colspan="2">单位公章：</td></tr>
<tr><td colspan="5">知识产权保护：各参展企业要高度重视知识产权保护工作，严格遵守参展地的知识产权保护法规；对展出商品严格把关，防止发生侵权违法行为。省厅严禁涉嫌侵犯知识产权的展品或参展企业参展。</td></tr>
</table>

4. 联系办法

列明办展机构的联系地址、电话、传真、网址和 E-mail 等，供目标参展商参展联系之用。

5. 各种图案

除以上内容外，招展函还会有一些图片和其他图案，如展馆图、展馆周边地区交通图、往届会展现场的图片等。如果有需要，有些招展函还会对展馆做一些简要介绍。这些图片既可以对会展相关情况做进一步的说明，也可以起到美化招展函的作用。

【相关链接】

根除骗展的三条原则

中国会展业可总结的东西很多，其中近年来屡屡揭露出来的骗展现象也许是冰山一角。尽管这些骗展事情相对于其他行业来说，其影响范围并不很大，但毕竟让中国会展业的形象严重受损，尤其对会展信誉的负面影响远大于经济利益。实际上，会展作为一种公开的社会活动，根据其特点，要根除这种现象并不困难。

那么怎样避免被骗展呢?

一是要掌握“品牌原则”。无论是传承下来的还是借鉴过来的会展项目，各部门应对本行业或领域内规模大、效益高、组织管理严格的会展达成共识，进行重点推广，让广大参展商和专业观众了解和认识，并形成品牌效应。品牌因其广泛的认知度具有“顶端优势”，其本身就会对杂牌、冒牌会展的产生起到抑制作用，当参展商对于非有影响力的品牌会展拒绝参加的时候，骗展者自然无容身之地。

二是要把握“制度原则”。行业管理制度的缺失是骗展现象产生的重要原因。由于各行业特点和管理体系的不同，行业和地区间对会展缺乏统一的行业管理，所暴露出的管理漏洞和严重的信息不对称给了骗展者可乘之机，特别是“多头管理”的背后隐藏着的是“多头不管”，因此企业在参展过程中应尽可能多地了解和掌握相关制度、规范。同时，也应呼吁各行业主管部门本着合作发展的原则，尽快协商出台会展行业统一的管理规范，不要等到问题暴露的时候再思考对策。

三是要具备“防范原则”。回顾年内发生的很多骗展事件可以发现，参展商对于会展选择的盲目和不成熟也是造成骗展者得逞的重要原因。很多参展企业还没有对会展的价值、作用、方法引起足够的重视，企业里更缺少相关的专业人才和配套部门，所以提醒广大企业，参展不仅仅是会展组织者的事情，确切地说，不仅仅是一种服务与被服务的关系，而是会展组织者和参展商双方甚至是多方（包括你的行业竞争对手）合作共赢的关系。毕竟大家的目的是一致的，即把产品卖出去。从这方面说，对于会展的重视和认识水平、操作方法的提高是对骗展进行鉴别的最好办法。

第三节　招展方案策划

一、招展方案的基本内容

招展方案是对会展招展工作的总体规划和全面部署，其内容涉及会展招展工作的方方面面。总的来看，招展方案包含的内容主要有以下几个方面。

（一）招展价格

为会展确定一个合适的招展价格是招展策划的一个重要任务。招展价格对参展商的参展决策有重要影响，如果价格过高，参展商可能不能承受而放弃参加展览，会展的招展工作就会出现困难；如果价格过低，会展的收入来源又会减少，会展就可能出现亏损。因此，确定合理的招展价格，对会展的展位营销和会展的经济效益都有重大影响，它也是会展整体策划的重要内容之一。

1. 招展价格的制定

招展价格是会展众多价格中最重要的一种价格。招展价格就是展位的出售价格，按展位不同，可以分为标准展位的价格和空地的价格；按场地不同，可以分为室内展位价格和室外展位价格等。

制定合理的招展价格是一项十分复杂的工作，要制定合理和可行的会展价格，就必须在充分考虑顾客、成本和竞争的基础上，参照办展机构的具体价格目标，采用合理的定价策略来制定。除此之外，制定招展价格时还需要考虑两个因素：一是展区和具体展位的位置差别，二是国外参展商与国内参展商的展位价格。对于第一种情况，办展机构一般是执行“优地优价”原则，即那些比较好的位置的价格相对其他地方的价格高；对于第二种情况，我国目前普遍实行价格“双轨制”，即对国外参展商与国内参展商制定不同的展位价格，国外参展商的展位价格一般要比国内参展商的展位价格高。当然，国外参展商的展位位置一般也要优于同档次的国内参展商的展位位置。

2. 招展价格折扣

如果当初制定的招展价格在后来的展位营销中能严格执行，招展时不给任何参展商价格折扣，那当然是非常好的一种情形。但在很多时候，在招展的具体执行过程中，展位的营销价格并不是严格按照上述招展价格来执行的，而是在招展价格的基础上给予客户一定的价格折扣，然后按照折扣后的价格出售展位。

招展价格折扣是办展机构给予参展商或者招展代理的一种价格优惠，其主要目的是吸引更多的企业到会参加展览。不管处于什么阶段的会展，是否给予参展商一定的价格优惠，是与会展本身的发展潜力和办展机构的价格策略有一定关联的。如果会展发展潜力很大，即使会展刚刚创立，企业参展仍会十分踊跃，甚至展位供不应求，这时可以严格执行招展价格而不给参展商价格折扣。但如果办展机构一开始执行的就是稳定的价格策略，那么也可以不给任何参展商价格折扣。

（二）产业分布特点

从宏观上介绍和指出展览题材所在行业在全国的分布特点，指出各地区的产业发展状况，介绍该产业的企业结构状况及分布情况，这些内容是制订招展方案的重要依据。

（三）招展函的编制与发送

指介绍招展函的内容、编制办法和发送范围与方法。在编制招展函的计划时，要考虑到招展函的印制数量、发送范围和如何发送等问题。

（四）招展分工

即对会展招展工作的分工做出安排，包括招展单位分工安排、本单位内招展人员及分工安排、招展地区分工安排等。

（五）招展宣传推广

对配合会展招展所做的各种招展宣传推广活动做出规划和安排。

（六）展位营销办法

提出适合本展会展位营销的各种渠道、具体办法及实施措施，对招展人员的具体招展工作进行指导。

（七）招展预算

对各项招展工作的费用支出做出初步预算，以便会展能及时、合理地安排各种所需要的费用支出。

（八）招展代理

对会展招展代理的选择、指定和管理等做出安排，对代理佣金水平及代理招展的地区范围与权限等做出规定。

（九）招展进度安排

对会展的各项招展工作进度做出总体规划和安排，以便控制会展招展工作的进程，确保会展招展成功。

二、对招展工作的详细介绍

（一）招展分工

会展的招展单位一般不止一个，各单位招展工作混乱和招展地区出现交叉是大忌。会展招展分工涉及两方面的内容：各招展单位之间的分工安排和本单位内招展人员及其分工安排。

1. 各招展单位之间的分工安排

当会展是由几个单位共同来负责招展时，必须明确各招展单位之间的分工，如各招展单位必须共同遵守的招展原则、各招展单位的计划招展面积、各单位负责的招展地区和重点目标参展商、展位费的收取办法、如何具体安排各参展商的具体展位等。对各招展单位的招展工作进行分工，是保证会展顺利招展的重要手段之一。

对各招展单位之间的招展分工必须合理、协调和具有可操作性，并兼顾各方面的利益。如果分工不合理，有些单位就会缺乏招展的积极性，或者有些招展任务根本就是某些招展单位力所不能及的，这将严重影响会展的整体招展效果；如果分工缺乏协调性，就可能使各招展单位之间缺乏沟通，彼此信息不流畅，会出现几个招展单位同时争抢同一家目标参展商的混乱局面；如果分工缺乏可操作性，招展分工就会失去约束力，成为纸上谈兵；如果分工没有兼顾各方面的利益，就可能会出现各招展单位竞相压价招揽企业参展的不利局面。总之，对各招展单位的招展分工一定要结合各单位的招展实力，充分发挥各单位的优势，做到优势互补、各方共赢，共同圆满完成会展的招展任务。

2. 本单位内招展人员及其分工安排

不管会展的招展工作是由几个单位共同负责，还是只由本单位一家负责，招展单位都要对本单位的招展人员及其分工做出安排。首先，确定招展的人员名单；其次，明确各招展人员负责招展的地区范围和重点目标客户名单；再次，制定各招展人员的信息沟通和工作协调办法；最后，制定统一安排展位的措施。

与不同单位之间的招展分工一样，单位内招展人员之间的分工也要注意发挥各自的特长，统筹协调。要避免在招展过程中出现招展任务不明确、跟进措施不力、彼此之间信息不通畅等现象。

（二）招展宣传推广

招展宣传推广是为促进会展更好地招展而有目的、有针对性地举行的活动，这些宣传推广活动是围绕会展招展的基本策略和目标而制定的，有很强的协调配合性。在招展方案里，会展企业要提出招展宣传推广的策略、渠道、时间、地域安排以及宣传推广费用预算等。

招展宣传推广的策略包括宣传推广的出发点、主题、亮点，以及如何突出会展的个性化特色，如何从客户的角度出发，处处体现客户利益等。

招展宣传推广的渠道可以根据招展实际工作的需要，选择下列方式：召开新闻发布会，在专业和大众报刊上做广告，向有关人员直接邮寄会展资料，在国内外同类会展上宣传推广，在网上宣传推广，通过有关协会和商会宣传推广，利用外国驻华机构和我国驻外机构进行宣传等。

招展宣传推广在时间和地域的分布和安排上要注意与招展实际工作紧密配合，并且要走在招展实际工作的前面，为招展工作造声势、造知名度。宣传推广在时间上要连贯，要有统一的理念和策略作指导；在地域上要因地制宜，但又不彼此冲突。

（三）招展预算

招展预算是为招展各项工作的顺利进行而做的费用支出预算。它是在各招展工作筹划基本已定的基础上，对会展招展可能需要的费用支出做出的整体安排和具体支出计划。招展预算的编制应从招展工作的实际需要出发，本着统筹安排、合理利用的原则，实事求是地编制。

会展的直接招展费用主要包括：招展人员费用，如招展工作人员的工资、差旅费、办公费等；招展宣传推广费用；代理费用；招展资料的编印和邮寄费用；招展公关费用；其他不可预见的费用。

招展预算要编制得细致，费用支出要安排得合理，能满足招展工作顺利开展的需要。招展预算还要本着节约的原则，只有确实需要支出的费用才可列入预算支出，这样可以严格控制会展的招展成本，防止招展费用失控。另外，招展预算的费用支出要注意在时间安排上与招展工作的实际需要相配合，不能出现工作开始时费用充足而最后费用不足，或者在开始不愿支出而最后拼命追加费用支出等不良现象。

（四）招展代理

指定会展招展代理是办展机构借用外部力量来做大做活招展业务的一种有效手段。它可以增加招展单位的业务网络，扩大业务规模，提高经济效益。指定会展招展代理，要尽可能地保证代理商的资质可靠，因为只有可靠的代理商才能切实地履行职责。

1. 招展代理的种类及其来源

根据展览项目的需要，会展的招展代理通常有一般代理、独家代理、排他代理和承包代理四种形式。公司、相关协会和商会、有关媒体、个人、国外驻华商务处或贸易代表处和公司等都有可能成为招展代理。为保证代理的资质可靠，在指定某一机构为代理前必须对其进行资质考查，只有符合条件的才能被正式确定为代理。

2. 代理商的权利与责任

聘用招展代理，要明确他们的权利与责任，只有权责明确，代理的工作才能更好地展开。

代理商的权利：按合同规定收取佣金；从办展机构获取招展必需的完整资料；按合同享受办展机构对会展及代理商的宣传推广支持；在规定的时间内预订的展位能得到保证。

代理商的责任：按合同规定的代理形式和条件切实履行职责，依法经营；有责任对所代理的展览项目进行宣传推广；定期向办展机构有关负责人汇报情况；对办展机构划定的展位不得有异议；维护办展机构和会展的声誉和形象；按办展机构规定的价格（或价格范围）招展，按时收取和缴纳参展款（含定金）；不得对办展机构制定的参展条件私自改动；必须协助办展机构做好参展商的服务工作。

3. 代理佣金

支付给代理商的佣金要根据代理的形式、代理期限的长短、代理商的业绩水平等来综合确定。办展机构给予代理商的佣金和准许代理商给予参展商的折扣要分开。给予参展商的折扣由办展机构决定，以免引起招展价格的混乱。

独家代理、排他代理和一般代理的代理佣金，通常按办展机构实收到的、由该代理商招来的参展商所交的参展费总额的 15%~20% 的比例提取；承包代理的佣金一般要高一些，如 25% 或更高，承包代理一般只有在完成承包展位数量后才可提取佣金。为激发代理商的招展积极性，给代理商的佣金可以采取累进折扣制。

代理佣金支付的时间和方法，可根据具体情况分别采取以下办法。第一，定期结算、定期支付：按季度或月度结付。提取佣金的基数以实际进入办展机构账户的展位费为准。第二，逐笔结算、汇总支付：代理商每促成一笔交易，办展机构收到由该代理商招来的参展商的参展费后即与之结算，但到规定的时间才支付。第三，逐笔结算、逐笔支付：代理商每促成一笔交易，办展机构收到由该代理商招来的参展商的参展费后即与之结算并支付本笔交易的佣金。另外，无论采取何种结算支付形式，都必须规定由此引起的营业税和个人所得税的扣缴办法。

4. 代理商的管理

可以由会展的项目负责人负责该会展招展代理的联络和管理，要管理好各代理商，必须做好以下几点。

（1）坚持定期书面报告制度。每隔一段时间，要求代理商必须定期汇报其招展的进展情况。

（2）招展价格的控制。代理商对外招展的价格折扣应严格按照代理合同所规定的价格折扣操作。

（3）收款与展位划定。所有参展商展位的划定一般应由办展机构控制和最后确定，代理商一般无权划位，只能提出划位建议。

（4）参展商的参展费。除承包代理外，代理商原则上不得代收参展商的参展费及其他一切费用。特殊情况下，可允许代理商代收参展商的参展费，但代理商必须在办展机构指定的时间内，将其所代收的参展商的参展费扣除商定的佣金后的余额全部交到办展机构。

（5）累进制折扣的控制。累进制折扣的最高佣金比例，应要求相应招展展位达到一定的数量。对于不同的代理商，具体佣金累进折扣可在“分档固定折扣”和“分档浮动折扣”两者中选择其一。代理商的各种办公费用一般由代理商自行承担。

5. 代理风险的防范

在招展工作中使用招展代理有许多好处，但如果管理不善，也会带来很多风险。

（1）多头对外的风险。如果多个代理商在同一地区招展，则可能会引起多头对外招展，如同一个项目招展条件不一致、招展价格有差异、对外口径不统一等。

（2）代理商欺骗客户的风险。要防止某些不法代理商以种种手段欺骗客户来获取私利。

（3）损坏办展机构声誉和形象的风险。出于种种原因，代理商可能会有意或无意地做一些损坏办展机构声誉和形象的事。

（4）收款和展位划位混乱的风险。代理商自己划出展位与办展机构统一的展位安排计划不一致，个别代理商代收参展费时多收款、乱收款等。

（5）展位临期空缺的风险。代理商可能会招不满其当初约定的展位数量，这会导致会展开幕而展位空缺。

对于以上风险，要注意采取有针对性的措施，加强防范。万一风险真的发生，要及时采取有效的措施加以补救。

（五）招展进度安排

所谓招展进度安排，就是在招展工作开始实施之前，就对招展工作及其要达到的效果进行统筹规划，事先安排好什么时候该开展什么样的招展活动、采取什么样的招展措施、到什么阶段招展工作要达到什么样的效果、完成什么样的任务等。有了招展进度安排，就可以对会展招展工作进行总体控制和监督，及时对照检查，发现问题，调整策略，使招展工作能更顺利地完成，从而保证会展成功举办。

招展进度安排一般用表格的形式来表现，如表 4-2 所示就是一个简洁式的招展进度计划表。

表 4-2 招展进度计划

时间	招展措施	宣传推广支持	计划完成的招展任务

有了这样一张招展进度计划表，就可以有条不紊地按计划开展招展活动，并对招展目标及时做出检查，如果发现没有达到招展阶段性目标，则应及时采取补救措施，促进招展任务的顺利完成。

例如，在实际操作中，刚创立的新会展典型的招展进度计划一般是：在会展开幕前 12 个月，招展工作就要开始，有针对性的招展宣传推广活动就要铺开；在会展开幕前 9 个月，招展宣传推广活动大规模实施，招展宣传推广活动转为对招展活动的直接支持性宣传；在会展开幕前 6 个月，重点客户拜访工作基本结束，招展宣传推广活动范围缩小，目标更明确，会展招展任务完成大半；在会展开幕前 3 个月，会展招展任务基本完成，招展工作转为落实和巩固前期招展成果，实施各种客户跟踪服务，为会展顺利开幕做最后的准备。

招展进度计划一旦制订，就要按该计划一步步展开招展工作，努力按计划完成每阶段的招展任务。当然，如果具体情况发生了变化，招展进度计划也可以进行局部调整以适应新情况的需要。但一般来说，除非该计划本身制订得不合理，招展进度计划一般不要做过多的大幅度调整，否则招展工作进度将会受到很大影响。

【复习思考题】

1. 简述收集目标参展商信息的方法。
2. 简述招展函的主要内容。
3. 简述招展价格如何制定。
4. 简述招展宣传推广的作用。
5. 试述建立目标参展商数据库的作用。
6. 试述编制招展函的原则。

【案例分析】

合肥“商之都”开业庆典策划

以创新的策划，树立国有商业新企业的良好形象，力争持续性的社会效益与经济效益；致力优质服务，倡导奉献精神，再掀全国“劳模热”。以创新的思维，策划别开生面的开业庆典。注重策划方案的创意，不单纯追求表现形式上的热闹，而是力求见到持续性的实效；通过“商之都”开业庆典的新闻效应，推动全国的精神文明建设。

1. 制订策划方案

（1）邀请全国商业劳模赴“商之都”参加开业庆典活动，组织中央新闻单位记者团随同采访，以宣传劳模奉献精神为主线，推动优质服务。

（2）通过全国劳模赴“商之都”柜台示范、现场传经、拜师收徒等多项活动的开展，以名师的言传身教进行传帮带，解决“商之都”开业时新职工经验不足的难题。

（3）树立“商之都”真诚待客，一流服务的形象，为推动“商之都”的优质服务开个好头。

（4）以北京劳模团赴合肥传经送宝的新闻效应，吸引广大顾客，为企业带来“两个文明”的显著效益。

通过立体交叉的公关策划，立足于社会的呼唤，赢得社会的共鸣，引发强烈的反响，实现宏观和微观目标统一的效果。

2. 策划实施过程

这项立意高、富有新意的策划方案，赢得了有关方面的大力支持。

（1）挑选了全国劳动模范、全国商业劳模、北京市劳模、北京市十佳营业员共9位成员，组成首都劳模团的强劲阵容。他们各怀绝技，堪当此任。

（2）首都劳模团乘坐“东方”5106班机赴皖。飞行中，空姐们向劳模们献花，记者们赶忙摄下这个值得纪念的镜头。飞机降落合肥机场，机场上鼓乐齐鸣。安徽省相关领导按事先相邀，专程来机场迎接，对此项活动十分支持。

（3）劳模团到“商之都”，顾不上吃饭就直奔会场，早已等待着求师的职工迫不及待地上前拜师。这是北京的劳模首次在外地收徒，此举架起了京皖商业交流之桥。当天傍晚，劳模们各就各位，熟悉商品和柜台陈列，做好开业上岗准备。第二天清晨，劳模们穿上各自的店服，胸佩奖章，身披绶带，他们与安徽省相关领导一起在开业庆典上剪彩。别开生面的庆典后，早已等候在商场门前的人群立即随着劳模拥向柜台，争相一睹劳模的风采。

3. 危机分析

企业开业庆典，省市主要领导全部到场，主管部门领导临时安排省领导剪彩，完全合情合理，自认为无须与策划人协商。但是，这种更改就会使精心策划的方案前功尽弃。因为，省市领导为企业剪彩，在当地是新闻，对中央媒体来说，算不上新闻，后期的新闻效应就无法实现。只有在现场立即采取补救措施，方可达到策划方案的预期目标。

主办方当时考虑，按原策划实施已不可能，唯有劳模与领导共同剪彩方有可能，经几番周折，唯有直接找省委书记拍板，才能按策划方案进行。

4. 策划效果

首都劳模来“商之都”柜台示范，消息不胫而走，人群似潮，顾客对劳模服务赞不绝口。“商之都”的柜台里，显出京城劳模的风采，他们个个都是销售能手，卖什么都抢手。消费者感到：在劳模手上买东西，是一种享受。连续几天，“商之都”从一楼到四楼，顾客挨个柜台找劳模，体会优质服务。他们说，从劳模的服务中，感受到奉献精神又回到了身边。还有的说，“商之都”开业庆典，不请明星演唱，请来京城劳模服务示范，说明这家国有大商场重视精神文明和优质服务，一切为消费者着想。

开业之初，短短的几天，“商之都”热闹非凡，营业额大大超过预期目标。“商之都”党委书记告诉记者，他站在门口统计，有80%顾客拎着商品袋走出商厦。“商之都”总经理高兴地说：这项公关策划，不仅为商厦开业节约了大量广告宣传费，而且取得的社会效益无法估量，经济效益也十分可观。

分析题：合肥“商之都”开业庆典策划的成功之处在于哪些方面？给我们带来什么启示？

第五章

会展招商策划

本章导读

本章主要围绕会展活动中的招商策划的步骤和方法，以及招商策划中需要重点注意的方面展开。会展招商方案是为展会邀请观众而制订的具体执行方案。它是在充分了解展会展品的需求市场的基础上，合理地安排招商人员在适当的时间通过合适的渠道而进行的展会招商活动，是对展会招商活动进行的总体安排和把握，目的是保证展会开幕时能有足够的观众到会参观。会展招商方案邀请的重点观众是那些符合展会需要的专业观众，不过如果展会因为需要一定数量的普通观众到会参观，这样展会招商的对象就还要包括普通观众。

【学习目标】

1. 理解会展招商的方式和意义。
2. 掌握会展招商宣传推广的方法。
3. 学会制订招商策划方案。

【导入案例】

会展招商策划的几个注意事项

第一，确定具有吸引力的主题。要组织大规模的招商，需要固定的主题，逐渐形成品牌。

第二，邀请有吸引力的企业参加。要注重知名度和现实性的结合，世界500强之内的企业一定要有，知名的、公众的政府组织或协会组织也要有，增强会展的宣传效应。

第三，会展形式多样。会展应包括展示、推介、座谈等各种形式，加强与会双方接触和成交的概率。

第四，会展可持续。一炮打响，而后虎头蛇尾，是众多看似成功的会议的通病。形成会展的品牌，需要持续不断进行运作，需要过硬且严格的会展流程，需要高素质的运作队伍，需要稳定的专家团队，需要长期的信用。

请思考：会展招商策划具有什么样的重要性？

第一节　会展招商概述

一、会展招商的概念

在展览行业里，会展招商是与会展招展相对应的一个专有名词，它主要是指办展机构通过各种方法和渠道邀请观众到展会参观。和参展商一样，观众也是展会成功举办不可或缺的重要因素。拥有一定数量和质量的观众，是许多展会所竭力追求的方向，也是一个展会成功的重要标志之一。不难想象，一个展会如果没有观众或者是观众很少将是怎样的一个局面。为了使展会办得成功，办展机构都会千方百计地邀请尽量多的目标观众到会参观。

观众对展会很重要，但这并不是说所有的观众对展会来说都很重要。会展招商所要邀请的观众是一些特殊的观众，这些观众就是所谓的专业观众。即从事展会上所展示的某类展品或服务的设计、开发、生产、销售或者服务的专业人士以及该产品的用户。与专业观众相对应的是普通观众，也就是除专业观众以外的其他观众。一般来说，如果不是展会的有意控制，一个展会往往是既有专业观众到会参观，也有普通观众到会参观。

除了专业观众和普通观众的划分以外，观众还可以分为有效观众和无效观众。所谓有效观众，是指到会参观的专业观众以及展会参展商所期望的其他观众，这是具有一定质量的观众，对展会来说不可或缺。所谓无效观众，是指展会参展商所不期望的那些观众，他们对展会来说是可有可无的。

会展招商要邀请尽量多的有效观众到会参观，要尽量给各参展商带来其所期望的观众，会展招商和会展招展是互相影响、互相作用的。一方面，如果会展招商效果好，到会观众数量多，质量上乘，参展商的展出效果就有保证，企业就更乐意来参展；反之，如果会展招商不理想，到会观众较少，或者无效观众很多，参展商的展出效果就难有保证，企业参展的积极性就会降低。另一方面，如果展会的招展效果较好，参展企业尤其是行业知名企业较多，展品新，信息集中，观众到会参观就会更加踊跃。

【相关链接】

参展商

会展行业术语，是指在展览期间利用固定的展出面积进行直接信息交流的特定群体，是展览会的主体之一，专业观众是展览会成功的生命线。从决策过程来看，参展商分为理智型、大众型、尝试型3种。专业观众分为尝试探测型、品质追求型、谨慎稳妥型和大众平衡型4种。

二、会展招商的意义

展会招商做好了对展会招展很有帮助，同样，展会招展做好了也有利于展会招商，那些只注重展会招展而不注重展会招商的做法是极其错误的。实际上，在重视展会招展的同时也重视展会招商，邀请尽量多的有效观众到会参观对展会来说具有重要的意义。

首先，有效观众是参展商最主要的目标客户。不管参展商参加展会的主要目标是什么，他们都期待着这些观众到他们的展台参观和洽谈。如果没有这些观众或者这些观众很少，参展商的展出效果就难有保证，企业再次参展的积极性就会受到沉重的打击，展会的招展就会出现困难，展会的发展也会受到影响。

其次，能大幅度地提高展会的服务水平。参展商是展会的基础，没有参展商就没有展会。为了能吸引企业参展，办展机构总是想方设法为参展商提供优质的服务。其实，从参展商的角度看，邀请尽量多的高质量的有效观众到会参观，才是办展机构对参展商提供的最好的服务。如果这项服务不能令参展商满意，办展机构将会无可挽回地失去这些参展商，并进而失去整个展会。

最后，拥有一定数量和质量的有效观众是一个展会之所以成为品牌展的重要标志之一。将展会办成行业知名的品牌展，是每一个办展机构不懈的追求和努力的目标。然而，某个展会即使参展商再多、参展企业的名气再大，到会的观众寥若晨星，也很难成为品牌展，品牌展一定要有一定数量和质量的有效观众。

第二节 会展招商宣传推广策划

会展招商与会展宣传推广两者关系密切，它们互相影响、互相促进，共同构成会展策划和营销的另一个中心环节，在会展策划和营销的很多实际操作中，往往很难将它们彻底分开。因此，在进行会展策划时，人们常常将它们结合起来统筹规划、分步实施。

一、会展招商宣传推广的类型

会展招商宣传推广既是会展策划的重要内容，也是会展营销的中心环节之一，它对招揽企业参展、吸引观众到会参观以及提升展会的知名度和美誉度都有很大的作用。在会展筹备的不同阶段，会展招商宣传推广的目的和重点是不同的。按照不同的目的，会展招商的宣传推广可以分为以下五种类型。

（一）显露型宣传推广

以迅速提高展会的知名度为主要目的，宣传推广的重点是展会的名称、办展时间和办展地点等简单明了、便于记忆的展会信息，让人知道有这么一个展会，至于展会的详细内容则不做过多的介绍。这种宣传推广多在展会创立的初期实施，或者是在展会已经有了一定的名气后对客户进行定期“提醒”之用。

（二）认知型宣传推广

主要目的是使受众全面深入地了解展会，增加受众对展会的认知度，宣传推广的重点是展会的特点、优势等较详细的内容。这种宣传推广多在行业对相关展会已经有了一些初步了解之后，展会进行下一步的招展和招商时实施。

（三）竞争型宣传推广

主要目的是与竞争对手展开竞争或进行防御，宣传推广采取与竞争对手针锋相对的措施，是一种针对性很强的宣传推广活动。这种宣传推广多在展会受到竞争对手的威胁，或者展会意欲与其他展会展开竞争时使用。

（四）促销型宣传推广

主要目的是在短期内推动展会展位的销售或者招揽更多的观众到会参观，宣传推广的重点是参展商或者观众所关心的主要问题。这种宣传推广多在展会招展和招商时使用。

（五）形象型宣传推广

主要目的是扩大展会的社会影响，建立展会的良好形象，不单纯追求短期销售量的增长；宣传推广的重点是追求目标受众对展会定位及形象的认同，积极与他们进行信息和情感的沟通，增加他们对展会的忠诚度和信任。这种宣传推广几乎可以在展会筹备的任何阶段实施。

【相关链接】

中国会展网

中国会展网是国内目前唯一经过国家认证以gov为域名的会展门户官方网站，是获取展会资讯的首选媒体平台，是会展业资深人士不可或缺的重要工具。它是集学术、资讯、服务、展示、互动于一体的全球网络会展商务平台——以国内尖端科技理念为展商提供线上线下参展一站式集成服务。

二、会展招商宣传推广的方式

（一）广告

包括在专业报刊、大众媒体、网站、广播电视、户外媒介（如户外广告牌、交通工具等）、包装媒介等上面做的各种广告。不管是在哪种媒体上做广告，广告的主题设计必须明确、突出，并包含目的、好处和承诺三个基本要素；广告文稿的标题要简洁醒目，口号要富有创意，正文要真实具体；广告的图画设计要能引人注意，强化记忆，提示广告的主题和内容。

（二）软性文章和图片

包括在专业报刊、大众媒体、网站、广播电视等媒体上刊登的各种对展会的评论、报道、特写和消息以及相关图片等。这些文章可能是展会有关人员写的，也可能是一些记者或专业人士写的，一般都是免费的。软性文章是一种隐形的广告，其可信度较高，也容易被受众所接受。

（三）直接邮寄

包括办展机构向其客户直接邮寄的各种展会宣传资料，如展会宣传单张、展会说明、观众邀请函等。直接邮寄是会展招商宣传推广常用的方式之一，其针对性强、有效率高、效果明显。

（四）新闻发布会

在展会筹备期间以及展会开幕前后就展会的有关情况举行新闻发布会对宣传展会很有帮助。举行新闻发布会的前提是即将发布的内容一定要有新闻价值。

（五）人员推广

包括展会有关工作人员对各机构和客户的直接拜访、电话、传真和 E-mail 联络等。人员推广能最直接地和客户进行一对一的沟通，能很好地联络客户的感情，倾听客户的声音。

（六）展会推广

包括在国内外各种同类展会上宣传推广活动。

（七）机构推广

包括与各行业协会和商会、国内外的办展机构、国际组织、外国驻华机构和政府主管部门合作进行的各种推广活动。

（八）展会相关活动

展览期间举办的各种活动如会议、表演和比赛等都是会展招商宣传推广活动的重要组成部分。

三、会展招商宣传推广策划的步骤

会展招商宣传推广的内容较多，也比较复杂。在制订会展招商宣传推广计划时，我们必须做到全面、系统，并按照会展筹备工作实施的需要来进行。一般来说，制订会展招商宣传推广计划的步骤有六个。

（一）确定目标

就是要确定会展招商宣传推广所希望达到的目标。制订会展招商宣传推广计划首先要确定任务是什么，这样才能有目的地去实施各种宣传推广工作；否则，会展招商宣传推广工作就会变得无的放矢。

（二）确定投入

就是要确定为了达到上述目标所需要的资金投入。在实际操作中，会展招商宣传推广预算可以先按宣传渠道的不同来分别制订，如专业媒体宣传投入预算、大众媒体宣传投入预算等，然后再将各渠道的预算汇总。

（三）确定信息

就是要确定会展招商宣传推广需要向外界传递怎样的信息，如会展的办展理念、会展的优势和特点、会展的形象等。这些信息都必须真实可靠，且具有较高的可信度。另外，信息要具有差别性和排他性，这样才能起到更好的宣传效果，才不会被其他信息所淹没。

（四）确定资料

就是要确定制作什么样的宣传资料来承载上述信息。制作宣传资料时，要遵循以下几点：第一，针对性。必须有自己具体的目标客户。第二，系统性。既有自己的特色，又与其他宣传材料互相配合、互相补充，为整个会展服务。第三，专业性。制作上要符合展览行业的要求，在内容上要能反映行业的特点和会展的特色，要在具有国际化的同时兼顾各国的不同文化差异。第四，统一性。宣传资料在宣传口径上要统一，在各种数据、理念和形象上要一致，并要继承上届展会的宣传信息。

（五）确定渠道

就是要确定会展宣传推广的渠道，或者说要确定采用哪种渠道将会展招商信息传递出去。

（六）确定评估

就是测量会展招商宣传推广的质量与效果，评估推广目标完成的状况如何。需要着重指出的是，展览行业竞争激烈，在制订会展招商宣传推广计划时，不应墨守成规、因循守旧，而应不断适应市场变化的需要，不断创新，在激烈的竞争中独树一帜，取得胜利。

第三节　会展招商方案的制订

会展招商方案是会展整体策划诸多方案的核心方案之一，也是为会展邀请观众而制订的具体执行方案。会展招商方案在充分了解会展展品需求市场的基础上，合理地安排招商人员在适当的时间通过合适的渠道进行会展招商活动，是对会展招商活动进行的总体安排和把握，目的是保证开幕时能有足够的观众到会。

会展招商方案是对会展招商工作的整体规划和总体部署，在编制会展招商方案时，要在全面掌握会展目标观众信息的基础上，结合会展的定位，参考会展展览题材所在行业及其相关行业的特点，对各项招商工作进行统筹规划、合理安排。

一、会展招商方案的基本内容

目前，国内绝大多数会展既对专业观众开放也对普通观众开放，其招商的对象自然也要包括这两类观众。为此，会展招商方案的内容要兼顾对这两类观众的招商。一般来说，常见的会展招商方案要包含以下基本内容。

（一）招商方案的制订依据

招商方案的制订依据包括：展会展品的主要消费市场的地域分布状况和需求情况、展览题材所在行业及其相关产业在全国的分布状况、相关产业在各地区的发展现状、各相关产业的企业结构及分布情况等。这部分内容一定要符合各相关产业的实际情况，准确无误；否则，以此为依据制订的展会招商方案就会与实际情况严重脱节，没有可操作性。例如，如果对各产业消费市场的分析有误，招商重点地区的安排就会名不副实，招商宣传的重点地区就会出现偏差，实际招商工作的效果就难以保证。

（二）会展招商分工

根据会展的实际需要和办展机构的工作计划，对会展的招商工作作出分工安排，包括对各办展单位之间的招商分工进行安排、对本单位内部招商人员及招商工作分工进行安排、对各招商地区的分工进行安排等。

（三）通联及观众邀请函的编印和发送计划

包括观众邀请函的内容、编印办法、发送范围与发送方法等。在做观众邀请函的编印和发送计划时，还要考虑到观众邀请函的印制数量、发送范围和如何发送等问题。

（四）招商渠道和措施

提出会展招商计划使用的各种渠道，以及针对各招商渠道计划采取怎样的招商措施。

（五）招商宣传推广计划

包括对配合会展招商所做的各种招商宣传推广活动做出规划和安排。

（六）招商预算

对各项招商活动的费用支出做出初步预算，以便及时、合理地安排各种所需费用的支出。

（七）招商进度安排

对会展的各项招商活动进度做出总体规划和安排，以便控制会展招商工作的进程，确保届时会展有足够数量和一定质量的观众到会参观。

二、对招商工作的详细介绍

（一）招商分工

在实际操作中，很多展会的办展机构往往不止一家，为了保证展会开幕后能有一定数量和质量的观众到会参观，在进行会展招商策划时，首先要对会展招商进行分工。内容有两个方面：办展机构之间的招商分工和本单位内部招商人员及其分工。

1. 办展机构之间的招商分工

当会展是由几个单位联合举办时，必须明确招商工作由谁来负责，如果展会的招商工作是由各办展机构共同来负责的，就必须明确各办展机构之间的招商分工。

各办展机构之间的招商分工，包括明确各单位必须共同遵守的招商原则、对各单位负责的招商地区（或行业）和重点目标观众的划分、对招商费用的预算和支付办法的规定、对重点目标观众的邀请和接待的安排等对各单位的招商工作进行分工，是保证会展到会观众数量和质量的重要手段之一。

对各单位的招商分工必须合理，并经常进行协调，会展招商工作不能平均分摊，必须有一个主要的负责单位，否则难以保证会展招商的效果。总之，对各单位的招商分工一定要结合各单位的招商实力，充分发挥各单位的优势，做到优势互补，共同圆满做好会展的招商工作。

2. 本单位内部招商人员及其分工

首先，确定主要负责招商的人员名单，明确其主要任务是进行会展招商而不是招展；其次，明确各招商人员负责招商的地区范围和重点目标观众；再次，制订各招商人员的信息沟通和工作协调办法；最后，对重点目标观众制订统一的接待安排计划。

（二）招商渠道

1. 专业媒体

很多行业都有自己的专业报刊，这些专业媒体对本行业比较了解，也有一定的影响，并且通常都有一批熟悉的客户，联系比较广泛，可以与它们合作进行会展招商，也可以做广告直接进行招商。通过专业媒体进行招商的主要是针对专业观众的，对于普通观众，专业媒体基本上不起作用。

2. 大众媒体

通过大众媒体进行招商的主要是针对普通观众的。一般来说，大众媒体针对专业观众的招商效果比不上专业媒体。因此，通过大众媒体的招商宣传及招商活动一般都是在临近展会开幕才进行，这样的效果会更好。

3. 有关行业协会和商会

行业协会和商会在行业里有重要的影响和强大的号召力。它们一般拥有一定数量的会员单位，行业信息灵通，关系广泛，是办展机构理想的合作招商伙伴。

4. 国内外同类展会

由于展览题材相同或相似，观众的范围也基本相同，国内外举办的同类展会是理想的招商场所。我们可以在国内外同类展会的现场进行推广本展会，也可以通过在其展会会刊上做广告等多种方式来招商。另外，我们还可以与国外同类展会合作，采取合作营销的方式为彼此展会招商。

5. 参展企业

每一个参展企业都有自己的客户群，参展是一个企业向自己的客户展示自己形象和新产品的绝佳机会。当一个企业参展时，一般会希望自己的客户能到展会上来看看，特别是那些知名企业，其客户群往往较为庞大，展会为它们提供了一个与自己的客户进行交流和联络的有益平台，很多企业会借此机会主动邀请自己的客户到会参观，这会带动一大批观众到会参观。

6. 网络招商

网络传递信息迅速便利、联系广泛，观众可以通过网站了解展会信息，进行参观预登记。办展机构可以自己建立专门网站，也可以与其他有影响的网站进行合作。

7. 国内外著名展会主办机构

每一个展会主办机构都有自己擅长的行业领域和自己的营销渠道，也有自己独特的招商技巧和招商手段，与这些单位合作招商，能实现优势互补。

8. 国际组织

像 UFI 等一些相关的国际组织，在世界展览界具有一定的权威性，在国际上有较强大的号召力，与它们合作往往能很好地带动国外观众到会参观。

9. 各种招商代理

招商代理是与办展机构紧密合作专门进行展会招商的单位，适当地发展展会的招商代理对会展招商很有好处。

10. 外国驻华机构

外国驻华使馆和领馆以及其他机构如贸易代表处、办事处等，对所在国比较了解，它们向该国企业推荐的展会一般能取得该国企业的信任，与它们合作能较好地带动国外观众到会参观。

11. 政府有关部门

尽管政府部门正在逐渐淡出社会经济事务，但政府的行业主管部门对行业的影响仍然很大，与它们合作，不仅有利于招商，还能取得很多其他便利。

12. 策划在展览期间举办相关活动

在展览期间策划举办一些针对性较强的相关活动也能带动会展招商工作，如在展览期间举办行业会议、专业研讨会、表演等。

根据展会的实际情况，对于上述招商渠道，可以有选择地采用其中的一个，也可以同时采用几个渠道进行会展招商。

（三）招商宣传推广

1. 招商宣传推广的策略

包括宣传推广的出发点、主题、亮点等。在策略上要注意紧扣展会的定位和主题，突出展会的优势和个性化特色，从客户的角度出发，处处为客户的利益着想。

2. 招商宣传推广的时间和地域安排

招商宣传推广在时间的安排和地域的分布上要注意与招商的实际工作紧密配合，并且要走在招商实际工作的前面，为招商工作造声势、造知名度。宣传推广在时间上要连贯，要有统一的理念和策略作指导；在地域上要因地制宜。在重点招商的时间段和重点招商的地区，要加大宣传推广力度，增强宣传推广的针对性。

（四）招商预算

招商预算是为招商各项工作顺利进行而做的费用支出预算，它是在各项招商工作筹划基本已定的基础上，对会展招商可能需要的费用支出做出的整体安排和具体支出的计划。编制招商预算，应从招商工作的实际需要出发，本着统筹安排、合理利用的原则，实事求是地进行。会展的直接招商费用主要包括：招商人员费用，包括招商工作人员的工资、差旅费、办公费等；招商宣传推广费用；代理费用；招商资料的编印和邮寄费用；招商公关费用；不可预见的费用。

（五）招商进度安排

招商进度安排，就是在会展招商工作开始实施之前，对招商工作及其要达到的效果进行统筹规划，事先安排好什么时候该开展什么样的招商活动、采取什么样的招商措施、到什么阶段招商工作要达到什么样的效果、完成什么样的任务等。

会展招商工作是一项阶段性和时间性都很强的工作。一方面，当会展筹备工作进行到不同的阶段时，就要相应地采取不同的招商措施予以配合，不然，招商的效果就会不太理想；另一方面，会展招商工作要非常注意时间安排的合理性和配套性，注意“到什么时候做什么事”，如果时间安排不合理，招商工作的效果将微乎其微、难见成效。

【复习思考题】

1. 简述会展招商宣传推广的类型。
2. 简述会展招商宣传推广策划的主要方式。
3. 论述会展招商方案的基本内容。
4. 简述会展招商预算的内容。

【案例分析】

中国国际进口博览会

中国国际进口博览会（China International Import Expo，CIIE），简称“进口博览会”“进博会”等，由中华人民共和国商务部和上海市人民政府主办，中国国际进口博览局、国家会展中心（上海）承办，为世界上第一个以进口为主题的国家级展会。中国国际进口博览会由国家主席习近平亲自谋划、亲自提出、亲自部署、亲自推动，是中国着眼推进新一轮高水平对外开放作出的一项重大决策，是中国主动向世界开放市场的重大举措。

进博会组委会统一领导进博会筹备工作。研究协调筹办工作中的重大事项；协调推动各部门、各地方的筹办及参展事务；推动落实中国政府邀请有关国家、地区和国际组织参展。重大事项按程序报批。组委会办公室设在商务部，由商务部、上海市人民政府、外交部等组成，负责研究提出中国国际进口博览会总体方案及实施方案，落实组委会相关决定，协调筹展办展过程中的具体事务，定期向组委会报告工作进展情况，承办组委会交办的其他事项。进博会由商务部和上海市人民政府共同主办，主要负责中国国际进口博览会主场外交、国际展览、国际论坛等各项工作任务。其中，商务部负责邀请有关国家组团组展、邀请相关国际组织与会，协调各地、有关部门组织交易团与会采购、洽谈合作等工作；上海市负责安全保卫、嘉宾接待、交通等城市服务保障工作。中国国际进口博览局和国家会展中心（上海）有限责任公司作为承办单位，负责拟定办展方案，承担中国国际进口博览会的招展、招商、布展、现场组织、管理服务等具体工作。

第七届中国国际进口博览会于2024年11月5日至10日在上海举办。2024年3月22日和4月16日，进博会推介会分别在巴西里约热内卢和法国巴黎成功举办，本次进博会继续由国家展、企业展、虹桥论坛、专业配套活动和人文交流活动等组成。6月13日，商务部新闻发言人表示2024年进博会的国家展主宾国及参展国邀请工作整体进度快于往年同期，已有超过30多个国家或国际组织书面确认参展，企业展招商进度快于2023年，已签约展览面积达32.5万平方米，超过规划面积的90%。招商工作全面启动，开始接受境内外观众报名。

分析题： 查询资料，持续了解进博会的招展招商工作开展情况。

第六章

会展设计与品牌策划

本章导读

本章重点围绕会展活动中的展示设计工作展开。欧洲是世界会展业的发源地，经过160多年的积累和发展，无论是会展场馆设施，还是大型会展的组织、策划、设计都已相当成熟。近年来，中国会展业的发展也以年均近20%的速度递增，尤其是信息技术、网络技术的快速发展使得新建专业场馆的配套设施日臻完善。可以说，会展是一个与时代发展紧密相连的产业，时代性是它的鲜明特征。会展设计的策划必须站在时代的高度，及时掌握全球会展业的最新动态，实现会展设备的智能化以及会展理念的前瞻性。

【学习目标】

1. 了解会展设计的立体策划问题。
2. 对会展设计策略有一个深入的认识与理解。
3. 了解展会品牌策划的相关理论。

【导入案例】

会展设计与品牌策划

中国国际消费品博览会是全国首个以消费精品为主题的国家级展会，每年在海南省海口市举行。该展会在2021年疫情期间创办首届成功，2022年第二届尽管因疫情延期，但仍成功举办，2023年和2024年也都取得了成功。短短四届，它以“共享开放机遇，共创美好生活”为主题，快速建立“高、新、优、特”全球消费精品展示交易平台的会展品牌形象。这里以 2024 年消博会为例，看看它是如何在如此短的时间内实现品牌成功的。

坚持“精品、新品”路线定位，汇聚国内外优质商品和服务。本届消博会吸引 71 个国家和地区超 4000 个品牌参展，共举办全球消费创新、新品首发首秀等主题活动和特色活动超过 300 场。其中，以“消博聚新 首发首秀”为主题的新品发布活动汇聚 28 个国际、国内知名发布主体，共有 38 个品牌携 115 件不同款式、系列的新品亮相，涵盖时尚香化、高端食品、电子科技、生物科技等领域。新产品、新技术集中亮相。

注重 IP 打造，致力于创意拓展。2024 年消博会的吉祥物原型取自海南长臂猿，它是海南独有的、世界上最珍稀的灵长类动物，与消博会的精品定位不谋而合。吉祥物分别取名“元元”和“宵宵”，“元”谐音“猿”“圆”，有圆满和团圆之意。“宵”，取自消博会首字，保持消博会品牌的新鲜感与亲切感。为结合 2024 奥运年体育赛事经济火热的特点，还设计了各种“运动猿”，如冲浪猿、沙滩排球猿、滑翔伞猿、足球猿、帆船猿、自行车猿，以及以爱尔兰曲棍球运动为主题的限定版吉祥物形象——曲棍球猿，以及各种包含消博会元素的纪念品，包括毛绒玩偶、徽章、冰箱贴、纪念邮票及邮品、纪念章、笔记本 / 便笺纸 / 中性笔、卡包 / 钥匙包、茶具、环保袋、遮阳帽、T 恤、防晒服等。

打造国潮，以展促产。作为展示中国文化的窗口，各省国货品牌都将希望借助展会拓展出海新路径。贵州茅台举行了春系列文化产品首发仪式，以东方美学的独特意境吸引了一众消费者的目光；泡泡玛特继续通过潮玩 IP，创新对传统文化的表达。消博会致力于让世界各国人民感受中国传统，同时提升中国品牌的国际化程度。

拥抱世界文化的开放态度。消博会是面向全球的博览盛会，观众可以在展会上体验世界消费文化，可以围着爱尔兰的传统古堡转上一圈，尝上几口在爱尔兰农场自由生长的草饲牛肉，再随着中央舞台演员的脚步跳上一支爱尔兰踢踏舞；可以在法式购物街上逛逛，感受“世界艺术之都”的魅力。意大利时尚、英伦美学、澳大利亚的高品质自然，全世界消费风格都可以体验。

（资料来源：中国国际消费品博览会官网）

请思考：

1. 怎样进行会展设计的立体策划？会展设计有哪些策略？如何进行品牌形象的营造？

2. 想一想还有哪些因素，使消博展在短短四年取得品牌成功？

第一节　会展设计的立体策划

博览会是创造艺术的盛会，而博览会的实施——会展艺术设计则是一门与策划紧密相关的艺术，可以说，策划水平的高低直接影响会展的视觉传达、效果沟通以及审美价值和文化品位。

一、关于立体策划

会展是一种立体的展示，在会展设计过程中，要给展览“开创一个审美和诗意化的生存空间”，则要对展览会的设计进行精心的立体策划。

所谓立体策划是指一种带有全局性和长期性的策划方法。它是站在战略角度所进行的策划，不仅要考虑策划对象的现在，还要考虑策划对象的将来。它有别于通常所说的在某一点、线或面上的单一策划，立体策划要求把策划过程看成一个“体”，从总体出发，推进到“面”，再由“面”出发，推进到“线”，最后到“点”。

会展设计的立体策划落实到具体的方案中包含总体设计方案和局部设计方案。

在总体设计方案中，首先是对展览的环境、场地空间进行规划，在平面、立体规划处理的基础上，结合展示内容和表现形式展示出场地现存的建筑结构、风格，确定采光形式、整体空间的组织施工，考虑协调空间的环境等。其次要确立展示的基调，主要包括展出形式的色彩基调、文风基调和动势基调。在色彩基调的策划方面，要基于展出内容的特性、展出场地的环境特色、展出的时间季节、采光效果及功能区域划分等，分别选择适宜的色彩基调，提出相关的色谱，画出色彩效果图；在展出形式的动势基调方面，策划者要注意对韵律、节奏起伏的控制，要尽量给人以舒适的动势感。会展设计的总体设计方案还包括设计实施进度的安排、制订施工材料的计划、设计实施的经费预算等，这些都必须由总体设计人员进行精细的组织策划。

会展的局部设计方案包括：布展陈列中的会标屏风、展架、展台、道具、栏杆、展品组合等，版面设计中的版式、图片、灯箱、声像、字体、色彩等，公关服务中的广告、请柬、参观券、会刊、纪念章、样本等，这些都应在总体设计思想的指导下设计完成。

二、会展设计立体策划的特点

会展设计的实施是一项庞大而繁复的艺术创作系统工程，展示设计师充当着导演的角色。会展设计艺术的立体策划要求策划者必须掌握立体策划的特点，高瞻远瞩，视野开阔，全面而细致地考虑到策划过程的每一个步骤、环节，使整个策划达到完美的境地。

（一）时代性

会展设计策划的时代性是由会展自身发展的特点决定的。会展设计要体现时代的人本观念、时空观念、生态观念、系统观念、信息观念、高科技观念等。具体来说，会展设计中的立体策划要注意：空间环境的开放性、通透性、可塑性和有机性，给人以自由、亲切的感觉，让人可感、可知；实现商品信息经典性原则，严格要求少而精；实现固有色的统合色彩效果，重视对无色彩系列的运用；尽量采用新产品、新材料、新构造、新技术和新工艺，积极运用现代广电传输技术、现代屏幕影像技术、现代人工智能技术等高科技成果；重视对软材料的自由曲线、自由曲面的运用，追求展示环境的有机化效果。

（二）目的性

任何一项会展设计的策划都必须是为实现一定的意图和目标而服务的，这是策划的目的性。策划的目的性要求策划者应有明确的策划目标，然后围绕目标进行策划。

【相关链接】

上海国际汽车工业展览

上海国际汽车工业展览（International Automobile and Manufacturing Technology Exhibition）又称上海国际车展（Automobile Shanghai），创办于1985年，两年举办一届。伴随着中国及国际汽车工业的发展，经过多年积累，上海国际汽车展已成为中国最权威、国际上最具影响力的汽车大展之一。2023年4月18日至27日，第二十届上海国际汽车工业展览会在国家会展中心举行。上海车展能够完美延续至今与其自身亮点颇多不无关系。每年上海车展都能吸引众多热心观众前往，一睹上海车展各大汽车的尊容。在车展中，各大汽车品牌展出了搭载最新科技的车型，其中不乏初露庐山真面目的首发车。

紧紧围绕参展目的进行设计策划是会展设计立体策划的必然要求。在实际的策划过程中，一般来说，围绕会展主题，体现会展的核心思想及核心理念进行设计构思是关键，策划者必须充分了解展览者的展示意图，才能决定展示的总主题及其风格。

（三）创新性

一项成功的会展设计策划方案应该具有创新性，它既出人意料又在情理之中，这样才能新奇诱人，吸引观众，获得赞赏。会展设计策划的创新性涉及形式的定位、空间的想象、材料的选择、构造的奇特、色彩的处理、方式的新颖等多个方面。

创新的设计策划理念将现代商业与舞台艺术全新结合，在物质与精神的交融中传达出对生活平凡而深沉的热爱，能获得极好的展示效果。

（四）统一性

整齐而统一是展示艺术的首要标准，在会展设计策划中，要力求达到展示形态的统一、色彩的统一、工艺的统一、格调的统一以及整体基调的和谐统一。这种统一性是建立在对整个会展策划体系的宏观把握上的，它要求各种设计方案之间要有统一性，各种设计策略在内在本质上要有统一性。

会展设计策划的统一性表现在内、外两个层面。“内”是指整个展览设计过程的统一，它包括选择展览设计师，明确展台设计要求，了解参展产品和展台位置、条件，策划展台设计进程以及整个设计策划方案等；“外”是指会展设计策划要以整个会展策划的要求相统一。一般的会展策划包括会展的调查与分析、会展的决策与计划、会展的运作与模式、会展的费用预算、媒体策略、效果评估。协调统一、相得益彰是会展设计立体策划统一性的基本要求。

三、会展设计的文化维度与立体策划

会展发展到一定阶段，虽说本质上还是推广产品与服务，但由于会展设计者的精心立体策划，宾主之间在不知不觉中实现了各自的理想目标，这就是会展设计艺术的文化维度。在会展设计中，渗透文化因素的策划是现代会展的必然要求。

会展设计策划文化因素的表现是多种多样的，而创新求异是最根本的。只有用新的视觉、新的创意、新的表现来设计才能做到出奇制胜、赏心悦目。在实际设计策划的过程中一般采取选择、突破、重构三种方法。

（一）选择

选择是对事物本质和非本质的鉴别，即对事物特点、亮点的发现，对其中不必要部分的舍弃。例如，展览门票的设计、印刷和制作方式有多种形式，如何进行创新选择，就要求展览门票的设计者能够画龙点睛地在不同门票上体现展览会的不同风格与特色；在展览会门票的内容设计方面，除了必须包含的五大要素（展览会名称、举办时间、地点、主办单位及价值）之外，还必须考虑是否公布组委会的联系方式（电话、传真、电子信箱、网址等），是否设计观众信息栏，如何印展览会标志。若是国际展不仅要求中英文对照，而且设计人员还必须考虑个别国家和地区、宗教和种族对某些色彩与图案的禁忌。至于门票背面，是用来刊登广告，还是作为展会介绍、参观须知、展览预告、导览图等都需要进行选择。一张小小的门票，是设计水平艺术性的集中体现，也是信息化、现代化、国际化的体现，有着深刻的文化内涵。

（二）突破

会展设计是否新颖独到，最根本的就是看是否对常规有所突破。突破主要包括两个方面：一是传统思维方式的突破，二是表现方法的突破。例如，某展览有限公司为增强企业文化内涵、打造企业品牌，提出了中国会展文化四字真经“文行忠信”的理念，其核心是：视客户为亲朋，不计一时得失，但求宏图共展，创意策划前卫，运作快捷现代，质量一流列位。创新性的会展策划理念给该公司的发展带来了勃勃生机。

（三）重构

重新构建是会展设计中的一种基本方式，它通过不断构建或寻找设计环境以及设计元素之间的关系，然后将这些关系重新组合、重新设计，从而创造出新的构思、新的意向。现代会展设计在发展趋势上不断趋于专业化、国际化和科技化，不少展会已成为重要的国际盛事，一些展会的主办者不惜重金进行创新设计以扩大影响。

【相关链接】

法国巴黎国际运输与物流展的文化氛围

法国巴黎国际运输与物流展最大的特点是美观、秩序、和谐。美观主要是指站台的布置与设计。几乎没有重复的特装展台，争奇斗艳，即使是标准展位也绝不敷衍了事，声光电效果自不必说，就是常青树、绿藤蔓、公园椅也可进入展位，与展示内容浑然一体。秩序指的是有人气却无人声嘈杂，数万平方米展会，一张有颜色区分的指示牌，令观众各有目标，来去便捷。有效观众全部经过筛选，分送参观票；不请自来的观众，需花钱购票入场。因此，到处可见的是清静中的繁忙。和谐说的就是参展商的亲和力，没有满堂灌式的信息压迫，而是寓“教”于乐。展位个个是社交聚会的场所，案上摆的是可供参观者自由选用的美酒和咖啡，还有各色点心最普通的，也有糖果和饮用水，加上吧台与圆椅，让人有一种身处酒吧的感觉。宾主举杯对饮之中，拉近了彼此的距离。

第二节 展示设计策略

【案例】

会展设计的立体策划与会展目标

泡泡玛特（POP MART）是一家中国本土潮流文化品牌，秉持“创造潮流、传递美好”的品牌理念，打造潮流玩具和文化传播的全产业链平台，Molly、Pucky、Dimoo 等众多 IP 形象，深受年轻人的喜爱。其营销策略，一方面与各大品牌、明星、艺术家合作，不断推出联名款和限量版产品；另一方面举办和打造各种 IP 主题展览、活动、体验店、主题乐园，让消费者能够深入情景了解和体验潮流文化，扩展了众多忠实的年轻粉丝。泡泡玛特也融入国潮设计，成为中国本土潮流文化的一面旗帜，引领着中国潮流文化的发展。2024 年 7 月 15 日泡泡玛特与航天技术研究院共同举办 MEGA SPACE MOLLY·太空无界沉浸式体验展览，是国潮设计的又一次大胆尝试。

会展设计策划如下：

空间设计。该沉浸体验展位于北京华熙·LIVE 南区商业中央广场，展览面积约 1000 平方米，以宇宙行星旅行为脉络，共分为五大主题区域，每个区域都充满了浓厚的科幻色彩和创意设计。从“地球出发”到“星际探险”，再到“未知星球”，每一个细节都精心设计，力求让观众感受到如同置身于太空中的奇妙体验。

静态设计。展览以泡泡玛特旗下最具代表性的 IP——Molly 为主角，结合航天科技元素，打造出一个充满未来感的沉浸式空间。展览极具科幻未来感，每个星球区域都有不同的颜色，明暗交替之间让人体会到航天文化的无穷韵味。展览以 Space Molly 的视角，映入眼帘的是 Molly 的画廊，随后 Molly 将在 8 大行星之间穿梭旅行，最终回到地球。参观者在“地球出发”区，可以通过巨型屏幕观看火箭发射的全过程，感受震撼人心的力量；而在“星际探险”区，则可以穿上特别设计的宇航服，体验漫步太空的感觉；最令人期待的“未知星球”区，则通过先进的 VR 技术，带领观众探索神秘的外星世界。

动态设计。每个展区都隐藏了不同的 Molly 故事线索和互动环节，观众通过打卡不同展位搜集线索；在“太空实验室”中，参观者可以亲手制作属于自己的航天模型；在“星际邮局”，则可以写下对未来自己的寄语，并将其封存在特殊的“时空胶囊”中，提升趣味性。

传播设计。在此之前泡泡玛特就推出多款深受消费者喜爱的航天潮玩，如 Space

Molly 月岩、Space Molly 天阙、可动人偶星尘、Mega Space Molly 400% 天擎，打造独特的中国航天符号，培育粉丝对航天文化的热爱。与航天技术研究院共同推出系列科普活动，推广潮玩风格的航天文化，在媒体不断推出优质案例，引领话题。

（资料来源：央广网、泡泡玛特官网）

思考题：本案例是怎样进行会展设计的立体策划？会展设计与会展目标有什么关系？

一、展示设计的流程

展示设计不是简单地设计一个展台，它是一个系统工程。设计本身位于系统的中下游，设计人员在进行设计策划时需重点关注除自身设计以外的链的关系和互动。

【相关链接】

供应链管理理论

供应链管理（SCM）是指对整个供应链系统进行计划、协调、执行、控制和优化的各种活动和过程，供应链管理的内容是提供产品、服务和信息来为用户和股东增添价值，是从原材料供应商一直到最终用户的关键业务过程的集成管理，其目标是将用户所需的正确的产品（right product）能够在正确的时间（right time），按照正确的数量（right quantity）、正确的质量（right quality）和正确的状态（right status），以正确的价格（right price）送到正确的地点（right place），并实现总成本最小。

（一）接受项目订单，明确设计内容

项目是展示设计公司生存和发展的源泉。对于公司的客户服务部来讲，发现和服务好每个潜在客户和目标客户是关系到设计公司整个商业运营的关键的一步。对于创意、设计、制作等其他部门也存在同样的意义。接单的同时，项目负责人和总监必须明确设计的内容、实现目标。

（二）制订设计计划、进行市场调研

制订正确而合适的设计计划往往会提升设计的效率和服务的品质。在具体的商业设计中，计划的制订没有一成不变的模式，应根据客户的要求提交和执行相应的标准，但以下几点需注意。

第一，明确设计内容，了解客户是否有特殊的要求，要求是否有限定的条件。例

如，展馆的限高和设计方案是否冲突。

第二，确认项目过程的节点，需同预算和施工要求同步计算。

第三，明确节点的相互关系和实现技巧，了解是否有最佳的解决途径，是否有供应链断层潜在的危险。

第四，充分估计每个节点所需的时间，包括不可抗力所花的时间，需在合同中注明。

第五，充分认知每个节点设计的重点，了解是否有不可操作性。

在完成设计计划后，应将设计的全过程的内容、时间、各段目标制成计划表，在客户确认后，按计划执行，遇未尽事宜，应及时与客户协商解决。

（三）目标问题提出，发现设计问题

设计是一个系统工程，涉及客户需求、行业特征、企业文化、审美、技术、材料等一系列的问题，以上因素因客户而异。因此，设计师的判断力尤为重要，设计师的阅历和知识结构同样会影响服务的品质。

（四）提出目标提案，分析目标问题

提案是客户审核设计公司的设计意图最初的评价载体，也是设计师对客户意图的初步定位和设想。针对提案本身，双方应对方案进行深入的分析和评估，为下一步提交草案做好准备。

（五）展开设计研究，加减设计方案

作为展示设计师研究的对象，展示的构成不是由某个单一因素决定的，而是一个系统。在充分分析目标问题的基础上，对目标项目展开设计研究决定了项目服务的品质。通常情况下，应遵照以下要求。

第一，目的明确。不同行业、不同客户的市场研究的内容是不同的，设计开展前，针对性强的研究内容可以大大提高工作效率。

第二，内容完整。设计调研是设计的依据，有效的内容可以帮助设计师正确地判断设计的方向。

第三，适合性。研究的内容要适时、可行。

（六）提交设计草图，集中方案评估

1. 提交设计草图

设计草图是设计师将自己的想法和对目标项目认识进行展开的一种过程，是创造性思维由抽象到具象的具体体现。它是设计师对目标项目认知、推敲、思考的过程，也是发现问题、分析问题、解决问题的有效手段。

【相关链接】

在设计草图画面上常常会出现文字的注释、尺寸的标定、材料的选择、颜色的推敲、结构的展示等，这种理解和推敲的过程是设计草图的主要功能。从草图的功能上可以分为记录草图和思考草图。

记录草图是作为设计师记录、收集、构思、思考、优化、整理用的，展示设计的草图一般要做到以下几点。

（1）准确。严谨表达出设计师的想法是草图表现最基本的要求。

（2）生动。在表达上要有层次、有节奏，能感染观众。

（3）有细节。在局部需特别强调的地方应给予充分的说明。

思考草图是设计师进行交流，推敲形态、空间、结构的表达工具，并把推敲的过程表达出来，以便对设计师的方案再推敲、再深入，这类草图在优化设计中有着重要的作用。此类草图有以下特征：

（1）思考性强。这类草图偏向思考的过程，一个形态的过渡、结构的设计往往需要一系列的构思和推敲，而这种推敲靠抽象的思维是远远不够的，需通过一系列的画面辅助思考。

（2）多角度。设计草图无论在尺度上还是在方法上都是多种多样的，往往一个画面中既有透视图，又有平视图、剖析图。此外，必要的细部图甚至结构图也是画面的重点。

（3）有层次。画面感要强，重点突出，每个画面应主次分明。主要部分应在视觉中心详尽地表达，辅助部分应以它为主，不可抢眼，并灵活地表现，说明问题。

2. 集中方案评估

方案评估的基本手段在最初时往往是大量的草图，尤其是思考类的草图凝聚着设计师对方案的理解和认识，从草图中可以发现设计师思考的过程和创意。同时，委托方可以通过草图和设计师充分地沟通和互动，提出对方案的建议和改进的方向，使方案在评估的过程中得以明确。在评估过程中，应注意以下原则：安全性、创造性、经济性和人机因素。

（七）明确设计方案，深入优化设计

明确方案后，设计师可以在较小的范围内将一些概念进一步深化、发展。可以通过草图细分，对某些细部单独做多项设计，也可根据某项要求做多种设计方案，或在原方案的基础上优化改良。

（八）提交效果展示，制作三维草模

在设计范围基本确认以后，用较为正式的设计效果给予表达，目的是直观地表现设计结果。效果图是快速表达方案近乎真实、实际的一种方法，展示设计效果图一般有以下三种。

1. 方案效果图

以启发、诱导设计为主，以提供交流、研讨方案为目的，此时的设计方案尚未成熟，还有待推敲、比较、整合。

2. 展示效果图

这类效果图表现的设计已经成熟、完整。图纸的目的大多数是向客户提供审批的方案，作为施工的依据，同时也可以作为客户的形象推广、介绍、宣传。这类效果图对画面的可视性要求很高，对细节的表现、材质的表现、环境的表现、尺度的表达要求严格，要求做到真实、感染力强。

3. 三视效果图

这类效果图直接利用三视图体现，可直观地反映不同立面的形态，便于施工、审核，通常和透视效果图并用。

三维草模是在方案的基础上进行立体表现的一种方法，通常按比例、尺度制作，制作的材料可根据具体设计筛选。

（九）集中方案评估，人机色彩分析

在这一阶段，效果图和草模具备了初步评估的条件，这一阶段的评估重点在于设计的形态、材料的合理性、空间尺度的科学性。在这一基础上，需对人机、色彩设计在实施中的应用予以考虑。

（十）确定设计材料，方案进行评估

二次评估后，材料的选择是体现设计和施工开始前预算必不可少的重要步骤。材料的选择需考虑以下因素：材料对设计方案的形态和结构产生多大程度的影响、设计提出的功能和结构的技术型材料能否满足、有无制造上的问题、制造成本、安全上有无隐患。

考虑设计方案时，功能和材料的问题不容忽视，通常展示的功能和材料直接影响到设计方案。这就要求设计师重视材料的性能、加工工艺、成本的性价比等因素，在施工方面反复考虑，寻求最佳的材料。

（十一）修改设计细节，确认设计方案

细节体现设计的品质，主要体现在两方面：设计细节和施工细节。对人、展示、展示环境三者在功能设计上注重人性化、细节化，提升设计的品质；对方案的施工在设计

执行阶段严格把关，也会极大提升设计的品质。

（十二）绘制展示制图，模型沙盘展示

设计方案最终确定后，就可进入设计制图阶段。设计制图包括三视图、施工图等，图的制作要严格按照国家标准执行。以上步骤都完成之后，即可提交设计方案。

二、展示空间的分类及设计准则

（一）展示空间的分类

1. 大众空间

大众空间也可称为共享空间，是供大众使用和活动的区域。大众空间应足够大，以便人们进行交流而不影响其他参观者，还应当有提供资讯、餐饮、休息的地方。

2. 信息空间

这是事实上的展示空间，是陈列展品、模型、图片、音像、展示柜、展板、展架、展台等物品的地方。展厅是实现展示功能的场所，处理好展品与人、人与人、人与空间的关系是十分重要的。

3. 辅助功能空间

这种空间是指参观者看不到、摸不到的地方，具体又分为以下三个方面。

（1）储藏空间。许多临时性的展示活动都发放一些小册子、样本和样品让参观者带走，考虑它们的储藏空间是很重要的。

（2）工作人员空间。很多展示会都设有为管理人员准备的小房间，他们可以在这里放松一下。这个空间的大小没有关系，但是绝对不可以缺少。总的要求是区位要合理，出入口要隐蔽。

（3）接待空间。这个特别的空间为接待一些很重要的参观者而设，在这里提供一些饮料或者放映一些录像片等，为商业客户服务。在正规的博物馆里，这一部分往往作为展示建筑功能的一部分而固定 。但是在大多数临时性展示会，特别是经贸展示会，一般需要临时搭建。被用作接待贵宾和贸易洽谈之处，常被安排在信息空间的结尾处，用与展示活动相统一的道具搭建，要求与展厅风格和谐统一。

（二）展示设计的准则

1. 空间配置与场地分配

空间配置与场地分配是具体设计实践首先遇到的问题。通常展会按照展品的内容进行场地划分，在空间配置上同一场馆也会根据特性和标准展的空间安排划分。例如，第七届上海国际工业技术博览会分为 7 个馆，每个馆都有不同的主题。在每个馆中又根据内容分割成不同大小的空间、交叉空间、共通空间、相邻空间、分离空间。

2. 动线与时序

所谓动线，就是观众在展示空间中的运行轨迹。而时序则是总的动线，即决定经过各大展示空间时间顺序的线路。观众空间移动的前后次序的经验可当作时序空间关系的基础，体验展示空间的前后次序，是从展示建筑物入口之前开始的。无论是博物馆还是展览馆，一般是按照动线去组织展示空间的。依据有三点：一是根据展品内容相关性；二是尊重展示建筑的空间关系并尽量与之保持和谐；三是空间配置、动线计划、平面规划、空间构成在操作时间上是分不开的，应同时考虑一并处理。动线计划的要求也有三项：一是明确顺序性，二是短而便捷，三是灵活性。

由点产生动线，在动线的构成中，有端点和节点之分。所谓端点，即出口、入口之处；所谓节点，即观众移动中需做选择、判断的分歧路径的连接处。围绕端点或者节点去安排动线，会有很多变化，会产生很多动线造型，如放射状等。

三、展示照明设计

（一）照明方式

对现代展览而言，照明设计的重要性不言而喻。与传统的博物馆、展览馆相比，现代展览不仅仅依靠预留的天窗和自然光取得照明，人工照明占据了重要的位置。光的运用，同展位形态两者虚实交互，形成了很好的视觉效果。在照明方式上，通常分为自然照明和人工照明。

（二）照明类型

1. 基础照明

指整个场所的全面基本的照明，包括公用空间、走廊、通道、休息室等。其特点是光线均匀，注重整体空间的照明。

2. 局部照明

目的在于突出重点展品或展位，照明方式灵活、便利、可移动，便于调整位置，在特展、博物馆、画廊等展示空间环境中被广泛采用。其特点是局部亮度和光影效果能很好地表现细节，光的方向性强烈，体现出物品的空间感，突出展品的位置，引起人们注意。

3. 装饰照明

目的在于提升空间的层次感。合理的材料、形态、灯光的应用，使虚实空间完美结合，营造奇妙的氛围。

（三）照明设计的程序

第一，对展览的性质、展览的目标产品做出准确定位，根据展位所处的位置、环境提出相应的照明方案。

第二，对光位的设计，依据环境、明度、光色、光性进行设计。

第三，照明条件的评估。包括对空间的照明、动态路线的分析、照明分布的评估。

第四，照明手段和方法。包括照明器材的选定、展品照明、光源选择、相关配置。

第五，照明成本分析。计算光位、光数，以及展位灯光数的相关管理费用。

第六，施工。要安全、可调整、能够控制。

四、展示道具设计

展示道具在现代展示展览中扮演着重要角色，是现代材料、工艺、技术的集中体现。科学地利用展示道具进行展位的搭建可快速完成既定目标；反之，如因设计师对道具没有直接的认知，可能会在施工中遇到麻烦。因此，道具设计应引起足够的重视。

现代道具设计应遵循安全、模块化和经济性的原则。由于展览的短期性、临时性，而道具的制作在经济上的投入又比较可观，所以按照标准化、通用化、互换性强、可重复利用的原则进行道具的设计开发是努力的方向。这样的道具不仅美观耐用，而且易保存、易运输。

第三节　展会品牌策划

一、展会品牌理论

品牌既是办展机构的一面旗帜，也是展会竞争优势的重要来源，品牌展会正受到越来越多的重视。

（一）展会品牌与品牌展会

展会品牌是使一个展会与其他展会相区别的某种特定的标志，它通常是由某种名称、图案、记号、其他识别符号或设计及其组合构成的。一个展会经过营造，具有自己品牌的定位、内容、优势与个性，得到目标受众的一致认可，那就成为品牌展会了。

所谓品牌展会是指具有一定规模，能代表这个行业内的发展动态，反映这个行业发展趋势，对该行业有指导意义并具有较强影响力的展览会。

（二）展会品牌形象

展会品牌形象是指参展商和观众所得到和理解的有关展览会品牌的全部信息的总和。展会品牌所包含的各种信息经过参展商和观众的感知、体验和选择，形成了展会在他们心目中的品牌形象。可见，展会品牌是展会品牌形象的基础，展会品牌形象是对展会品牌的诠释，是对展会品牌意义的体验，是对展会品牌符号的理解。展会品牌的有形展示主要集中在品牌名称、展会 Logo 和标识语三方面，它们是一个有机整体。

二、建立品牌展会的要素

品牌展会具有超常的价值，拥有品牌展览会是一个展览企业赖以生存和发展的根本。有没有品牌展，有多少品牌展，是衡量一个城市展览水平高低的标志之一。建立品牌展会的要素有以下几点。

（一）坚持长期的品牌战略

有代表性的展览并非短期行为，培育一个品牌展览会并不容易，不能期望通过办一两次展览会就达到目的。要建立一个品牌展览会需要十年、二十年，乃至更长的时间，品牌展会不能只追求短期经济效益，而应在知识、经验、能力、社会资源诸多方面逐步积累，形成长期稳定的增长。展览公司必须有长远眼光，敢于投资，敢于承担风险，耐心培育。

（二）代表行业的发展方向

代表行业的发展方向是品牌化的重要标志，它体现展会的专业性和前瞻性。能代表行业的发展方向的展览会就会有明确的目标市场和目标客户，就能提供几乎涵盖整个专业市场的所有信息，而展会提供的信息越全面、越专业，观众就越积极，参展企业也就越踊跃。

（三）权威协会与代表企业的支持

国际上，政府一般不干预企业办展，展览会成功与否主要取决于行业协会和行业内主要企业的支持合作。权威行业协会的参与，能增加展会的声誉和可信度，对整个展览会的招展、宣传和组织也会带来很大好处。

（四）引进现代的管理经验

会展业主要向国际市场开拓，在管理方面就要积极吸取国外的先进管理经验。在引进国外先进经验的时候，应该考虑实用性、可持续性和可移植性。工程技术和自然科学可以说是没有国界的，但管理科学仍有特殊性，要考虑我国特色和时代发展。

（五）配合强势的媒体宣传

新闻媒体宣传是塑造品牌的一个重要环节。在国外，有些展览会即使已经很火爆，甚至展位已满，他们也会继续宣传，强化品牌。如德国慕尼黑的许多大型展览会的组织者，他们不断在世界各地进行宣传，吸引参展商和专业观众。对于参展潜力比较大的国家，都专门派代表前去宣传，介绍相关展览。很多宣传资料都是一本小册子或一本书，内容包括历年展会回顾，介绍整个欧洲甚至世界某一行业的发展趋势与动态。不少展览企业有自己的网站，有的还经营商业出版社，为品牌做宣传。

三、建立品牌展会的途径

（一）自我培育

选择能代表某一行业先进水平或某一领域发展方向的展览主题，精心培育，使之成为品牌展览会，如深圳高交会和珠海航空展。

（二）走联合之路

品牌战的一大特征是规模，它要求尽量把同类的展览进行整合，实行同一主题或相关主题展会的联合。如北京的中国国际机床展览会等，由分散到联合，均被国际展览联盟认可，这些展会无论在国际化、专业化还是品牌化方面都已崭露头角。

（三）品牌移植

我国展览事业发展时间不长，品牌展览并不多。我国加入世界贸易组织后，国际知名展览公司进入国内市场是必然趋势，将国际知名的展览会办到国内来，借帆出海，不失为国内展会品牌化的一种方法。如中国国际展览中心的“世界计算机展览会”，就引入了美国在其行业中影响和水平最高的展览会，形成了一定的品牌效应。

四、建立品牌展会的基本策略

（一）制定品牌发展战略

建立品牌展会，最重要的一点是展会的经营者与管理者要有牢固的品牌观念，要制定长期的品牌发展战略。其中，制定相关的措施、法规，提高会展市场的规范化水平十分重要。欧美国家会展业的规范化发展离不开政府和行业协会，尤其是行业协会起着突出的作用。举办会展，国际上通行的是备案规则，主办者提出申请，在展览协会备案即可。我国目前尚没有统一的展览管理部门和行业自律组织，有关展会的各项规范化程度比较低，因而，借鉴国外经验，应尽快制定相关的法律法规，组建全国性的行业协会，充分行使行业协会“服务、代表、协调、自律”的职能，为展会的品牌建设铺平道路。

（二）走专业化、集团化发展之路

目前我国会展企业的基本特点是规模较小，专业性不强，这对引进高科技手段和修建先进的场馆设施是一个阻碍，因而造成组展范围受限，办展质量不高，竞争力和市场占有率较低。经济全球化对会展产业的发展模式，特别是管理模式提出了更高的要求。从会展经济发达的国家来看，越来越多的行业协会开始寻求与专业公司合作，有的甚至把展会业完全移交给专业的展览公司，专业化程度越来越高。

随着我国加入世界贸易组织和对外开放的进一步扩大，会展企业面临的国内外市场竞争日益激烈，集中力量发展大型会展企业集团，对推进会展业改革和促进展会品牌化具有重要意义。我国会展企业应采取诸如资金重组、上市经营、参股控股、兼并收购等多样化的资本经营战略，跳出仅靠内部积累成长的圈子，实现快速扩张，成就我国的展会品牌。

（三）加快国际化进程

展会的国际化是建立品牌展会的重要保证。例如，在国际展会界，国际展览联盟（UFI）资格认证与“UFI”使用标记就成为名牌展览会的重要标志。

展会的国际化主要表现在两个方面：一是展会的国际化程度，即展会、展商的国际化；二是展会运作的国际化。按国际认证的标准，在商业展览会中，要有20%以上的展出者、观众来自国外，广告宣传费要有20%以上用在国外。因此，招展、招商的国际化是展会组织者需要精心策划的问题。在展会运作国际化方面，展览主体的出售与收购以及通过展览企业的合作共同开拓展览市场是一种趋势。我国加入世界贸易组织后，国际展览公司进入中国市场，这种国际化的运作方式将会得到加强。

（四）提升经营服务理念

要建立品牌展会，提升会展企业的经营服务理念是一项根本性的基础工作，展览服务是否专业化也是品牌展会的另一个标志。根据客户的需求量体裁衣是服务营销的最高境界。专业的展会服务包括展览公司的整个运作过程，从市场调研、主体立项、营销手段、观众组织、会议安排和展览现场服务的迅速高效直到展后的后续跟踪服务，服务的内容应有尽有。对会展企业来说，不仅要转变经营观念，而且要树立明确的企业服务目标，将企业所提供的服务组合起来形成独特的“产品”，运用到服务的每一个环节中去。

（五）打造网络品牌

互联网为展会提供了附加值，延长了展会的生命，使人们在展前展后都可以对展会进行研究。互联网使得展会的组织者能够向观众提供所需要的各个阶段不同的信息，向观众进行互动式的宣传。目前在国际上，网上会展成为新亮点。它将传统的商务流程电子化、数字化，以电子流代替了物流，大大减少了人力、物力，降低了成本，提高了效率。网展将组织者、参加者和观众通过网络联系起来，摆脱了时空限制，为会展带来了更大的发展空间。我国的会展业应该充分利用网络的信息资源优势，在现实世界之外打造知名的中国会展网络品牌。

【复习思考题】

1. 简述会展设计立体策划的概念、特点、方法。
2. 简述展示设计的流程。
3. 简述建立品牌展会的要素和途径。
4. 简述建立品牌展会的基本策略。

【案例分析】

中国国际工业设计博览会

2023 年 11 月 30 日至 12 月 2 日，第六届中国国际工业设计博览会在武汉国际博览中心举办，成为展示中国工业设计力量的重要窗口，也是世界工业设计交流合作平台。

博览会规模为 2 万平方米，展区设置地方展区：展示能够体现各地工业设计发展水平的优秀工业设计企业和作品，包括国家级和省市级工业设计中心，重点包括装备制造行业、电子信息行业、消费品行业等相关行业，展示以实物为主，模型、影视、图片文字相结合，适当增加体验和互动环节，提升观众的观展感受。国际展区：展示“一带一路”、金砖国家、欧盟、东盟、上合组织等相关成员国的优秀企业、高校、行业协会以及中国香港、中国澳门、中国台湾地区设计企业的优秀工业设计产品（作品）；世界绿色设计组织、国际青年绿色设计创新联盟等相关国际组织的优秀工业设计产品（作品）；国际知名设计大奖的获奖作品；国际知名设计师的优秀工业设计产品（作品）。武汉创新设计专题展区：展示武汉创新设计产品和设计服务能力，包括现代时尚消费区、系统解决方案区、工业设计中心区。其中，现代时尚消费区重点展示武汉服装设计的数字化、定制化、柔性化趋势；系统解决方案区围绕集成设计、并行设计、生态设计等，重点展示供应链设计、数字化设计、先进工艺流程、系统集成、运维管理等一揽子服务方案；工业设计中心区重点展示武汉市国家级、省级、市级工业设计中心，以及国家工业设计研究院培育对象的创新设计产品和理念。未来创意概念设计展区：展示未来汽车多感官交互设计系统、多场景应用模式及未来出行方式；智能化创意设计产品；数字化智能交互产品；智能家居、智慧教育等智慧场景及产品；智能可穿戴产品；国内外优秀工业设计企业、工业设计机构的优秀工业设计创意概念产品。青年创意设计师展区：展示国内外知名青年设计师以及设计企业优秀青年设计师的创意设计产品（作品）。

本届博览会主要体现以下几个特点：一是展会规模大。目前招展工作已基本结束，全国 22 个省（自治区、直辖市、计划单列市、特别行政区）精心组织了本地优秀企业全部以特装形式参展，展览面积达 2 万平方米，参展企业超过 300 家，其中参展的国家级工业设计中心数量超过历届，是国内工业设计领域规模最大，参展企业数量最多、质量最高、全国参与范围最广的行业展览会。二是展区亮点多。新增了“未来创意概念设计展区”和“青年创意设计师展区”，前者重点展示智能化创意设计产品、数字化智能交互产品，以及智能家居、智慧教育等多场景的设计产品；后者更加突出展示国内外知名青年设计师以及设计企业优秀青年设计师的前沿性、创新性设计产品。三是办展国际化。国际展区汇聚了众多国家的最新设计产品，美国、德国、俄罗斯、黎巴嫩、土耳其、埃及、印度尼西亚、蒙古等国企业均到场参展。观众可以欣赏到来自全球各地的优秀工业设计作品，并可以与国际设计师和生产制造商进行交流对接合作。

博览会上，一批工业设计创新成果集中发布。中船邮轮展台的国产首艘大型邮轮“爱达·魔都”号，经过 8 年科研攻关、5 年设计建造成功；中车株洲电力机车的 200km/h 双层动车组，是国内首款完全自主研发设计，同时满足欧盟互联互通标准（TSI）和德国等五个欧洲国家法律法规的动车组产品；武汉 D+M 工业设计小镇设计的舱盖帆船，填补了国内 3.8 米中小型帆船的工业设计空白。博览会主论坛上，发布了新一批国家级工业设计中心名单并授牌，并发出“中国工业设计青年 100 人论坛倡议”；设计师之夜作为中国工业设计界精英齐聚、分享灵感与实践的品牌活动，呈现出精彩炫酷的演出和前沿设计理念，现场发布一批博览会优秀作品。

分析题：创意会展设计的重要性。

第七章

会展相关活动策划

本章导读

本章围绕会展相关活动的策划展开。现代展会主要有产品展示、商贸洽谈、信息传播和企业宣传四大基本功能，处于不同发展阶段的展会，功能重点也有所不同。主办方及参展商为了在有限时间内获得最大的价值回报，增强会展竞争力，会在展会举办期间组织各种相关活动，这种相关活动的组织已成为会展不可缺少的组成部分。会展相关活动主要有会议、表演、比赛与其他相关活动。展会的目标和理念决定了相关活动的策划方案，而相关活动策划的成功与否直接关系到招展招商工作，甚至决定了会展活动的成败。

【学习目标】

1. 了解会展相关活动策划包含的内容。
2. 掌握会展相关活动策划的原则和流程。
3. 确举办会展相关活动的作用。
4. 培养学生根据展会的主题和目标进行相关活动策划的能力。

【导入案例】

2024年宝山科技节缤纷活动

六一儿童节前，2024年宝山科技节盛大启幕！这里汇聚了前沿科技展示、亲子科普互动、创新人才培养等多彩活动，开启了一场科技与梦想的奇妙之旅。让我们一起走进这份精心策划的科技节活动策划，感受相关活动策划的重要性。

1. 未来大学·好奇喵·宝山社区科普文化活动

“我有一个好问题·暑假科学营”“未来大学”是上海市宝山区科委（协）持续推进的青少年科普项目，围绕“提出元问题、对话大学者、开放大学堂、探究新知识”的理念，以“我有一个好问题”为主题形式，邀请科学家和科普大咖与少年儿童面对面讨论科学话题。自 2021 年下半年启动以来，“未来大学”科学传播项目已经围绕樱花、星座、深海、人工智能、恐龙等主题，开展了数期高品质的活动，收集到 1600 多个少年儿童的好奇之问，由科普大咖对其中的代表性问题一一作答，与孩子们热烈互动，超过 6 万人观看了直播。

“未来大学”联合“好奇喵”邀请宝山 12 个街镇的孩子发起好奇之问，于 2024 年暑假期间以线下形式推出“我有一个好问题·暑假科学营”活动，以进社区的方式和孩子们开始一个个面对面的科普互动问答。

2. 探索世界·玩转暑期

活动时间：2024 年 7—8 月。

活动时长：60 分钟 / 次。

活动受众：所在社区 4~10 岁少年儿童及家长。

通过开展“生命健康”“自然世界”“物质世界”“演化之谜”“宇宙探秘”等主题趣味科学互动问答活动，全方位带领孩子们从身边世界探索开始，逐步扩大到广阔无垠的宇宙空间，培养他们的科学探索精神和团队协作能力。

3. “星际梦想局”沉浸式航天主题 XR 展亚洲首秀

“星际梦想局”——航天主题 XR 展首秀落地上海，在 1000m² 的超大空间里，亲身体验一场宇宙太空冒险之旅。无论是怀有航天科技梦想的小朋友，还是依旧保有热情激情的大朋友，都能在这里共筑“科幻之下，现实顶端”的星际梦想局，参与秘密基地建设，完成队长交付的主线任务，体验航天的超真实模拟之旅。

与目前市面上的 VR 或 AR 不同，“星际梦想局”应用的是 MR 混合现实技术，通过精准的空间定位，实时计算，多人互动，虚实结合，通过可穿戴设备，带给你深度沉浸。

6 月 1 日，这场航天主题 XR 亚洲首展在上海宝地滨江航空航天科普研学基地揭幕，全过程体验约 45 分钟，但给你带来的震撼绝对是持久的、深入人心的，还想再来一遍的！

（资料来源：东方网纵向新闻）

请思考：分析此案例中，宝山科技节组织的一系列相关活动有什么作用？

第一节　会展相关活动概述

一、会展相关活动的概念及内容

会展相关活动是指在会展活动期间，为营造会展现场气氛、吸引参展企业和观众或丰富会展功能而举办的各种活动。这些活动和会展融为一体，成为整个会展的重要组成部分。会展相关活动既可以是办展机构主办的，也可以是参展企业或其他相关单位主办的。

近年来，随着我国市场化进程的加快，作为服务经济的会展业，为中国企业进入国际市场以及国际企业进入中国市场起到了重要的作用。2004 年随着国际展览企业的进入，我国的会展业也有了很大的发展，与世界其他会展业发达的国家之间的距离在逐渐缩短，会展相关活动也变得越来越丰富多彩和新颖。会展相关活动的常见内容主要有以下几个方面。

（一）会议

会议是会展活动中最常见的相关活动，现代会展越来越重视展览和会议的结合，重视“以会带展，以展带会”。在展览期间，往往会同期举办各种与展览相关的会议，邀请一些权威人士，如相关领域的专家、学者，企业和政府官员参加。展览同期的会议活动可以起到交流行业信息、传播新技术、介绍新项目、提倡新理念和新思维的作用，同时可以取得丰富会展内容、提高会展活动专业性的效果。

【案例】

第 8 届中国—南亚博览会暨第 28 届中国昆明进出口商品交易会

2024 年 7 月 23 日至 28 日，以“团结协作 共谋发展”为主题的第 8 届中国—南亚博览会暨第 28 届中国昆明进出口商品交易会（下称“南博会”）在昆明举办，共有 82 个国家、地区和国际组织参会，进馆参展企业 2000 多家。

自 2013 年，南博会永久落户云南昆明，开始肩负着全面推动中国和南亚关系的重大历史使命。11 年来，南博会已成功举办 8 届，累计服务国内外 18000 余家企业参展，吸引超过 400 万人次入场参观，外贸成交额累计超过 1000 亿美元，促成 3000 多个项目签约落地。从昆交会到南博会，从单一进口商品交易会向国家级综合性博览会转变，云南扩大开放的步伐越迈越大，城市的国际影响力、美誉度持续提升。

本届南博会设南亚馆 2 个，充分展示印度、巴基斯坦、尼泊尔、斯里兰卡、孟加拉国、阿富汗、不丹和马尔代夫 8 个南亚国家的文化和特色。两馆分别设展位 388 个，展位数共计 776 个，各国展区均设 36 平方米国家形象展示区，展示南亚各国丰富多样的文化和产品，市民不出国即可“逛南亚”。

本届南博会举办了丰富的相关活动：南博美食荟、南亚商品（茶叶）节、2024（昆明）联合国绿色低碳产品采购交流会、中国与南亚国家官产学研对接活动、“一带一路”青少年创客营、“两亚”数字合作倡议协商对接会、驻华使节直播活动、“投资云南”产业专题投资洽谈对接活动、采购对接会、2024 年云南省“彩云购物节”。

为突出南博会的专业属性，本届南博会还首次设立贸易无忧平台，分设综合服务区、交互查询区、业务洽谈区、推介签约区 4 个区域，云南商务、海关、税务等涉外行政部门，以及贸易代理、报关报检、国际物流、跨境金融、出口信保等 13 家本土专业机构入驻，为南博会各参与主体以及有关经贸往来提供“一站式”全流程进出口贸易服务，解决贸易后顾之忧。

如今，南博会极大地促进了对外交通、外贸经济、对外交流等多方面的发展，已经成为我国与南亚、东南亚国家合作交流的一座七彩之桥，

（资料来源：云南政务网）

思考题：上述案例中，有哪些相关活动，这些活动起到什么作用？

1. 洽谈会

常见的洽谈会形式有投资洽谈会、技术洽谈会、金融洽谈会、人才洽谈会、劳务洽谈会、商品对接会、商贸配对会等。洽谈会的本义是指集中时间和地点举行的各类谈判活动。在今天，洽谈会是指有招商方、投资方、参展方、洽谈方等具有合作意向的政府机构、企业、民间组织以及个人参加的，在投资、贸易、人才、劳务、技术、文化等方面商谈和签订交流、合作项目的会展相关活动。洽谈会涉及的内容广泛，不仅可以洽谈商品买卖，而且可以进行招商引资、人才招聘、文化交流等活动。

2. 论坛

论坛是近年来出现的新的会议名称，是以促进对话、交流与合作为宗旨的会议活动。论坛的概念包含两种不同含义：一种是指可以自由发表各种观点、意见的讲坛，也就是我们平时所说的研讨会，展览会期间组织的论坛多属于此性质；另一种是指按一定的宗旨和一定的形式建立、以举行论坛为主要活动方式的会议组织，如亚欧论坛、博鳌论坛等。这类组织有章程、有固定的会员、有常设机构，定期举行会员大会以及各种研讨和培训、考察活动，性质有官方的，也有民间的和半官方、半民间的。论坛的特点是反复深入的讨论，一般由小组组长或演讲者来主持。它可以有许多的听众参与，并可由专门小组成员与听众就问题的各方面发表意见和看法，两个或更多的演讲者对听众发表讲演，允许听众提问。论坛的内容通常具有前瞻性，反映行业发展趋势和行业焦点，将

热点问题放到论坛上进行讨论、沟通以寻求共识。论坛的参与主体是专家学者、企业高层或政府官员；听众的构成则较为广泛，听众可在论坛上进行提问，充分参与会议的议程。

3. 研讨会、专家讨论会

研讨会、专家研讨会通常在主持人的主持下进行。研讨会通常由行业或专业人士参加，可以平等地就某一行业领域或某一具体主题交换意见、分享知识和经验。这类会议一般在相对小范围内进行，规模较小，与会者人数一般在50~200人，也可小于50人，可采取圆桌会议的形式，便于公平交流。专家研讨会是由行业领域的专家群体针对某一主题展开公平、公开的讨论，进行观念的交流分享，并商议对策和形成相关决定的一种会议形式，是研讨会的一种。当规模变大时，就演变成了论坛。

4. 座谈会、专题讨论会

座谈会是在主持人主持下进行的一种与会者自由平等发表意见、交流切磋的小型围坐式会议，气氛轻松，也称圆桌会议。

专题讨论会指为处理专门问题或特殊分配任务而进行的小组会议，与会者就某一议题进行学习和讨论、分享知识、技能和对问题的看法。

座谈会及专题讨论会的特点有以下几方面：

（1）用途广泛，就某一主题如咨询论证、征求意见、调查情况、纪念悼念、学习取经、交流总结、庆祝表彰等展开座谈或专题讨论，对内对外均可举行。

（2）规模较小，座谈会或专题讨论会中每个与会者都有机会发言，因此规模较小，一般为十几人或几十人，特殊情况也至多上百人。

（3）形式简便、气氛轻松，座谈会或专题讨论会的形式十分简便，大多采取围坐的形式，除主持人外，一般不安排座次，随意就座，其目的就是营造一种非常轻松、自然、平等的气氛。

5. 年会

年会是某些社会团体或企业周期性地就某一特定主题而聚会，主要目的是总结一年成绩、部署战略、制定目标、激扬士气、表彰先进，再加上聚餐、娱乐等活动，目的是奏响新年度的工作序曲。

年会可单独召开，也可在展览会期间举行。多数年会是周期性的，最常见的周期是一年一次，通常包括一次全体会议和几个小组会议。参加年会全体会议的人员通常比较多，一般要租用大型宴会厅或者会议厅。小组会议上讨论的是具体问题，所租用的是小会议室。

6. 发布会

发布会是特定组织通过会议的方式向社会传达信息、与公众进行沟通的公关手段。任何一个组织之所以举行发布会，其根本目的就在于通过适当的传播渠道和方式直接与媒体和公众或者通过媒体向公众进行有效的沟通，以达到宣传方针政策、发布规章制度、传达意图、澄清事实、解释立场、纠正谬误、检讨失职、回答质询、介绍和推广产品与技术等目的。因此，就特定组织而言，发布会是其公共关系日常事务中的重要组成部分。

发布会的主要形式如下：

（1）新闻发布会。新闻发布会可通报会展进展、成果等情况，可单向发布信息。主要的参与者为媒体记者和一般公众，可不设主持人，有时也可安排提问。

（2）记者招待会。记者招待会是由政府、企业等机构举办的一种信息发布活动，主要目的是向社会公众发布信息，并公开回答媒体记者的提问。参加人员主要由信息发布方的专职负责人和媒体记者组成，一般设主持人，以回答提问为主。

（3）情况通报会。情况通报会是以介绍、说明某项事件或会展工作进展情况为主要内容的发布会，发布形式可单向也可双向，是新闻发布会的一种具体类型。

（4）技术、产品推介会。技术、产品推介会又称技术发布会、产品发布会，即以介绍和推广某项技术或产品为主题的专题发布会。参会对象主要是相关的用户，也会邀请媒体记者参加。

【案例】

宁夏首届动漫文化博览会："文旅+动漫"融合

2024年7月20日至21日，宁夏首届动漫文化博览会暨A卡动漫节在银川国际会展中心盛大举行。此次展会由宁夏艾卡次元文化传媒有限公司承办。

展会通过景区参展、多维宣传、大咖邀请、宅舞表演、国潮国风、经典动漫IP现场还原和汉服卡牌大赛等多种形式，吸引了大批参与者。宅舞表演活力四射、激情洋溢；汉服卡牌大赛完美展示了传统文化与现代动漫元素的巧妙融合；国潮国风汉服表演为人们带来了视觉享受与文化熏陶。

这次跨界融合的展会意义深远，推动了动漫游戏和文化旅游产业的协同发展，实现了共促共赢。

（资料来源：中国记录者网）

思考题：本次展会相关活动的组织者有何不同？跨界融合的展会题材应该如何选择？

（二）表演

各种表演是会展期间十分常见的活动，可根据表演活动的实际策划、形式的不同，具体进行分类。

1. 根据表演活动的组织者不同来分类

（1）办展机构组织的表演。由办展机构牵头举办的表演通常与会展在同一个地方举行，目的是将表演和会展融为一体，借表演扩大会展的影响和吸引观众。办展机构组织的表演活动一般可以结合展会的主题、题材所在行业和举办地特点进行策划设计，如深圳茶会上的“禅·茶·音乐”表演。

（2）参展企业组织的表演。由参展企业牵头举办的表演，其举办场地可以按企业的需要自由安排，但从实际操作看，多数参展企业倾向于把表演安排在会展现场，具体形式如操作、示范、文艺表演等。对参展企业在会展现场举办的表演活动，办展机构一般都要求他们事先向组委会通报审查，由会展组委会综合各企业的活动计划时间安排，对各企业计划举办的表演活动从时间上加以统筹安排，以免在举办时间上彼此冲突而影响到其他参展企业的展出效果。如某航空航天展上，由于某参展企业展位设置在 VIP 入口位置，于是制作了动态沙盘在现场演示，吸引了大批观众驻足观看，堵塞了通道，不仅影响了其他参展企业的展出效果，同时影响了其他观众的正常参观，导致后来的组委会不得不对该参展企业的表演活动进行调整。

（3）联合举办的表演。办展机构和参展企业联合举办的表演，其活动地点由组织者双方来决定。另外，有些行业协会和政府主管部门也会利用会展的影响，与办展机构合作在会展期间举办一些表演活动。

2. 根据表演活动的目的不同来分类

（1）文艺性表演活动。这类表演活动基本上是为了活跃会展气氛和扩大会展影响才举办的。如在开幕晚宴或闭幕答谢晚宴上会策划举办一些文艺表演助兴，或是在展览期间策划举办有著名歌星或影视明星参加的文艺晚会。

（2）营销性表演活动。这类表演活动多是为了帮助产品营销和提升企业形象而举办的，并且举办者多为参展企业。营销性表演活动在内容和形式上可以灵活选择，如文艺表演、互动节目、产品演示等，但表演的内容必须与参展企业的产品密切相关，以达到宣传产品和提升形象的目的。如车展上专业车手的车辆特技表演，淋漓尽致地展示汽车变速箱、底盘系统和操控性能的优势；特技表演人员寓教于乐地边表演边进行产品特点讲解，也起到了宣传汽车品牌的目的。又如酒博会中某酒厂组织的调酒表演同样达到了营销的目的。

（3）程序性表演活动。程序性表演活动多依照行业惯例按行业程序举办，应与会展题材所在行业相吻合。如服装节，一般都有服装展示与表演。

3. 根据表演活动与展品的关联程度来分类

（1）与展品有关的表演。这种表演环节的设置主要是为了介绍展品的功能、特点，采用操作、示范等形式，让观众能够对展品有更深入的了解，激发其参观、购买的兴趣。

（2）与展品无关的表演。这种表演环节的设置主要是为了营造良好的展出氛围、塑造参展商形象、吸引观众参观，主要形式有娱乐表演、文艺表演等。

（三）比赛

展览使某个行业的相关企业齐集一堂，同时引起众多的观众形成大量的人群聚集，在此期间举办一些比赛活动效果显著，不但可以活跃会场气氛而且可以吸引潜在观众。在会展期间举办的比赛活动有两种：一种是以大众观赏性为主要目的的比赛活动，基本是在会展现场举办；另一种是以行业为特征的专业性的比赛活动，基本要开辟专门的场所和举办专门的活动。

【案例】

汽车工业展上的节油大赛

2024 年 5 月，汽车界再度掀起节油技术的热潮，备受瞩目的 2024 江铃福顺节油大赛在全国范围内如火如荼地进行着。节能减排已经成为当代汽车工业发展的重要趋势，而江铃福顺的这场大赛无疑是对其自身节油能力的一次集中展示。

参加比赛的车辆由各参展商提供，采用统一的汽油型号、润滑油型号。由规定地点出发，组委会全程跟踪。比赛按照发动机排气量进行分组，路线由组委会提前设计好。整个活动举办过程中，现场观众的参与热情极高，大大出乎主办方的预料。分析其原因，主要是因为国际原油价格飙升，各车主的燃油支出一涨再涨，于是都希望通过现场比赛来检验哪种类型的汽车更加经济实用或得知他人节油经验作为自己日后行车的参考，以达到节约开支的目的。这种与大众生活息息相关的比赛自然受到参与者的追捧。通过比赛，不仅使生产厂家宣传了自家产品，提高了展会的知名度，而且也有利于汽车产业的健康良性发展，使得普通消费者也能够根据自身的经济状况做出合理的购车选择。

（资料来源：中国会展网）

（四）其他相关活动

在会展期间，还会结合会展需要，本着为会展提供更好服务的目的而举办一些其他相关活动。如为与会人员家属安排的娱乐活动或节目、为带子女的参展商或观众而策划举办的托儿项目、项目招标活动、明星等公众人物与大众见面活动等。

二、会展相关活动策划的作用

会展主办方之所以在会展期间策划举办各种与会展相关的活动，是为了给办展单位、参展商、观众带来诸多实际利益，具体表现在以下几点。

（一）丰富会展的信息功能

会展现场是市场和行业信息的重要集散地，是一个名副其实的行业盛会，政府领导、行业人士与参展商、专业观众在这里云集，剖析国家政策、研究行业走势、共商问题对策、交流技术与信息等。很多观众参观会展主要是为了收集并了解行业的新产品、新技术、新能源、新材料等各种前沿的信息，与会展相关活动的举办能极大地丰富会展的信息功能。例如，在会展期间举办一些专业研讨会、技术交流会和行业会议，与会的专家、学者和行业专业人士能将大量的信息带给会场听众，信息传播作用非常明显。

（二）扩展会展的展示功能

会展活动是企业产品的重要展示平台，许多参展企业精心设计展位、精挑细选展品，主要目的是在会展上充分展示企业和产品的良好形象，树立和强化品牌。会展相关活动能很好地扩展这一功能，例如，在会展期间举办的产品展示会、操作示范、有关表演和比赛等，能使企业和产品的形象得到更好的展现，使观众对其产生更加深刻的印象。

（三）强化会展的发布功能

在会展活动中，行业人士空前聚集，信息传播很快，在此发布新技术、新信息、新产品影响更大，会展也因此成为许多企业发布新产品的一个重要场所。有些会展专门组织新产品发布会、技术推介会等，有时与表演和比赛等活动结合起来举办，以此来强化会展的发布功能。

（四）延伸会展的贸易功能

企业参展的主要目的是与客户达成贸易，而专业观众参观的主要目的则是为了寻找合适的供应商，因此会展活动也是个重要的贸易平台。会展相关活动还能延伸会展的贸易功能，如产品订货会、产品推介会、项目招标活动等。

（五）提升会展档次、扩大会展影响

现代会展活动中，行业信息高度集中，因此可以将会展活动看成一个丰富的商业平台。如果能够策划出精彩、恰当的会展活动，就能够进一步扩大会展的影响，还能极大地提升会展的档次。例如，行业会议、高水平的专业研讨会和技术交流会等的举办能极大地提升会展的号召力。

（六）活跃会展现场气氛，吸引更多的潜在参展企业和潜在观众

一些富于观赏性的相关活动以及一些大众参与性较强的相关活动能极大地调动现场观众的积极性，使会展现场气氛活跃，吸引观众驻足，为参展企业创造良好的现场氛围。而行业会议、项目招标、技术交流会等专业性较强的相关活动对吸引企业参展也有较大的帮助。

会展相关活动的举办是为会展服务的，不能脱离会展而存在，更不能为活动的举办而举办。如果会展相关活动策划和组织不当，它们不仅起不到上述积极作用，还会干扰会展的正常进行，浪费财力和物力。

第二节　会议的策划

展览期间的会议是会展相关活动的重要组成部分，它能给参展商和观众带来新的思维体验与新视野，丰富了会展的信息、发布、贸易等功能。有些会议在策划的内容、程序上有相同之处，因此本节针对论坛与发布会的策划做详细讲解。

一、论坛的策划

（一）确定论坛主题

1. 主题立意高远

对于专业性较强的展会，论坛具有较强的行业号召力和凝聚力，它的成功之处往往在于主题的立意高远，即具有前瞻性。立意高远不是指不切实际的好高骛远，而是要站在时代的高度，用科学发展观审视行业中急需解决的现实问题与行业的发展趋势，因此主题要体现行业或社会发展过程中出现的新问题、新情况、新发现、新成果、新思想和新方法。

【案例】

第三届“一带一路”国际合作高峰论坛

第三届“一带一路”国际合作高峰论坛（The third Belt and Road Forum for International Cooperation），于2023年10月17日至18日在北京举行。它是“一带一路”框架下最高规格的国际活动，主题为“高质量共建‘一带一路’，携手实现共同发展繁荣”。本届论坛不仅是纪念“一带一路”倡议提出10周年最隆重的活动，也是各方共

商高质量共建“一带一路”合作的重要平台。

中方将同共建“一带一路”各国加强能源、税收、金融、绿色发展、减灾、反腐败、智库、媒体、文化等领域的多边合作平台建设。继续举办“一带一路”国际合作高峰论坛，并成立高峰论坛秘书处。2023 年 10 月 18 日，第三届“一带一路”国际合作高峰论坛期间形成了 458 项成果。

本届高峰论坛充分展示了“一带一路”中国倡议、全球响应、世界共赢的鲜明特点，体现党的二十大以来全面推进中国特色大国外交的新进展，对外传递世界各国团结、合作、共赢的积极信号，为世界提供正能量、注入稳定性。

（资料来源：中国政府网）

2. 主题要与会展的总主题相协调

论坛作为与展览同期举办的活动，目的是以会促展，是展览的重要组成部分，其主题一定要与会展的总主题相协调，使之成为总主题的一个有机组成部分。

为了更好地确定论坛的主题，办展机构可以在征求相关政府主管部门、科研机构、专家、行业企业意见后确立主题，一个论坛只能有一个主题。

【案例】

2024 文化强国建设高峰论坛

2024 年 5 月 24 日，文化强国建设高峰论坛中，设有八场分论坛，在深圳国际会展中心同期举行。八场分论坛主题分别为：

1. 文化产业创新发展；
2. 数字时代出版人才发展；
3. 加强全媒体传播体系建设；
4. 电影业高质量发展；
5. 加强文化遗产的整体保护和活态传承；
6. 推动文化贸易高质量发展；
7. 繁荣文艺创作；
8. 人文湾区、机遇湾区。

众多专业人士、知名专家共思共论，探讨如何推动文化繁荣，凝聚推进文化强国建设的强大合力。

（资料来源：中国文化管理协会网）

3. 主题要有价值

主题要有的放矢，能够折射出行业发展中的热点和难点问题，不能远离现实。同时主题也必须是通过论坛能够切实解决的问题，因此论坛一般要邀请权威人士出席，使论坛的讨论内容能够具有一定的导向性，否则主题将不具有价值。

4. 主题能够引起关注

主题要新颖，选择行业中各企业共同关注的热点问题和急于解决的关键问题，这样才能引起关注，提高公众对论坛的认同感，有助于树立论坛的良好形象。如果论坛主题没有对论坛的潜在听众产生强大的号召力，不能被论坛潜在观众所接受和关注，论坛将名存实亡。

（二）确定论坛议题

议题是主题的具体化，没有具体的议题，仅有主题，任何会议都无法展开讨论。因此，主题应当统率议题，但主题也要通过议题变得更加具体化。议题应当紧紧围绕主题，具体表现主题的思想内涵，并具有明确的针对性和可讨论性。

【案例】

第十四届世界华人鱼虾营养学术研讨会的主题和议题

由中国水产学会水产动物营养与饲料专业委员会主办，广东海洋大学联合承办的第十四届世界华人鱼虾营养学术研讨会（简称“世华会”）于2023年11月7—10日在广东湛江举行。

“世华会”是世界华人水产动物营养与饲料学界的最大盛会，对我国水产动物营养学科以及水产饲料工业的发展起到了非常重要的支持和推动作用。自1992年由中山大学林鼎教授和台湾庄健隆博士等发起并在广州成功举办第一届以来，已成功举办了十三届，已经成为集中展示当今全球鱼虾营养与饲料领域科研成果的重要交流平台之一，受到全球学界与业界的高度关注。第十四届世华会一如既往地为学术界和企业界搭建相互交流的平台，加强产学研紧密结合，促进水产饲料产业的持续健康发展。

本次会议以“创新驱动，绿色引领，共谋高质量发展”为主题，坚持以水产业供给侧结构性改革为主线，在资源开发与可持续利用、饲料低碳技术与工艺、数智化管理与服务等领域开展创新性探讨，促进产业转型升级，推动水产饲料行业绿色高质量发展。在精心安排大会报告的同时，还将设立“研究生论坛”，届时国内外知名学者、著名饲料企业负责人、知名研发项目管理专家以及青年学子将就本领域理论研究及技术创新相关重大科学问题、技术难题和发展趋势展开交流和讨论。

本届“世华会”为与会者提供了一个启迪思想、展示成就、交流经验的舞台，让大家有充分的机会进行全方位的交流，分享彼此的科研成果，促进产学研紧密结合。大会精心安排了特邀报告9场，分会场口头报告158个，研究生论坛报告68个，墙报展示400篇，内容涵盖营养需求与生理代谢、营养与健康、营养与环境、饲料资源开发与应用、绿色添加剂研发与应用、饲料加工与精准投喂、饲料和水产品的品质与安全、营养大数据等专题，集中展示了当今全球鱼虾营养与饲料领域最新科研成果，规模创下了历史新高。

（资料来源：世界华人鱼虾营养学术研讨会官网）

1. 议题选择要能够提高论坛的效率

要提高论坛的效率，策划时要注意以下几点。

（1）迫切性。凡提交论坛讨论的议题必须是必要的而且是需要立即讨论的，如果让没有必要性的问题占据讨论的主要部分，就会分散与会者的精力，浪费会议的时间。

（2）适度性。一次论坛议题的数量要适度，避免因议题过多导致会议时间冗长，使会议效率下降。如果需讨论的议题确实较多，可采取分段开会的办法，以控制一次会议的议题数量。

（3）主次性。选择议题时要分清议题的主次轻重，明确中心议题或主要议题，以保证与会者能够把主要精力集中于最重要和最需要认真思考的问题上。判断议题主次轻重的标准主要是看其与中心工作的关系，凡是反映中心工作的议题，应当列为中心议题或主要议题。反过来说，明确中心议题或主要议题，实际上就是明确会议的主要目标和任务，就是抓住了工作中的重点和难点。

（4）充分性。议题准备一定要充分，在拟定议题的同时，还要提交相关的背景材料，有的还形成两个以上的备选方案，以便在讨论和决策时作为参考。这样既可以节省会议时间，也可以最大限度地提高会议的决策质量。

（5）集中性。对内容相关的议题要适当进行集中或归并讨论，避免或最大限度地减少重复讨论；反之，反复讨论将会使会议活动变得拖沓、没有效率，难以得到与会者的认同和好评。

2. 议题表述要准确

议题的表述要清楚准确，避免含混或产生歧义，这就要求在确定和撰写会议主题时，要对文字和语义进行推敲。如某次会议的议题是“组织青少年支援甘肃采集树种”，乍看议题，还以为是要组织青少年去甘肃帮助采集树种，后来才明白是讨论如何组织青少年就地采集树种支援甘肃。因此说议题表述不准确、不清楚，会导致导向性或政策性的错误。

（三）确定论坛参加对象

论坛的参加对象包括会议主讲人和听众两部分。因为论坛具有权威性的特点，因此论坛的主讲人对论坛的成功举办有着举足轻重的影响，知名的专家、学者、企业家及政府主管部门权威人士的演讲会使论坛光芒四射，提高论坛的权威性和导向性。论坛的主题和议题确定以后，要确定邀请一些对该主题和议题有深入研究的人士作为会议的主讲人，并及时向他们发出邀请。

论坛不能没有听众，要对论坛的目标听众做出分析和预测，要确定听众的来源和范围、听众参与的资格和入场的方式、会议现场可以容纳的听众数量等。确定论坛的参加对象有以下原则。

1. 必要性

即强调（明确）哪些对象必须或应当参加会议，具体要求做到以下几点。

（1）根据论坛的主题确定对象。凡对实现论坛主题有帮助的对象应当列入邀请范围。

（2）根据论坛的议题确定对象。论坛的议题所涉及的有关组织、单位或个人可以作为参会对象出席或列席。

（3）根据论坛公关需要确定对象。有时为了获得某些方面的支持，或者为了感谢某些单位的帮助，可以邀请他们作为嘉宾参加会议，如赞助商、上级领导、政府代表、东道主以及媒体等。

2. 明确性

（1）明确对象的职务或级别。明确担任什么职务或级别的人员必须、应当或可以参加论坛。有的必须是正职干部才能出席，有的需要分管某项业务的人员才能参加，有的则规定一定级别以上的干部可以参加。

（2）明确对象的资格。明确每一个对象以何种资格参加会议。对象的身份不同，参加论坛的提法也不一样：正式成员称为“出席”；列席成员称为“列席”；旁听成员称为“旁听”；特邀成员根据具体的对象，可称其为“出席”，也可称其为“列席”。当不需要对与会者的资格进行区分时，也可以通用“参加会议”一词。当会议对象的资格不同时，应当在邀请书或会议通知中说明与会者的资格，或以“出席”“列席”“旁听”加以区分，以免产生误会。

3. 代表性

与会者的质量与数量是否具有代表性，是论坛是否具有其价值的直接体现。与会者的代表性主要体现在：与会者的人数是否能够使论坛具有一定的规模；与会者的来源和基本构成是否能够反映论坛主题所在行业的基本情况；与会者的专业水准、权威程度是否处在行业内较高的水平上等。在代表性方面，质量和数量往往是相辅相成的，如果一个论坛规模很大，但与会者都是行业内较小企业、较低水平的工作人员，则论坛难以在业内形成有分量的影响；如果一个论坛邀请的与会者都是行业权威，但人数极少，那么这个论坛只能是小众性的论坛，其主题和讨论成果难以在业内推广。

（四）论坛形式

论坛召开形式对论坛的成功举办也有较大的影响，论坛要根据其主题和议题、会议主讲人以及听众特点来确定究竟要采用何种具体形式召开。从听众的参与程度上来看，论坛的形式一般有封闭式、半开放式、开放式三种。

1. 封闭式

封闭式论坛是指论坛设置主持人和主讲人，主持人介绍主讲人情况、演讲主题及摘要，由主讲人进行演讲，听众在主讲人演讲完毕后没有机会和时间提问。

2. 半开放式

半开放式论坛是指论坛设有主持人和主讲人，主持人介绍主讲人情况、演讲主题及摘要，由主讲人进行演讲，但听众在主讲人演讲完毕后有一定机会和时间提问。

3. 开放式

开放式论坛是指论坛只设有主持人，不设主讲人，听众能够和所有的与会人员就某一议题展开自由讨论的会议形式。

（五）论坛规模

论坛规模一般是指会议占有的空间，包括动用的人和物的总和，动用的人员和物资越多，规模就越大，其中主要因素是动用的人员，又以当中参加论坛的总人数为主要依据。策划会议规模应主要参考以下几方面因素。

1. 效果因素

论坛的规模应与论坛的预期效果相适应，根据论坛主题与议题内容确定参加人员与人数，使论坛规模能够与论坛的预期效果相匹配。人员太少，无法适应信息沟通的需要，且不利于论坛收益，但盲目追求规模，造成人员杂乱，又会降低论坛效果。

2. 效率因素

会议人数越少，会议所花费的组织与准备时间越少。反之，会议人数越多，会议所花费的组织与准备时间也越长。如果是半开放式或开放式论坛，则与会者发言人数越多，意见越不好集中，效率也越低。

3. 场地因素

在进行论坛规模的策划时，除了需要考虑参会人数之外，还应考虑论坛举办地的场地资源。策划人员应列出并考察当地能够提供会议服务的会议中心等场所，对其接待能力、接待规格进行评价和比较，选择合适的场地。如果举办地的会议场馆资源少、场馆接待能力小，论坛规模就会受到限制。一般而言，论坛的参与人数越多、规格越高，对场馆的要求就越高。

4. 成本因素

论坛规模与会议成本二者成正比关系，规模越大，动用的人力、物力、财力就越多，会议成本也就越高。

（六）论坛时间、地点

1. 论坛时间

论坛时间包括两个方面：一是时机，即什么时候召开最为合适；二是会期，即论坛时间的长短。策划时应遵循以下几条原则。

（1）时机原则。会中会一般安排在展会期间，提前预约并做好协调工作，保证主要领导、嘉宾、主讲人能在预定时间参加会议，要注意结合论坛各主讲人到会的时间对会议各议题的场次和日程进行安排。

（2）需要原则。根据论坛的议程、主讲人发言时间、与会者的提问时间并预留一定的机动时间，确定会期。

（3）成本和效率原则。会议时间长短与会议的成本和效率密切相关。一般情况下，会议的时间越简短，成本越低，效率越高。因此，在满足需要原则的前提下，适当、合理地压缩会议时间，是降低会议成本、提高会议效率的有效手段。这就要求做到：会前要对会期做好预测，在保证论坛效果的前提下，尽量做到长会短开；提倡准时开会、准时结束的会风；对发言时间进行适当的限制；控制参会人数。

2. 论坛地点

会中会的地点尽量安排在会展的同座展馆内，这样更有利于展览和会议的相互促进，如果会展的同一座展馆内空间不够，则要尽量安排在离会展比较近的地方。要综合考虑会场环境及周边环境、场地大小、会场设备、通信设施、服务水平、费用等。

（七）论坛议程、日程

议程是指针对议题所展开活动的程序，即把一次会议的各项议题按照主次、轻重的原则以及先报告、再讨论审议、后表决的次序编排起来并确定下来，一般先确定议题，再安排议程；日程是指每天的各项论坛活动按单位时间的具体落实安排。议程的编制应提前进行，议程一旦确定，就不应再变。论坛日程在时间、地点、人员等问题上，如遇变化，可相应调整，一般以简短文字或表格形式表现出来。大中型论坛的议程一般为：开幕式；介绍与会嘉宾；由领导或嘉宾致辞；由代表针对议题进行大会发言；分组讨论或提问；会议总结；闭幕式等。会议原则上要定时召开，且时间不宜过长，避免使与会人员感到疲劳。

如遇几个议题，应按其重要程度排列，最重要的排列在最前面，并应尽量保证在最佳时间开会。上午 8：00—11：30，下午 3：00—5：30 是人们精力最旺盛、思维能力及记忆力最佳的时间段，所以，安排会议议程和日程时要注意将全体会议安排在上午，分组讨论安排在下午，晚上则安排一些文娱活动。

凡会期满一天的论坛都应制定论坛议程和日程，如果会期只有半天，且都是议题性活动，只需制定会议议程即可。

（八）论坛预算

1. 收入

（1）行政经费划拨。党、政府、人大、政协等机关以及其他事业单位召开的论坛，可以从行政经费中进行经费的划拨，或者获得财政的支持。

（2）参会者缴纳的费用。包括会务费用、注册费、报名费、讲座费、入场费等。

（3）赞助费。通过有效的会议公关，从企业、社会团体及个人那里获得的资金或物资赞助。

（4）无形资产使用权转让的收益。一些大型论坛由于意义重大、影响深远、知名度高，具有多种无形资产。充分有效地开发和利用会议本身的无形资产，使其转化为合法的有偿转让行为，不仅使商家因获得这种无形资产而受益，而且还可以为会议筹得可观的经费，带来丰厚的经济利益。如会徽、会旗、会歌、口号、吉祥物等转让给商家，商家将其用于商品包装或容器上；用于商品交易文书上；用于会议指定使用的商品上；用于制造或者销售会议活动的标志；用于广告宣传、商业展览、营业性演出以及其他商业活动等。

（5）广告收入。论坛的广告资源也十分丰富，如证件广告、入场券广告、会刊广告、现场广告、手提袋广告、专业信封及信纸广告、媒体广告等收入。

（6）其他收入。如演讲出版物收入等。

2. 支出

（1）会场租金。根据会议规模确定会场的大小，会场越大、越多，费用越高。租借会场时，要问清会场内有哪些设备已包含在会场租金中，哪些需另行付费，停车场是否免费。

（2）装饰费。装饰费即会场和展馆内以及周边环境的装饰费用，包括制作会标、会徽、吉祥物、购买或租借花卉、彩旗、气球等物品的费用。

（3）设备费。设备费包括购买或租借印刷设备、视听设备、通信设备、计算机设备等的费用。

（4）交通食宿费。主办方邀请并承担的与会者（包括特邀嘉宾）赴会的差旅费和会议期间安排的接待、参观游览所需要的交通费、食宿费；会议期间的茶水、毛巾及相关服务费用；会议茶歇时间的点心、咖啡、饮料的费用；主办方会务工作人员所需的交通费和食宿费。

（5）人工费。人工费包括报告人的酬金、专家的咨询费或鉴定费、临时借用人员的报酬、特殊情况下发给与会者的补贴；支付给会展公司策划、设计、搭建、运输、文印、礼仪、清洁等方面的服务费用。一般情况下，与会者的工资属于隐性成本，不列入人工费。主办单位会务工作人员的工资报酬视具体情况确定是否列入人工费支出项目。

（6）公关与广告宣传费。包括有关论坛的广告费用、礼品费用、举行开闭幕式费用以及举行新闻发布会和酒会的费用等。

（7）文具资料费。即制作各类论坛文件、证件、指示标牌、宣传手册、签到簿以及购买论坛易耗文具的费用。

（8）不可预见费。事先无法预计的临时性支出。

（九）发放邀请函

事先设计制作论坛的邀请函，将邀请函发送给拟邀请的参会者。发送邀请函的方式可以通过邮政或快递，对于重要的参会者可以派专人专程送达；也可以发送传真版或电子邮件版的邀请函。在发放邀请函之前，应先确定参会者名单及其详细信息，包括参会者的单位、姓名、职务、通信地址等，并对发送的批次、时间进行安排。在发送之后，认真统计报名或回执的收取情况，如果有必要的话，还要再进行一两次补发。此外，还要及时掌握参会者职务、地址等的变更情况。

（十）收集演讲资料

论坛活动中，各种发言、演讲是活动的重头戏，因此在论坛的策划过程中收集、准备好各种演讲资料是一项必要的工作。演讲资料不局限于演讲的成稿，也包括演讲、发言、讨论中可能用到的各种专业资料、数据等。这些资料可以由论坛的策划人员依据论坛的主题、议题进行收集整理，然后提供给受邀的嘉宾；也可以由事先确定发言的专家、嘉宾提供，然后印发给其他参会者。

（十一）论坛准备

论坛准备工作包括材料准备、设施准备、相关服务准备等。论坛的材料主要指在论坛主题、议题的要求下，所必需的文字、图像、视听及印刷材料；设施主要指论坛举办过程中所使用的桌椅布置、室内照明、视听设备等；相关服务则包括论坛中所需的各种会议服务，如与会者签到、会场指引、卫生清洁、安全保卫、餐饮住宿、交通服务、秘书、翻译、通信、金融等服务。论坛材料、设施及服务的水平会直接影响参会者对论坛质量的评价，因此在进行准备时要细致周到，以提高论坛的整体服务质量。

（十二）论坛召开

论坛召开的标志性活动是论坛的开幕式，开幕式一般会邀请重要嘉宾和媒体记者出席，开宗明义，并进行相应的宣传。开幕式结束之后，就可按照论坛的实施方案和时间安排，按部就班地实施各种活动，也可根据论坛的具体情况，安排一两次特殊活动。

论坛召开期间，全部工作人员应该保持良好的精神状态和工作状态，以求活动能够达到预期的效果。为保证论坛的顺利举办，主办方应成立专门的管理部门、制定规范可行的管理规程，并在论坛召开过程中对各项准备事务随时进行监督调整。

（十三）会后总结

论坛结束之后，主办方应对论坛活动的开办效果、讨论成果进行总结，对服务质量进行评估，并征求与会者的意见和建议，作为未来论坛策划的参考，同时开始策划、筹备下届论坛。

二、产品发布会或推荐会的策划

产品发布会或推荐会是会展活动中由参展商组织的常见的一种相关活动，主要目的是借助会展活动的平台由参展企业向专业观众和其他参与者介绍本企业产品。

产品发布会或推荐会上发布推荐的产品一般以企业新开发、研制的产品为主，所以有时也称为“新品发布会”。在进行产品发布会或推荐会的策划时，主要按照以下的步骤实施。

（一）由参展单位提出会议申请

由于产品发布会或推荐会真正的主办者一般是企业或者行业协会，因此产品发布会或推荐会的策划方案是由有关企业或行业协会完成的，办展机构主要起穿针引线、提供展示平台和现场管理与服务的作用。为了使各参展商的产品发布会或推荐会有条不紊地如期举办，一般情况下，展会主办方会在展会策划方案和招展材料中体现产品发布会或推荐会的形式和申办要求，由参展单位自愿向展会主办方提出申请，由主办机构进行统一协调安排时间和地点，经批准之后方能举办。

（二）确定收费标准

产品发布会和推荐会能够为参展企业提供对外推介、宣传、树立良好形象的契机，同时能够达到增进参展效果的作用。因此，参展企业参加产品发布会或推荐会需要向主办方缴纳一定的费用。收费标准由展会主办方确定，一般可以参照发布会的时长、次数、场地大小、使用设备的多少以及主办方提供的服务类别进行定价。

（三）办展机构统筹发布会或推荐会的时间安排

在策划会展相关活动总体方案时，办展机构将发布会或推荐会作为一项活动列入其中。

（四）提供现场管理与服务

产品发布会或推荐会的现场管理和服务一般由办展机构负责。对于发布会的现场管理，办展机构首先要在提供展示平台的基础上，按要求布置好发布会现场，并提供必要的道具，安排好合适和足够数量的服务人员；其次，办展机构要妥善安排好各发布会或推荐会的时间顺序，不要因时间安排不当而引起彼此冲突或者现场混乱；最后，如果发布会或推荐会在会展现场举行，办展机构要协助发布单位或推荐单位维护现场秩序，不能因为该发布会或推荐会而影响展位企业的展出。如办展机构承办产品发布会或推荐会的整体策划，则需要参照论坛策划内容进行整体策划。

第三节　表演、比赛与其他相关活动策划

在会展现场，办展机构及参展商会结合展会及营销活动的需要，举办一些与会展有一定关联的表演、比赛及其他相关活动。这些相关活动有的专业性较强，有的缺乏专业性，但都能很好地活跃展会气氛，提高观众兴趣，为整个会展活动锦上添花。

一、表演的策划

（一）策划原则

1. 安全

对任何活动而言，安全保障都是第一位的。通常情况下，普通展会期间的表演可在室外场地举行，也可借助室内场馆的设施在展馆内举行。对在场馆外部举行的活动，应在正式开始前实地检测观众席与舞台、活动场地的距离，避免部分活动因过于激烈而引发安全事故。

【案例】

展会中的安全隐患

新加坡某展会为吸引更多的年轻观众，在开展期间特意举办极限轮滑表演秀。在表演惊险动作时，一位表演者由于失去平衡冲向观众席，与一名7岁儿童相撞，导致该儿童鼻骨被撞断，双眼也受到不同程度的损伤。经医院诊断左眼视网膜脱落，即便治愈，今后也会造成很多不便，这次意外给这位儿童及其父母带来了毕生的遗憾。

室内举办的表演活动，一般应以防火、防盗、避免造成群体踩踏等事件为主。展馆内相对封闭，人员密度大，一旦引起火灾后果将不堪设想。对易造成火灾的活动，展馆有权予以取消，经济损失由主办方自己承担。

2. 经济与效果

表演活动策划时就应本着“会展为主，活动为辅”的原则进行，切不可本末倒置。投入大量的人力、财力、物力去精心策划一场表演秀，必然会使整个会展的预算支出增加，进而增加各参展商的支出，从长远看不利于与参展商建立长期伙伴关系。同时还要考虑表演资金的投入与会展的效果比例。如中型会展组织了一场文艺晚会作为开幕式，邀请许多著名港台歌星前来捧场，虽然吸引了大批观众观看表演，却喧宾夺主，观众不一定会记住展会的品牌和内容。

3. 体现会展目的

活动的内容与形式应该符合会展的目标、主题，活动的内容不能与会展毫无联系，活动的形式不能脱离会展的实际。否则，活动不但起不到锦上添花的作用，反而会扰乱会展现场秩序甚至会给会展带来安全隐患。

4. 方便观众参与

表演、比赛等形式的相关活动往往能营造热烈的现场气氛，吸引大量的观众围观和参与，这对活跃展会现场气氛有一定的帮助。但如果现场气氛过于热烈，导致观众围观、拥堵通道，就难免会影响其他观众的参观路线或影响临近展位的洽谈与展出，甚至带来安全隐患。

（二）策划流程

1. 确定表演目的

无论是办展机构组织表演还是参展单位组织的表演，都有其具体目的。有的是为了提升会展的档次、体现文化底蕴、扩大展会影响，有的是为了展示企业的产品和企业形象，有的是为了吸引潜在客户，还有的是为了活跃现场气氛等。

2. 表演时间与地点

表演时间应由办展机构根据表演的题材、规模、目的进行统筹。与展览题材无关的表演，一般会被安排在展会开幕之初或是展会结束的前一天在展会现场以外的地方举行。如果表演是小型的，可以穿插在展会开幕式期间举行，也可以安排在展会的开幕晚宴上举行，还可以安排在展会结束前的答谢晚宴上举行。如果表演是较大型的，就要另外安排场地和时间，并且不能在展会开幕式或晚宴上演出。与展览题材有关的表演，在时间上一般安排在展会期间举行，在地点上一般安排在展会现场，这样可以与参展商的展出计划紧密配合，也更能够烘托出展会的气氛和主题。如果该表演是由办展机构牵头、由某一参展企业主办的，就可以将它安排在相应参展企业的展位上或其附近演出；如果该表演是办展机构为整个展会服务而组织的，就应该安排在展会的公共场所举行。

3. 表演形式与规模

表演的形式指展会中表演活动具体采用的形式，如歌舞节目、语言节目、杂技表演等，形式决定了表演是否能受到观众的欢迎。本着活跃展会现场气氛、吸引观众参与的目的，表演本身的形式可以多种多样，但展会的性质、主题等因素又对表演形式有一定的限制，如茶叶博览会上，就更适合进行茶道表演、与茶文化相关的歌舞表演等，而不适合表演相声、杂技等。表演的规模指表演活动的持续时间长短、占地面积、演员人数以及观赏人数等。表演规模应依照展会本身的规模来确定，规模太小达不到烘托气氛的效果，规模过大则可能喧宾夺主。

4. 确定节目

确定表演的形式和规模相当于确定了表演活动的节目范围和大致基调，接下来要实施的就是确定具体的节目内容和形式。应选择观众喜闻乐见、易于接受的节目，尽量通俗易懂、便于观赏，而不要选择过于高深、晦涩的节目，以免曲高和寡，达不到预期的效果。

5. 确定表演嘉宾

表演嘉宾主要包含两部分人员：一是普通的演员；二是重要节目的表演者。前者主要是群体性节目或一般节目的表演者，可以通过一些演出机构、传媒公司等进行邀请；后者往往是整个表演中的重要角色，如独唱演员等，如果安排的是知名度较高、受到大众欢迎的明星，会收到非常好的效果。

6. 财务预算

根据表演活动的形式、规模和具体的节目，以及所要邀请的嘉宾，策划人员可对即将发生的费用进行预算，并向财务主管部门申请相应款项。

7. 具体安排

表演活动的所有细节都确定下来之后，必须将表演的具体流程、详细时间表、所需准备的场地、设施、道具等，以及每一个具体环节的负责人都详细列出，以备实施过程中作为参考。

8. 现场准备

表演活动正式开始之前，必须提前进行场地的布置和相关的准备工作。如果条件允许，还应提前进行彩排，以保证演出万无一失。

二、比赛的策划

在展会期间，组织各种比赛是一项比较引人注目的活动。展会期间的比赛活动可以分为很多种，如关于展位设计和搭装以及展台布置的比赛，关于展会参展展品的比赛，关于其他展出内容的比赛等。其中，关于展会参展展品的比赛最为常见，这种比赛通常称为“评奖”，比赛的策划重点包括以下几点。

（一）成立专家评审团

比赛事先应成立一个专家评审团，负责有关比赛的评比工作。在邀请专家组成专家评审团时，评审团的成员要有一定的代表性，并要向所有的参赛者公开，这样评出的比赛结果才更有说服力。

（二）制定比赛范围和比赛规则

比赛应事先制定比赛范围和比赛规则，拟订一个评奖方法，并将其向所有参赛对象进行公开，由参展对象自行决定是否参与比赛。一般来说，展会中针对参展商所举办的比赛最后评比都是只评好不评坏，因此参展企业参与比赛的积极性比较高。因为如果在比赛中能获奖，对参展企业来说就是一个很好的宣传机会，即便不能获奖，参展企业也不会有什么损失。对于比赛规则以及评奖方法，要做到公正、公开和合理，不能有所偏颇。比赛规则以及评奖办法制定出来以后，可以事先征求专家的意见，以求更加合理和完善。

（三）确定评比结果揭晓时间

组织比赛时，要让比赛的所有参与者事先知道比赛评比结果的揭晓时间。比赛评比结果的揭晓时间一般会安排在会展结束的前一天，这会让比赛充满悬念，并让比赛所有参与者都有所期待，使他们对展会准备与展出活动更加投入，会展的整体展出效果也会更好。

（四）策划颁奖仪式

在评奖结果揭晓时，一般需要组织公开的颁奖仪式，这样会使该项比赛更加正式和有影响力。要为所有的获奖者颁发一些有纪念意义的物品，如奖杯、奖状、获奖证书等。除此之外，还可以为获奖者颁发一定的奖金或给予其他方式的奖励，如免费给予下届展会一定面积的展位或对展位费进行打折等，这样可以鼓励企业继续参加本展会。比赛奖金可以从会展利润中提取，也可以寻求企业赞助。

三、其他相关活动的策划

展会期间，除举行上述的会议、表演或比赛之外，还可以根据展会内容、客户需要及地方特色等策划组织一些其他相关活动，如各种休闲项目等。无论是哪种相关活动，都会有风险因素的存在，因此策划时一定不要忽略细节，必要时可聘请这方面的专家来执行策划。

【复习思考题】

1. 会展活动期间举办的相关活动有哪些？其作用是什么？
2. 简述会展活动举办的会议类型。
3. 简述策划论坛主题的原则。

4. 简述表演、比赛策划时的注意事项。

【案例分析】

新能源汽车市场发展趋势与策略

随着环境保护意识的增强和能源结构的转型，新能源汽车市场迎来了前所未有的发展机遇。然而，面对传统汽车制造商的转型压力、新兴品牌的崛起以及技术路线的多样性，如何把握市场趋势、制定有效策略成为行业内外关注的焦点。

2024 第十二届上海国际新能源汽车技术与生态链博览会于 2024 年 8 月 2—4 日在上海新国际博览中心举行。旨在加快推进碳中和愿景目标下的汽车产业全面电动化转型，进一步加强全球新能源汽车产业协同合作，打造可持续的新能源汽车产业链生态圈，共同构建全球汽车产业绿色低碳可持续发展新生态，全力推动汽车强国建设新跨越。

议题 1：全球新能源汽车市场现状与未来趋势

议题 2：新能源汽车技术创新路径

议题 3：探讨电池技术（能量密度、充电速度、成本降低）的最新进展

议题 4：新能源汽车产业升级与供应链优化

议题 5：充电基础设施建设的挑战与对策

议题 6：新能源汽车市场策略与差异化竞争

议题 7：政策环境对新能源汽车发展的支持与挑战

议题 8：消费者行为与市场需求分析

议题 9：国际合作与全球化战略

议题 10：新能源汽车市场风险评估与应对策略

议题 11：新能源汽车与可持续发展目标

这些议题涵盖了新能源汽车市场的多个方面，有助于参会者全面深入地了解行业现状、趋势及挑战，为制定有效策略提供有力支持。

分析题：根据上述信息，请策划会议对象，并撰写一份会议议程。

第八章

会展现场服务策划

本章导读

本章围绕会展现场服务四个阶段，即布展期间、开幕式、开展期间及撤展的服务策划展开。会展现场是会展项目在调研、策划、招展、招商所有环节的理念、工作的具体展现。一项会展活动从调研到现场实施要经过一年甚至更长的时间，会展现场效果直接反映会展项目运作流程的成果。会展现场是与会展相关的人流、展品流、信息流的总和。场馆方、参展商、观众、服务承包商、媒体、组展方、政府人员等均在展览现场汇集，各种展品、信息发布均在现场汇集，如何服务好会展相关的各方人员、协调好会展相关的各方人员的关系，考验着组展方的服务能力与协调能力，同时也考验着场馆方、各服务承包商等的服务水平。可以说现场服务是衡量一个国家、一个城市服务能力和水平最综合、最高端的体现，会展现场是会展活动中最终端也是最重要的环节之一，其策划内容尤为重要。

【学习目标】

1. 培养学生对会展活动不同阶段进行分析、总结的能力。
2. 掌握会展布展期间、开幕式、开展期间、撤展期间的策划内容。
3. 根据具体会展活动要求，能够进行会展现场服务的策划并撰写策划方案。

【导入案例】

“未来科技生活展”的会展现场服务策划亮点

在这个展会上，主办方特别注重为参展商和观众提供全方位、个性化的现场服务。

首先，他们在展会入口设置了智能导览系统，观众只需扫描二维码，就能获取到详细的展会地图、参展商信息以及个性化推荐路线。这样一来，观众就能轻松找到感兴趣的展区，节省了大量时间。

同时，展会现场还配备了专业的客服团队，他们身着统一的制服，面带微笑，随时准备为参展商和观众解答疑问、提供帮助。这些客服人员都经过严格的培训，对展会内容和参展商情况了如指掌，能够迅速响应各种需求。

此外，主办方还利用大数据和人工智能技术，对展会现场的人流、物流等数据进行实时监控和分析。通过数据分析，他们能够及时发现潜在的问题和瓶颈，并采取相应的措施进行调整和优化。比如，在人流高峰时段，他们会增加安保人员和志愿者数量，确保展会现场的秩序和安全。

在餐饮服务方面，主办方也下足了功夫。他们引入了多家知名餐饮品牌入驻展会现场，为参展商和观众提供丰富多样的美食选择。同时，他们还设置了多个休息区和洽谈区，配备舒适的座椅和免费的 Wi-Fi 服务，让参展商和观众在紧张的参展之余能够放松身心、交流心得。

这个“未来科技生活展”的会展现场服务策划案例，通过智能化、人性化的服务设计，为参展商和观众带来了极佳的参展体验。

请思考：案例中的现场服务策划属于会展现场服务的哪个阶段？在现场服务策划中，最容易被忽视的是哪个或哪些阶段的现场服务？

第一节　布展期间服务策划

布展期间的服务对象主要是参展商和搭建商，服务策划的内容也主要围绕参商和搭建商展开，包括布展准备工作内容和布展期间具体工作内容两部分。

一、布展准备工作内容

（一）明确布展时间

展览会的布展时间至少为两天，对于举办大型展览、机电设备的展览会，为了保证特装展台搭建装修和大型机械进场安装调试，其布展时间应适当延长。展会组展方应在展厅大门明示布展时间，若参展商需超时加班布展，应向现场的展览办公室提出加班申请，并及时将加班要求通报给展馆及保安。

（二）明确布展次序

1. 大型设备先进场就位

如果展览会需要大型设备，布展之前要保证大型设备先进入展馆，需列明大型设备入场时间，这样可以减少布展过程中的安全问题。如果特装展台和标准展台都搭建好之后再让大型设备进馆，可能会遇到一些问题。由于留有的空间有限，大型设备可能进不去；即使大型设备能够进入场馆，在进入过程中也很难保证不磕碰特装展台或标准展台，因此一定要保证大型设备先进场就位。

2. 特装展台进场搭建

在保证大型设备全部进入场馆后，要进行特装展台的搭建。特装展台的搭建比较复杂，对水、电等方面都有较高要求，因此会展组展方要特别督促搭建方规范施工。同时，要核对现场实际情况是否符合展台施工图上的搭建高度、用电量等。检查所有施工人员上岗的证书，如高空作业证、电工证等，搭建过程中应加强巡视管理。

3. 标准展台搭建

会展组展方要督促主场搭建商在规定期限内交付标摊，并对其进行验收，如展台尺寸是否正确、楣板上的参展商单位中英文名称是否正确、展台号是否正确、展台配置是否符合标准等。

4. 参展商进场布置展台和展品

在完成展台搭建后，参展商就可以进场布置展台和展品了。在布置展品时不仅要利用图片、说明、模型、声像设备等突出核心展品，展品的布置还要能够全面反映展品的特征、特性及有关情况。比如展品是食品，可以考虑安排现场实物品尝，并准备小包装食品免费发放，供参观者品尝，同时还可用地图和照片反映产品的产地，用大彩照、幻灯、大屏幕电视反映产品的加工过程，用样品和照片反映各种最终产品和包装等。通过这些方式，观众就可以全面了解食品的生产情况，使观众对食品的安全问题放心。

（三）展厅分设人、车、货入口

确定分别设置人、车、货入口的位置及数量，布展前人、车、货要分流进入，互不干扰，确保安全。对于货运出入口，会展组展方要督促主场搭建商预先留出主要的货物通道，等货物完全进入后再进行展台的搭建。

（四）设置现场服务场所

布展期间还应搭建好现场服务的办公场所，如组委会办公室、参展商报到处、特殊服务处、观众登记处，以及主场搭建商、物流服务商以及其他租赁设备供应商等的联合办公场所，同时提前安排好各单位人员、各种资料和器材，随时准备进入服务场所。

二、布展期间具体工作内容

（一）展位分区画线

展位画线是由主场搭建商按照各参展单位租用的场地面积和位置，画好每一展位的地域范围，确定每一个展位的具体位置。目的是方便参展商在自己租用的地方进行展位搭建和展品陈列。

（二）展馆地毯铺设

展馆地毯铺设是主场搭建商在特定区域按计划铺设地毯。这些特定区域是展馆计划铺设地毯的地方，如展馆的公共区域、展位等处。现在展览会一般都会铺地毯，一方面可以防止展会现场尘土飞扬，另一方面可以提高展会的档次，提升展会形象。

（三）参展商报到

参展商到达展馆后凭合同书或参展确认函等资料到参展商报到处报到，领取参展或布展出入证件，展会服务人员应协助其了解与展会相关的各类服务信息和规定并提供相关的展会资料，如所有告知性文件、通知、注意事项或会刊、参展商手册等。这些资料的发放一方面可以减少参展商咨询同类简单问题的频率，另一方面也可体现会展组展方的服务水平。对于无特殊需求的参展商可直接进入展馆布展，有用水、用电、网络、电话、租赁、物流服务等特殊要求的参展商应先到特殊服务处办理，办理后再进入展馆布展。

（四）展位搭建协调工作

在展会搭建过程中应设置相关的现场协调人员，协调运输、搭建、各展商之间的工作，根据物流进馆计划掌控进馆的时间进度。展会组展方要监督所有的承建商的工作，督促其必须按展会要求进行展台的搭建，同时组展方还要及时处理展位搭建中出现的各种问题。一般来讲，所有的参展商都应在规定的时间内完成布展。但是，由于个别参展商自身的参展经验不足，或展品未能按时到达展台等多种原因，经常会有一部分参展商无法在规定时间内完成布展工作。因此，为了保证整个展览的如期进行和其他后续工作的及时跟进，需要有专门人员负责告知参展商布展的具体时间节点，并尽可能督促其在该时间段内完成布展。同时，在闭馆之前，参展商应根据布展的实际情况尽快决定当晚是否需要向场馆申请加班，并决定由谁提出申请（组展方统一申请或参展商个别申请）。此外，个别参展商会在开幕式当天上午才匆匆赶到，或者其展品刚刚到达场馆，需要安排运输。对于这样的参展商及展品，在开展前一天，组展方应安排好展商、展品进出的临时通道，并要求主场搭建商、物流服务承包商、场馆方工作人员提前到位，协助该参展商。

（五）现场施工管理和验收

展会组展方要派专门人员对各承建商的现场施工进行管理，如现场用电、用火、噪声、展位高度控制、电线线缆的安装和走向、灯光的设计和使用、搭建展位材料的防火性能、展位之间通道宽度的控制、重型机械的地面承重控制、标准展位标准配置等，避免施工现场秩序混乱和留存安全隐患。

（六）海关现场办公

对于海外参展商的展品要及时办理海关通关手续。如果海外参展商比例较大，可以邀请海关现场办公。对于所有海外参展展品，展会组展方和参展商要配合海关进行现场抽样检验。国外展商的展品一定要符合我国相关的法律法规。

（七）展位楣板的制作、安装和核对

展位楣板上标有参展商的单位名称（中英文）和展位号，有的还有参展商的企业标志或展品商标。这些内容是参展商形象的体现，对参展商非常重要，因此展位楣板的制作和安装一定不能有丝毫的差错，展会组展方要派出专门人员认真核对。

（八）现场安全保卫工作

展会组展方在掌握搭建商、物流商的工作计划表的基础上，要全程监督其工作进度和流程，控制好现场的布展节奏。展会组展方要派专人对搭建商搭建、物流商运输时的消防安全、人身安全和展品安全进行管理，做好以下事宜。

1. 成立安全保卫办公室

一般大型会展活动都会专门成立安全保卫办公室，其职责主要有：①负责展览场所和重要活动安全保卫工作的组织领导，包括制订各种保卫方案和措施，协助各级公安部门的行动；②指导和提醒各参展商做好自身的安全保卫工作；③确保展馆的防火安全；④维护会展活动现场及其附近道路的交通秩序；⑤负责发放内宾证和车证。

2. 监督检查是否符合消防安全

每个场馆都会有相应的消防管理要求，组展方人员要在提前告知参展商的基础上，在现场与场馆人员、消防驻场馆专员、保安人员一起监督参展商的布展工作，保证所有设施和材料都要符合消防规定。

3. 为展览会进行投保

即为展览会上的保险，主要是第三者公共责任险。为了保证参展商、工作人员和观

众在展览期间的合法权益，要对危险操作行为及时制止和纠正，并预先办理保险事宜。

4. 提醒参展商对展品和个人物品进行投保

提醒参展商对展品和个人物品进行投保。如果搭建商和运输商在作业过程中损坏了展品，组展方应督促其按照责任书向保险公司申报。展会组展方负责展会一般安全保卫工作，对于参展商的展品丢失、损坏和人员意外伤亡等不负责任。

5. 展场设置紧急疏散及逃生标志

可以制作一些安全小册子、标牌等，前提是会展组展方要确保所有参加展会的客户和工作人员都能读懂这些标牌。例如，出口标志、急救标志、紧急援助电话等。

6. 向参展商发放安全通告并进行巡视

在布展期间要向参展商发放安全通告并对参展商进行监督，使参展商严格按照安全通告的规定进行操作。

7. 同相关部门建立良好的合作关系

在展会开幕前，要陪同消防和安保部门对所有的展位进行一次全面系统的检查，保证展会符合消防和安全要求，彻底清除可能存在的安全隐患，并且确定一旦展会出现安全问题时能得到相关部门的帮助。

8. 消防和安全检查

所有的展位布置完毕以后，组展方要派专人陪同消防和安保部门对所有的展位进行一次全面系统的检查，目的是保证展会设施符合消防和安全要求，彻底消除展会现场可能存在的安全隐患。

9. 现场清洁和布展垃圾的处理

展览现场保洁工作分别由场馆方、主场搭建商和特装搭建商分工负责。展览场地内公共区域的清洁工作由场馆方负责，如通道、厕所、餐厅等。展台内的清洁按照“谁搭建、谁负责保洁”的原则分工，即标准展台内的清洁由主场搭建商负责，特装展台内的清洁由特装搭建商负责，不能将垃圾随意丢弃在展馆内及展馆外围。若在布展前向场馆方交纳了清洁押金，则在清理完毕后可到场馆方设置的现场服务台或其他相关管理部门处进行确认并领还清洁押金。为避免因手续繁多而引起参展商不满，有些组展方会统一向场馆方支付清洁押金并取得主场搭建商的现场协助。展会组展方应督促参展商将展台内的垃圾倒入指定的垃圾桶内，以保持展台内的清洁。

在布展期间，组展方往往会忽略对展品包装箱的堆放和保管的管理。为了展览会的整体形象，应避免空箱凌乱地堆放在展馆内外，会展组展方应在进馆前指定空箱堆放的区域，由主场物流服务承包商统一管理，在展览结束时对其进行清理，之后重新使用。

10. 服务标识的检查

组展方应指派专人检查各种服务标识，包括仔细确认大会的各项指示牌（售票处、专业观众登记处、非专业观众登记处、换证处等）、大会服务的各类指示图（主办、搭建、运输、餐饮、组委会办公室等）、展区分布图、会议安排表和会议地点指示牌等。

第二节　会展开幕式策划

【案例】

第23届中国（昆明）国际汽车博览会开幕式

一、主题设定

主题名称：启航·智创·新未来。

主题诠释：以“启航”象征展会正式拉开帷幕，踏上新的征程；“智创”代表智慧、创造，标志着有更多新车采用了新能源、新技术，具有创新性；“新未来”则预示展会将引领行业潮流，展示前沿科技与创意。这是疫后云南省率先举办的首个大型汽车专业博览会，通过这一主题，激发参展商与观众的热情与期待。积极探索汽车与科技融合发展的最新动向，集中展示智能网联汽车和新能源汽车的最新成果。

本届车展启用3~11号展馆共9个馆，展览面积超10万平方米，设立了集豪车、进口、合资、自主、新能源品牌及改装车、金融、汽车配件后市场、试乘试驾、萌宠、权威媒体于一体的综合展示区。

二、时间与地点

时间：2022年8月4日上午9时整。

地点：滇池国际会展中心。

三、流程安排

1. 迎宾仪式（09：00—09：10）

红毯入场：邀请重要嘉宾、参展商代表及媒体朋友沿红毯步入会场，展现尊贵与荣耀。

礼仪接待：身着统一制服的礼仪小姐负责引领嘉宾签到、佩戴胸花，并分发展会资料袋。

2. 开幕式正式开始（09：10—09：30）

主持人开场：热情洋溢的开场白，介绍到场的嘉宾及展会概况。

领导致辞：邀请主办方高层领导致开幕词，阐述展会的重要意义、目标及期望。

嘉宾发言：邀请行业权威、政府代表或知名企业家上台发言，分享行业见解与期待。

3. 启动仪式（09：30—09：50）

创意启动：采用现代科技手段，如AR、VR技术或无人机编队表演，结合传统仪式元素（如触摸水晶球、按下启动按钮等），共同启动展会。

4. 现场活动与服务介绍（09：50—10：00）

一张车展门票可感受8月4—7日3号馆改装车带来的前沿汽车改装文化冲击、8月4—7日12号馆昆明宠博会带来的萌动心悸跳动、8月4—8日11号馆试乘试驾带来的便捷高效体验不同车型及路况感受等，更有中国石油（提前线上购票即可抢限量中石油加油券）、云南能投（到车展现场即送打车券）携手带来购票观展多重福利享受。现场还将为买燃油车客户办理便捷电子油卡提供中石油大礼包，为购买新能源车用户提供电费充值和电桩安装大礼包，特别是车展现场还可办理省级财政购车补贴、"彩云昆明消费券"等各项购车补贴。

展会现场还将设置饮水点、手机充电桩、咨询服务处、母婴休息室、儿童乐园、美食区、医疗点等人性化设施，展馆内可实现Wi-Fi全覆盖，让观众"安心"玩转车展不掉线。另外还有"外围接驳车""免费摆渡车"无缝接驳展馆与地铁站、公交站等。

5. 展览参观（10：00—）

引导参观：开幕式结束后，由礼仪小姐及志愿者引导嘉宾与观众有序进入主展馆参观展览。

互动体验：设置多个互动体验区，让参展商与观众在轻松愉快的氛围中交流、体验、试驾新产品，了解新技术。

四、宣传与氛围营造

媒体邀请：提前邀请国内外主流媒体、行业媒体及自媒体进行现场报道，扩大展会影响力。

氛围布置：会场内外布置以"启航·智创·新未来"为主题，运用科技元素与环保材料，营造现代、时尚的展览氛围。

背景音乐：精选符合展会主题的背景音乐，营造轻松愉悦的氛围。

五、安全保障与应急预案

安保措施：加强会场内外的安保力量，确保人员安全及展品安全。

医疗急救：设立医疗急救站，配备专业医护人员及急救设备，应对突发状况。

应急预案：制订详细的应急预案，包括天气变化、设备故障等突发情况的应对措施。

（资料来源：《春城晚报》，2022-08-05）

思考题：你能从案例中分析出开幕式包括哪些内容吗？试分析该策划的优缺点。

开幕式是宣布各种会展活动正式开始的具有象征性和标志性的仪式。开幕式广泛应用于各种会展活动中，各种会（展览会和会议等）、各种节（电影节、艺术节等）都可以举行开幕式。通过开幕式，会展组展方可以起到扩大社会影响、提高社会知名度和树立良好社会形象的作用。因此，做好开幕式的策划工作对会展活动的成功举办有重要影响。

一、开幕现场设备设施的安排和环境布置

开幕式一般在活动现场举行，地点可以选择场馆内或场馆外。根据举办场地的不同，现场布置也有区别。

场馆外举行开幕式的现场布置主要有：布置展会背板、门楼或展览会横幅，背板上的内容主要是活动名称、时间、举办单位等；舞台主持、发言台的布置要简单大方；同时在场地四周可悬挂横幅、标语、气球和彩带等；此外，要将赞助商的广告牌、空飘气球等布置在合适的位置。

对于场馆内举行的开幕式，一般是在外广场布置广告牌、空飘气球等，在观众进口设置观众登记处。室内环境布置为舞台背板或横幅、舞台发言布置，鲜花、绿色植物的装点。此外，室内仪式还应在舞台四周布置活动简介牌、现场平面图、活动宣传推广报到牌、相关活动告示牌。对于室内举行的开幕式，为保证仪式的效果，会展组展方还应派专人控制现场的音视频设备、照明设备和空调设备等。

对于站立举行的开幕式，要在来宾站立处铺设红地毯，以示仪式的庄重和对来宾的尊敬。

二、开幕仪式

开幕仪式主要包括确定开幕式的时间和地点、邀请出席开幕式的主要嘉宾、准备开幕式讲话稿和新闻通稿、选择开幕方式 4 方面内容。

（一）确定开幕式的时间和地点

开幕时间应充分考虑当地交通、气候及工作习惯等因素，因此开始时间不宜太早，一般在上午 9—10 点开始。同时开幕式持续时间不宜过长，而且一般开幕式举行完之后都会请嘉宾和观众参观展览会，一定要留时间给嘉宾和观众参观展览会，因此开幕式的持续时间一般为 0.5~1 小时。开幕式的地点一般安排在展馆前的广场上或室内，以方便参观人员在开幕式结束后入场参观为原则。如在开幕式中有表演活动，要注意安排好表演的时间和地点，使表演起到烘托气氛的作用。

（二）邀请出席开幕式的主要嘉宾

开幕式的主要嘉宾有行业主管部门官员、行业协会与商会领导、外国驻华机构代表以及其他有关人员。对这些主要嘉宾要做到：一是要有专人接待；二是引导其做好签到工作；三是安排好嘉宾在主席台或会场前排的位置。

（三）准备开幕式讲话稿和新闻通稿

会展活动开幕式讲话稿和会展活动新闻稿在内容上比较相似，两者的区别是会展活

动开幕式讲话稿比新闻通稿更简化。展会组展方要认真准备会展活动新闻稿，因为它是各新闻媒体报道展会的基调，是媒体和记者对会展活动的第一印象。会展活动开幕式新闻稿的选择要注意以下事项。

1. 选题定位要适当

新闻稿的选题定位要适当，应充分考虑到展览题材所在行业的发展特点、亮点和趋势，并从中提炼出展会的时代特点。

2. 展示会展活动的特点和亮点

会展活动的特点和亮点是记者报道会展活动新闻的依据，因此要以醒目和方便阅读的方式展现在读者面前。

3. 内容上对会展活动进行全面和系统的介绍

新闻稿在内容上要对会展活动进行全面和系统的介绍，主要包含会展活动的翔实数据，如展览面积、参展商数量、预计观众数量等，因为翔实的数据更能说明会展活动的具体情况。

4. 附上背景材料

新闻稿还应该附上背景材料，如出席开幕式的嘉宾名单、会展相关活动安排、会展活动的行业背景和相关图片等。对于一些重要的相关活动，还可以附上专门的介绍材料。

（四）选择开幕方式

开幕式可以有多种开幕方式，主要有鸣放礼炮、嘉宾剪彩和领导讲话等。

鸣放礼炮应用于盛大庆典和迎宾仪式中。在会展开幕式中如果鸣放礼炮，要事先安排好布置礼炮的地点和鸣放礼炮的时机。在迎宾仪式中也会鸣放礼炮，最高规格是21响，一般是迎送国家元首或其他相应级别的人；其次为19响，是迎送政府首脑或其他相应级别的人；再次为17响，是迎送副总理级官员。

嘉宾剪彩时要注意人员的站位。剪彩时由身份最高的人员居中，其他剪彩人员按身份高低由左至右排列；对于双方联合主办的剪彩仪式，可按主左宾右的位置排列。剪彩时要播放欢快的音乐，参加人员要鼓掌祝贺。

领导讲话要事先准备好发言稿，领导人讲话不宜长篇大论，要尽量简明具体，不必多说客套话，“欢迎”“感谢”之类的句子要尽量归纳，以节省鼓掌时间；使用现场翻译时，讲话人与译员要相配合；在开场称呼中，按国际惯例称“女士们、先生们”或“贵宾们、女士们、先生们”，后面不必再加“朋友们、同志们”。

（五）开幕式的一般程序

开幕式的一般程序是：工作人员引领国内外嘉宾至开幕式主席台就位；以适当方式介绍开幕式主持人身份；主持人介绍到会嘉宾，重要开幕式应奏国歌和举行升旗仪式；

请有关领导讲话，一般先由主办单位的领导发表简短讲话，然后由嘉宾代表致贺词，最后由主办方身份最高的出席者致开幕词；有关领导宣布开幕；启动按钮或剪彩仪式或鸣放礼炮；主持人宣布开幕式结束并请各位嘉宾和展会观众进场参观。

三、开幕酒会

在开幕的当天中午或晚上，为了招待出席开幕式的领导、嘉宾、媒体和参展商代表，会展组展方一般会举行开幕酒会。开幕酒会是会展活动的一项重要公关活动，它可以促进展会与参展商、行业领导和其他有关方面的交流沟通。会展组展方应事先安排好酒会时间、酒会地点、出席人员、酒会方式等。

（一）酒会时间

酒会时间一般为开幕式当天中午或晚上，安排在晚上的酒会应注意开始时间要适宜，不宜太早或太晚。太早开始的话没有气氛，太晚开始的话等到酒会结束时就太晚了，影响贵宾休息和第二天的工作。

（二）酒会地点

酒会地点最好安排在离展馆不远的酒店，选择酒店时要考虑到酒店的档次、接待能力、交通便利性、安全性等因素。我国酒店分为五个等级，最高为五星级酒店。酒店等级的确定主要是依据酒店的位置、设施的配备情况、服务水准的高低来进行综合评判。虽然目前国际上在划分酒店等级方面还没有正式的规定，但有些标准已得到公认，如酒店的清洁程度、设施水平、家具品质、酒店规模、豪华程度、服务质量、管理水平等。因为开幕酒会邀请的都是贵宾，因此选择的酒店最好在三星级以上，这样不仅可以提升会展组展方的形象，还能与这些贵宾建立良好的关系，从而促成长期合作。

（三）出席人员

一般来说，酒会出席人员应包括出席开幕式的领导和嘉宾、会展组展方的领导和代表、行业协会和商会的领导、参展商代表、行业主管部门官员、新闻媒体、工商管理部门的代表、有关驻华机构代表等。会展组展方应事先确定出席人数，对出席人员发出正式邀请函，并派专人落实人员到会情况。

（四）酒会方式

酒会开幕前可安排鸡尾酒会，鸡尾酒会以供应各种酒水饮料为主，并附带提供各种小吃、点心和一定数量的冷热菜。它无须豪华设备，是一种既活泼又简单的会客方式，通常中午、下午、晚上均可举办。

酒会正式开始前可由会展主办单位领导致简短欢迎词，并安排有关领导发表简短讲话。酒会可采用自助餐或围餐的形式，席间可安排表演活动以活跃气氛。

（五）酒会标准

酒会标准可按每人或每桌标准来计算，酒会档次要适当，不能太高或太低。太高的话会展组展方的成本就会增加；太低的话又显得不够档次，贬损了会展组展方的形象，甚至会使参加酒会的嘉宾怀疑组展方的诚意。

（六）媒体接待工作

媒体接待工作主要有开辟新闻中心、发放新闻袋、组织新闻报道与采访三部分。在酒会开始之前，会展组展方要在酒店中开辟一定区域作为新闻中心，供新闻记者采访使用；在媒体记者到达之后发放新闻袋，新闻袋中是与此次酒会相关的资料；做完上述工作后要组织好新闻媒体的采访与报道工作，如果新闻媒体记者要对领导或参展商进行采访，会展组展方要积极帮助协调。

总之，开幕酒会是会展组展方联络各方感情，与各方进行面对面交流、沟通的一种非常好的方式，因此，会展组展方要精心筹划开幕酒会以达到促进各方交流、沟通的目的。

第三节　会展期间服务策划

会展期间的服务是指会展项目在展览期间到最后展览闭幕这一段时间办展机构对会展相关人流、展品流、信息流的组织管理。开展期间的服务是办展机构对会展活动进行组织管理的集中体现，是办展机构与参展商和观众等相关方面最直接的面对面的交流。它所涉事务繁多，需要多方面的协调配合，开展期间某一方面服务工作的疏忽或失误就可能会对会展活动造成严重影响。因此，办展机构一般对开展期间的服务策划极为重视。

一、观众登记入场

观众登记工作是会展活动的门户，所有到会观众必须先进行观众登记才能入馆参观会展活动。观众登记工作不仅是现场秩序稳定的重要组成部分，同时也是会展活动目标观众数据库重要的信息来源和客户分析的第一手资料，对会展组展方改善客户关系和调整宣传推广策略起着重要作用。因此，观众登记工作对会展现场工作十分重要。

（一）预登记观众

开展前已收到邀请函并决定参观的观众，称为预登记观众，一般为专业观众。预决定参观的观众需填写邀请函上的附表，即回执表，并以邮寄、传真或 E-mail 的方式将回执表发给办展方，办展方进行信息确认，将参观信息编码告知观众。预登记观众现场参观时，凭借邀请函或编码信息换取参观证，即可直接通过展馆入口换证进入展馆。有些会展活动，观众邀请函发放之前，已进行编码并将其印制在邀请函上，因此，持有邀请函的观众需填写邀请函上的附表，然后可直接通过展馆入口查证处扫码进入展馆或换证进入展馆。

（二）非预登记观众

未收到邀请函而又参观展会的观众，为非预登记观众。一般在展馆序幕大厅或者专门的观众进馆大厅内设立观众登记处、观众登记通道及观众换证处。观众登记处台位数量、通道数量及观众换证处台位数量应根据会展项目的预定观众规模进行合理设立。非预登记观众应先在观众登记处填写观众登记表，经会展接待人员审核无误后进入观众登记通道，有序地到观众换证处换取参观证件进入展馆。

二、公关和重要接待活动

会展活动期间，会展组展方往往会安排一些重要的公关活动，如邀请重要领导参观和视察会展活动、接待外国参展商和参观代表团、接待行业协会和商会的考察、接待外国驻华机构代表的访问等。这些公关和接待活动有利于扩大会展活动的影响力，对树立会展活动良好形象起着重要作用，因此要做好这些贵宾的接待工作。

（一）准备工作

1. 接待室

要安排专门的接待室，接待室要整洁干净。若不允许吸烟，应在接待室中放置标语标牌提示贵宾，并安排专门的吸烟区域。

2. 签到处

要准备好来宾的签到处和贵宾留言簿，最好是红色或金色锦缎面的高级留言册，同时准备好留言用的文具。

3. 会展宣传册

为了便于贵宾了解会展活动的情况，会展组展方可以印刷一些材料，如会展活动的内容和意义、来宾名单等。

4. 座次安排、翻译等工作

开幕式之前，要考虑贵宾的座席和安排，在有座席的情况下，贵宾必须有席卡。需要贵宾致辞、剪彩的一定要安排好顺序，根据需要配备翻译。

（二）迎接工作

开幕式开始前半小时，会展组展方要安排有一定级别的领导者在展会入口迎接贵宾，同时提前了解每一位贵宾姓名、单位、职务等信息。

（三）接待工作

贵宾抵达后，接待部门要安排专门的工作人员引路，将贵宾送到贵宾室，组展方的主要领导要在贵宾接待室迎接。贵宾在贵宾室的活动主要是在签到簿上题词或签字，同时佩戴胸花等。

三、媒体接待与采访

安排一些媒体对会展活动进行参观和采访，或有意识地对外发布一些关于会展活动的新闻，可以扩大会展活动的影响力。因此展会开幕前，会展组展方要联系相关媒体，为召开新闻发布会或邀请媒体记者进行采访编写新闻报道做准备。进行媒体接待策划时需做到以下几点。

（一）确定媒体接待人员

可以组织、引导和安排各新闻媒体对展会进行新闻报道，配备专门人员负责接待媒体，为各媒体记者提供必要的展会资料，积极回答记者的提问并帮助协调媒体记者采访某些参展企业、目标观众或嘉宾。

（二）确定提供给媒体的新闻资料

展会可以根据不同媒体的不同新闻需求向其提供不同的展会资料。在保证报道基调统一的前提下，引导不同的媒体全方位地对展会进行报道。提供给新闻媒体的资料一般有：展会开幕新闻通稿、展会背景和特点介绍、展会会刊、展会的统计数据、展会相关活动安排计划、展会参展指南和一些小礼品等。

（三）提供必要的硬件服务

需提供的必要的硬件服务包括水、电、灯光、新闻中心等。会展组展方在展会现场应适当开辟一定的区域作为展会的新闻中心供媒体记者直播或采访使用，并配备相关的物品和设备。

（四）及时反馈各种采访报道

会展组展方在展览期间及展览过后要及时收集和整理新闻媒体关于此次展会的各种采访报道，分析这些报道的内容是否符合展会发展的需要，以及需要改进和不恰当的地方，以便采取相应的措施。

四、现场安全保卫工作

安全保卫工作是会展活动运作过程中的第一要务，在会展活动中发生的任何安全问题都会产生很大的负面影响，不仅有可能造成参展商、观众的人身和财产损失，也会对会展组展方的形象造成无形的伤害。因此，做好展会现场安全保卫工作至关重要。会展组展方一定要对会展活动现场进行安保检查，安保检查的项目主要包括消防安全、人员安全、展品安全和公共安全。

（一）消防安全

展会开幕前后，展区内人员密集，展品众多，展会的消防安全十分重要。主要应检查各参展商用于展位搭建的材料是不是防火或耐火材料；参展商在展位搭建和展品演示时使用的电力是否符合要求；展位之间的通道是否有一定的宽度等。

（二）人员安全

首先，在展台的设计施工上，会展组展方要提醒参展商认真阅读场馆相应的施工规定并严格按规定进行施工以保证人员安全；其次，提醒参展商为参展工作人员购买保险以保障人员安全；最后，会展组展方要制订详细的消防预案，做好防火、防爆、防盗、防恐怖袭击措施，以防止观众受到不必要的人身伤害。

（三）展品安全

展品安全应注意两点：一是对于那些在搬运或展出过程中易出现损坏、破碎等问题的展品，会展组展方可以提醒参展商为其展品购买保险，以减少损失；二是要防止展品被盗。会展组展方要安装夜间保险设备，可以供参展商使用，并加派人员对参展的展品进行看管。

（四）公共安全

会展组展方要聘请专门的保安人员 24 小时巡逻会场，负责展会的公共安全工作。对于大型的展览会，根据“谁主办谁负责”的规定，会展组展方也可提出安保方案并向公安机关申报，获得批准后，公安机关会根据展会的规格、规模等派出必要的警力和安保力量。

【案例】

参展商品涉嫌侵权　人民调解快速解决

专利申请人北京某纺织服装有限公司，系从事服装纺织品研发、设计、生产、销售的服装公司，拥有多项服装产品的外观设计专利。申请人在某国际婴童展参展期间发现，被申请人某婴童用品有限公司展出的一件展品（简称被控侵权产品），落入其专利号为ZL20163*****24.2、名称为“爬爬服”的外观设计专利权（简称涉案专利）的保护范围，涉嫌侵犯其外观设计专利权，遂向展会知识产权保护办公室提出维权需求。朝阳快维调委会的调解员作为展会知识产权保护办公室的驻展工作人员，第一时间受理了申请人提交的投诉材料，通知了展会主办方，并告知双方当事人可以通过人民调解的方式解决争议。因双方当事人均同意调解，朝阳快维调委会开展调解工作。

调解员经认定认为，被控侵权外观设计已构成涉案外观设计的相似外观设计，被控侵权产品落入涉案专利权的保护范围的可能性极高。被申请人未经申请人许可，在展会展示被控侵权产品的行为属于专利法规定的许诺销售行为，侵害了申请人享有的涉案专利权，应当依法承担相应的法律责任。

被申请人对调解员的判断意见表示认可，但提出被控侵权产品是他们在展会上首次展出的，在展示期间该产品询问度很高，如果按照要求下架或进行遮盖实在可惜，希望能够通过双方合作的方式解决纠纷。调解员向申请人转达了被申请人的合作意愿，同时向申请人进一步解释，被申请人在展会上实施许诺销售行为仅仅是做出了销售被控侵权产品的意思表示，未给申请人造成实际损失，也未就此获利，即便是法院判赔也是需要根据实际损失或侵权所得进行综合认定的。因此，双方以授权合作的方式解决纠纷不失为一个好的选择。最终，申请人与被申请人签署了专利授权协议，在申请人提出维权需求后24小时内圆满化解纠纷。

（资料来源：北京市知识产权保护中心）

思考题：怎样避免上述侵权事件的发生？

五、知识产权保护工作

（一）会展业知识产权侵权表现

知识产权是指自然人或集体对其在科学、技术、文学领域里创造的精神财富依法享有的专有权，主要有几大类：商标权、专利权、著作权以及其他知识产权。会展业与知识产权有着密切的联系，会展活动中涉及大量的精神产品，如展台设计、著作权、广告手册、宣传标语、图片、产品外观设计等，其中大部分是知识产权法的保护对象。

在我国，由于知识产权保护工作起步较晚，各种与展会相关的侵权行为一直缺乏法律界定和处理规范，因此会展业成为知识产权纠纷的“多发地”和知识产权保护工作的重点领域。我国会展业知识产权侵权主要表现为以下几方面。

1. 对会展业本身的侵权行为

目前，我国会展业发展迅速，已经拥有一批具有国际水平的现代化会展场馆，培育出了一些高水平的名牌展会（如广交会等），但会展业知识产权侵权问题也越来越多，具体表现如下。

（1）冒名招展，克隆展会。一般情况下，会展组展方为了提高自身知名度和招商引资数量，通常会将设计理念、展台搭建及展会 Logo 展现出来，而这些恰恰会让那些不法者冒用，他们在毫不费力的情况下冒用知名展会的名义骗得参展商来参展，赚取参展费用。

（2）对会展活动名称的侵权。会展活动名称是用来表明会展活动举办时间、举办地点、举办范围的符号，对会展业各个参加主体都具有非常重要的意义。一些急功近利之人就盗用著名会展活动的名称和内容进行运作，侵犯其知识产权。

2. 会展业侵犯商标权、专利权和著作权的行为

商标权，又称商标专用权，是指商标所有人在法律规定的有效期限内，对其经商标主管机关核准注册的商标所享有的专用权。会展业侵犯商标权行为主要表现为对会展活动会徽（Logo）的侵权和参展商展品的侵权行为。

在我国，“专利”与“专利权”往往是同一含义，即指法律赋予专利权人对其获得专利的发明创造在一定范围内依法享有的专有权利。会展业侵犯专利权行为主要表现为：抄袭和盗取他人专利作品、拷贝他人参展项目（包括展品、展板及相关宣传资料）等。

著作权又称版权，是指作者或其他著作权人依法对文学、艺术、科学作品所享有的各项专有权利的总称。会展期间的著作权侵权行为集中表现在复制他人作品的侵权行为上。例如，在展览会上使用盗版软件进行现场演示及销售盗版光盘等。

（二）知识产权保护措施

会展组展方一定要加强展会期间知识产权的保护工作，避免发生侵权行为。

1. 加强审查

会展组展方在筹展时要加强对参展商有关知识产权的保护和对参展项目（保护展品、展板及相关宣传资料等）的知识产权状况的审查。审查内容包括：涉及专利权的，参展商应当提交专利权证书、专利权公告文本、专利登记簿副本或当年缴纳年费的凭证复印件；涉及商标权的，参展商应当提交商标注册证书及与商标相关的经有关部门确认的有效证明的复印件；涉及著作权的，参展者应当提交著作权登记证书及缴费凭证或相关证明复印件。

2. 签约

会展组展方可与参展商签订参展期间知识产权保护条款或合同来加强展会知识产权的保护工作。

3. 设立驻展“知识产权保护办公室”

在会展活动现场设立专门的“知识产权保护办公室”，主要承担参展商有关知识产权方面的侵权投诉及有关事件的咨询与处理的相关工作。由参展商自己承担侵权责任的法律后果，会展组展方只是协助处理并禁止侵权展品的展出。

六、其他服务策划

（一）会展相关活动的协调管理

会展组展方要安排和协调会展活动期间举办的相关活动，如对会中会的协调。正规的国际展览会多采用会中会形式加深观众对展览会的理解。会中会最常见的形式就是推介活动，如技术交流会，它是针对产品技术含量比较高的展品，由主办方提供场地、茶水服务。交流会的对象是潜在的买家和用户。另有参展商为了推销自己的展品在展会现场进行的一些娱乐表演活动等，会展组展方都要协调管理这些相关活动。

（二）现场清洁

会展组展方负责公共区域的卫生清洁工作，在会展活动期间及闭馆后派出专门人员清洁和打扫这些区域；参展商自行负责各展位内的清洁卫生工作。

（三）有关信息的收集整理

例如，对调查问卷所收集信息的整理。调查问卷中包括了解参展商及观众对会展活动各方面的看法和意见，以及观众的消费趋向等内容。会展活动期间收集的信息是改进会展策划与管理的重要参考资料。

（四）为与场地部门结算做准备

会展组展方派专人与场地部门核对展会租用面积、参展类别和各服务收费，准备相关资料和数据，为展会闭幕后与场地部门结算做准备。

（五）为下一届会展活动做准备工化

会展活动期间，组展方的各合作单位和招展、招商代理一般都会亲临现场，这时会展组展方可以与他们商洽下一届会展活动的合作与代理等事宜。可于现场设立“招展办公室”，为参展商预订下一届展会的展位。

第四节　撤展策划

展会撤展工作主要包括参展商展品处理、展品出馆控制、展位拆除、参展商租用展具退还、展场清洁和撤展安全保卫等工作。

目前我国很多展会上都存在着提前撤展的现象。通常展会开幕式的当天客流量很大，而后几天特别是闭幕式的当天，观众会比较少，这就会导致很多参展商为节约开支而选择提前撤展。毫无疑问，提前撤展不仅会扰乱展会现场的秩序，同时也会对其他参展商的心理产生影响。因此，会展组展方要制订翔实的方案，妥善处理这种情况。

一、参展商展品处理

展览结束后，展商对于展品的处理要提前做好计划和准备。参展商的展品有4种处理方法：出售、赠送、销毁和回运。展览结束后，参展商可以将展品出售或赠送给客户或当地代理商等；如果某些展品不便或不愿赠送、出售，往往就地销毁；对于一些价值较大又无法现场出售的展品，参展商就要回运。国内展品的回运按照参展商的要求运输即可。对国外参展商展品的回运分为两种情况：如果继续参加展会，则由报关运输公司运到其他举办同类型展会的地方；如果不再参加展会，则由海关运输公司将国外参展商的展品运回其所在的国家。

二、展品出馆控制

展品出馆实行“放行条”控制。需要出馆的展品，参展商先要去组展方办公室申请“放行条”，待组展方相关人员查验展品与“放行条”一致以后才准许其出馆。比较大型的产品由会展物流承包商将其打包并运出展厅，参展商负责把轻小展品带出展馆。所有物品应按租馆合同在规定时间内运出展厅。

三、展位拆除

展位需在展览结束后安全拆除，恢复展览场地原貌。展位拆除分为以下几步：首先，切断展馆总电源，以免发生意外；其次，展品下架后进行展位拆除。展位拆除应遵循“谁搭建谁拆除”的原则，即由主场搭建商搭建的展位由主场搭建商完成拆除，由参展商自己使用并搭建的，由参展商负责拆除。展位拆除有时比布展更为复杂，也更为危险。因此，组展方要监督各参展商或搭建商按规定程序进行展位的拆除工作。

四、参展商租用展具退还

展览完毕，各参展商临时租用的展具要及时退还展馆服务部门或各搭建商。在退还展具过程中一定要细心，避免展具损坏，如果参展商在退还展具过程中与对方发生纠纷，会展组展方要从中进行协调。

五、展场清洁

会展组展方或其指定的搭建商要及时处理撤展过程中产生的垃圾，恢复展馆原貌，不能弄脏展馆地面和其他相关设施。在清理垃圾时要做到全面、细致，尽量将展馆中的每一个地方都打扫干净。

六、撤展安全保卫

展会撤展时场面往往比较杂乱，组展方一定要做好撤展现场的安全和消防保卫工作，协调好物流运输商、展台搭建商和参展商的关系。撤展过程中的安全问题主要集中在两方面：第一，用电安全。展览会正式撤展前 15 分钟要将电源拉断。第二，人身安全。在拆除大型的机械设备和大型特装展台时，尤其要注意人身安全。

【复习思考题】

1. 会展现场服务策划的内容包括哪几个阶段？
2. 布展期间有哪些服务内容？
3. 简述开幕式现场策划包含哪些内容。
4. 简述开展策划期间包含哪些内容。
5. 简述撤展策划期间包含哪些内容。

【案例分析】

第二十二届中国北方国际自行车电动车展览会

2024 年 3 月 28 日至 30 日，第二十二届中国北方国际自行车电动车展览会在天津梅江会展中心举行。本届展会总展出面积超过 10 万平方米，标准展位数量达到 6000 个，参展单位超过 800 家，参展范围包括自行车、电动车整车及零部件、童车及零部件、老年代步休闲产品、新能源绿色交通工具、机器人及智能技术应用、充换电设备及智能充电解决方案、生产加工设备、环保设备及技术、工艺、材料、运动休闲用品、装备、电商平台及专业媒体等。在注重行业发展综合效益的同时，展会为参展企业提供了新品推广、品牌营销、贸易洽谈及文化展示的广阔平台，对参展企业拓展经营渠道、开发潜在市场、推动产品创新提供了最大便利，发挥了产业联动、促进行业发展的风向标作用。展会现场，各电动自行车参展企业纷纷推出差异化新产品，自行车参展企业也在展会现场展示高端自行车产品，吸引了来自全国各地经销商、骑行爱好者前来洽谈。

（资料来源：新华网）

分析题： 各学习小组根据上述展会资料，为同等规模的下届展会撰写现场服务策划方案。

第九章

会展预算与效果评估

本章导读

本章围绕会展预算和效果评估的核心问题展开。在会展活动中，预算和效果评估的地位和作用非常重要，关系到会展活动成功与否。会展的各项费用，根据是否随具体情况变化，可分为固定费用和可变费用。固定费用不随参展人数变动，即使实际效益少于预期收益时也不变，如印刷和邮寄宣传资料的费用、场馆租用的费用等。可变费用会根据出席人数或其他因素的变化而变化。会展评估是会展工作的重要组成部分，一般包括对会展前台工作和后台工作的评估。评估前台工作主要是对会展人员工作的工作水平和会展效果进行评估，需要在会展结束时以及后续时间跟踪调查评估。评估后台工作主要是对会展环境以及会展筹备工作和组织工作进行评估，在会展结束时完成。

【学习目标】

1. 掌握会展预算的制定过程和具体内容。

2. 能根据实际情况拟订合理的会展预算方案。

3. 在会展评估阶段，能根据合理的评估标准对会展进行科学的评估，确保会展的质量和效率。

【导入案例】

会展活动的办展投入

举办一个会展活动需要多少钱，这个费用估算是非常复杂的，至少需要考虑以下四个方面。

1. 场地租赁费

首先活动场地是举办会展活动所必需的基础设施，活动场地的租赁费用要包含基本租金、附加费用和押金。以首都北京这样的城市为例，不同场馆的价格有所不同。

国家会议中心（China National Convention Center）：北京市最大的会议场地之一，位于奥林匹克公园区域。这里拥有宽敞的室内和室外场地，可以容纳大型活动和展览。租赁价格因活动类型和使用面积而异，通常在 10000 元到 50000 元 / 天。

北京国际会议中心（Beijing International Convention Center）：位于亚运村地区，是北京市另一个知名的大型活动场地。这里设有多个室内会议厅和宴会厅，适合各种规模的活动。租赁价格根据活动类型、使用时间和场地规模而定，一般在 5000 元到 30000 元 / 天。

北京展览馆（China International Exhibition Center）：北京展览馆是中国最大的展览中心之一，位于亚运村地区。它提供了大量的展览空间和会议设施，适合各种类型的大型活动。租赁价格取决于展览馆的使用面积、租期和活动类型，一般在 3000 元到 20000 元 / 天。

北京世纪坛国际会议中心（Beijing Century Hall International Conference Center）：位于世纪坛公园内，是一个风景优美的活动场地。这里设有多个宴会厅和会议厅，适合举办各类高规格活动。租赁价格根据场地面积、使用时间和设施配置而有所不同，一般在 3000 元到 15000 元 / 天。

2. 展览设计搭建费

展览设计包括展位布局、视觉效果、图文设计等内容，设计价格根据设计师的经验和设计要求而定。在北京地区，展览设计费用一般在 5000 元至 50000 元。展览搭建是指根据展商需求，搭建展台、展架、展示装置等展览场地的服务，价格会受到展位面积、搭建材料和设计要求等因素的影响。北京地区的展览搭建费用为每平方米 200 元至 800 元，加上材料运输、设备租赁等费用，一个 500 平方米的展厅搭建费支出在 50 万元左右。

3. 推广支出

包括活动（包括印刷品）费用，包括邀请函、礼品袋、活动手册、产品手册、流程表、海报等；会场茶歇区备品费用，包括饮料、零食、水果等；设备租赁费，包括活动中的 LED 屏幕；宣传渠道费（搜索 SEM 广告、社交 KOL、分发媒体），预算在 40 万元左右。

4. 人员支出

在会展活动中，安保工作是非常重要的一环，涉及会展活动的安全顺利进行。根据不同的会展合同和协议，安保费用的承担方式可能会有所不同，但通常情况下，主办方会负责安排并支付相关的安保费用。这些费用包括场地安全巡逻、人员安全培训、紧急情况处理等方面的开支，安保费用的具体数额和支付方式会根据活动的规模、复杂程度以及安全需求等因素而定。例如，某届广交会招聘200位安保，薪酬150元/天，包餐水，工作20~35天，估算安保费为60万~100万元。

还要有嘉宾接待员、展商和观众登记员、对接展馆服务人员、后勤服务人员、销售人员、文件处理人员、物料管理人员、现场活动组织和主持人、安保负责人，30人左右，估算15万~22万元。

（资料来源：根据业内人士提供的资料整理而成）

请思考：会展预算对会展的成功举办有何意义？

第一节　会展预算

要实现办展或参展的经济效益，必须从会展筹划开始，制订一个合理的会展预算，并在会展过程中严格按照预算进行操作，只有这样才能保证参与会展的各方获得预期的经济效益。

一、制订会展预算的过程

会展预算是会展前期管理的一部分，必须结合办展（参展）具体目标，有计划、有步骤地进行。

第一步，明确办展（参展）的具体目标。如实现成交额1亿元，参观人数达1万人，树立参展企业的形象，等等。在明确具体目标的基础上，才能着手制订会展预算，只有能实现会展目标的预算才是合理的、成功的预算。

第二步，收集信息。有三类信息需要收集：过去的预算数据、会展所需商品的最新价格信息、通货膨胀的相关信息。其中，要注意通货膨胀的信息，因为预算制订离会展正式举办有一定的时间间隔，对可能的物价上涨做未雨绸缪的准备，可以保证会展经费充足。

第三步，拟订预算。在以上三类信息的基础上，对需要支出的各种费用和可能取得的各项收入进行详细的列表分析（见表9-1），根据总预算做必要的调整，可以制订出相对精确的预算用以指导会展工作。

表9-1　会展支出预算

季度 / 支出项目	一	二	三	四	全年
营销费用					
会议展览场地租赁费					
会展项目管理费					

续表

季度 支出项目	一	二	三	四	全年
提供各项服务费					
其他费用					
费用总计					

第四步，公布预算，征求意见。预算草案形成后，要征求各方的意见，有几个原则要注意：一是选定一个人负责全部直接开支，明确费用标准和使用的权限及范围，交代清楚展出目标和预算额，向全体筹备人员说明；二是不轻易改变授权，也不轻易改变被授权人的决定；三是不要保密，要将预算限额告知有关的人员，包括外部的承包商。参考各方的意见，可以使预算更加合理。

第五步，修正预算。预算是通过估计制订的，难以保证准确，需要不断地调整。耗资巨大的会展，其预算每个月至少要检查一次，发现问题就及时调整，使之符合实际情况和需要。必须说明的是，改变预算是很正常的，但改变应有充分的理由。如果理由成立，即使会造成额外的开支甚至损失，都要坚决改变，最好的方法是仔细调研、认真核算、周密安排。要注意的是，改变预算的时间离会展开幕日期越近，可能产生的额外费用就越高。

二、会展预算的具体内容

展览费用按照是否直接进入预算，可以分为直接费用和间接费用。直接费用是指为筹备展览直接开支的费用，各个展览项目之间会有比较大的差异。展览直接费用由展览项目有关人员负责管理，属于展览项目工作的一部分。展览的间接费用是指为筹备会议花费的人力、时间以及从其他预算中开支的费用。有些会展的预算中，间接费用不计入预算。

根据制订预算的主体不同，可分为组织者预算和参展商预算两类，以下将分别对这两类预算的内容进行具体分析。

（一）组织者预算

会展的内容和层次不同，预算的内容、范围和支出总额也存在较大差异。如奥运会、世博会的主办者是一个国家，需要举国参与，投资以亿元计；而一个产品推介会的主办者只是单个企业，花费可以不足万元。基于会展的复杂性，只能针对各类会展的共性，即举办不同类型会展所共同关注的项目进行预算分析。

1. 会展费用

会展界一般将展览费用分为四大类，如表 9-2 所示，并根据不同特点、标准，提出分配比例和备用比例。

表 9–2　会展费用的分类

类别	用途
设计施工费（展台费用）	包括设计、施工、场地租用、展架租用或制作及搭建和拆除、展具制作和租用、电源连接及用电、电器设备租用及安装、展品布置、图文设计制作及安装等，这部分费用占总预算的 35%~70%
展品运输费用	包括展品的制作或购买、包装、运输、装卸、仓储、保险等。因距离远近、展品多少不同，这部分费用占总预算的 10%~20%
宣传公关费用	包括宣传、新闻、广告、公共关系、联络、编印资料、录像。这部分费用占总预算的 10%~30%，其弹性较大。有些展出者在宣传、广告、公关、编印资料等方面有专门的预算，展览宣传等工作是整体宣传工作的一部分，在这种情况下这类开支项目可以列为间接开支项目
行政后勤类费用（人员费用）	包括人员的交通、膳食、住宿、长期职工的补贴、人员培训、人员制服、临时雇员工资等方面的支出，这部分费用占总预算的 10%~20%

作为会展的组织者，会展场地租用和人员的住宿问题是一项重要的开支，在预算时要注意以下问题：会展地点收费如何计算？是否有淡季折扣？工作日和双休日是否有区别？是否需要押金？哪些是附加收费？哪些费用可以延期支付？客房的价格是否稳定？是否有免费使用的房间？会展预订的宾馆对迟到的客人如何安置？会展地点接受哪些货币？能否用信用卡消费？会展场地是否可以预订？是否要求保险？

会展费用可以参照展览方案分类逐项安排，预算要列明开支项目、预算额、实际开支额。为了说明特殊情况，可以添加一个备注栏。为了精确控制，有的预算者还列出预算额和实际开支额比例，这两种比例对以后做预算有很大的参考价值。

细致周密的预算可以提高工作质量和效益，也可以作为评估的重要标准。成功的会展往往继续举办，因此每次预算都将作为重要的历史资料，成为以后会展举办的参照样本。

2. 会展收益

会展的组织者除了对会展的支出项目进行规划，还应该仔细审视收益项目。收益项目的来源比较简单，主要有以下几项。

（1）拨款。这是一种最简单的收益来源。

（2）参展商注册费。这类收费额需经过细致精确的计算，保证能够冲抵组织者在展场预订、行政及后勤等项目上的支出。否则，参展摊位越多，组织者亏损额越大。

（3）门票收入。门票不仅能为组织者带来收入，更是一项衡量会展影响力的重要指标。在确定门票金额时，应主要考虑参观者的接受程度。门票价格的确定以达到预期的观众数量为基本原则。

（4）出售展品、纪念品的收入。对于文化商品交流类的展会，展品、纪念品的销售是组织者的重要收入来源。所出售的展品和纪念品要保证质量，其价格要与会展本身的地位协调一致，过高的价格影响销售量，过低的价格则有损会展的品位。

（5）广告、赞助。这是会展重要的收入来源。如奥运会的主要收入之一是企业的赞助和广告。会展计划的重要内容之一就是通过各种渠道使相关企业提前了解会展情况，鼓励其参展，对著名企业要特别关注，以争取他们对会展赞助和在会展中投放广告。

（二）参展商预算

1. 基本预算项目

（1）照明电源及其他服务。组织者一般会指定电气承包商安装、出租电气设备。如果企业经常参展，可以考虑自己买设备，只是增加了运输费、安装费，且电费仍需要支付。设备操作示范需要用到水、煤气等时，要事先了解清楚有无供应，以及价格如何。

（2）展架、展具、地毯。展架、展具可以租用，经常参展的企业也可以自己购买。地毯最好租用，或者买最便宜的地毯，会展结束后丢弃。

（3）电话。租用电话可以方便企业进行联络，提高工作效率，也可提供给潜在顾客使用，有助于提高参展效果。

（4）文图、道具、办公用品。企业需要为展台专门制作文字、图表，这是必要的开支。企业演示用的道具及办公用品，由于租用价格贵，自备为佳。

（5）展览资料。会展资料中包括公司介绍、产品介绍、报价单等内容，有的项目可能印在整个会展的会刊上，但详细的产品信息和报价，公司应该专门印制。

（6）展台清洁。一般清洁费包括在场地租金为，如果不包括，清洁费也不会太高。如果展台面积不大，可以在晚上闭幕以后自己清扫或雇用他人打扫，不要忘记展品的清洁和保养。

（7）联络、差旅、工作人员食宿及补贴。在决定参展前进行实地考察有利于做好设计、宣传、运输工作。展台人员的食宿要尽早与组织方联系，以争取折扣。因为在会展期间，参展企业和参观者很多，客房、餐费都可能上涨，预订可以降低成本，避免出现问题。

（8）展品运输和保险。参展企业可以自己运输产品，但如果展品多，最好由专业的物流公司安排。展品运输的时间要计算好，太早或太迟都会导致额外开支，保证开会时展品到齐是最基本的要求。展品要注意小心包装、搬运，尤其是反复使用的展具、办公用品更要注意。参展企业都必须办理保险。有的公司只需要办理手续，将保险从正常经营范围扩大到展览项目、参展人员和展品上，不需要另外付费。如果保险费需要另付，可以从组织者推荐的公司中选择。

（9）接待客户。通常展台尤其是大展台要给坐下来洽谈的客户提供饮料，甚至正餐。企业要与组织者实现联系，为展台配备冰箱、茶具等设备，或者提供临时的会客场所。如果公司距离展场近，可以使用自己的设备，或者租用场地设备。

2. 强化项目

在考虑基本项目的基础上，为了保证参展商获得满意的参展效果，还需要强化一些预算项目。

（1）坚持进行效果评估。会展连年举办，参展商对参展效果的评估也需要每年坚持进行。效果评估的费用即使在经济形势严峻的情况下也不能减免。参展之后，应该跟踪特定时期销售额的变化，掌握各个展会的投资回报率。中断跟踪评测，会展数据失去连续性，将影响数据的可比性，得不偿失。

（2）举办客户联谊会的费用不能减。很多正规公司在参展期间或前后，都会举行一个面对面的交流会，参观人员包括客户代表、公司管理层和销售市场部门负责人。集中约见客户的回报率是相当高的。客户联谊会的费用，与其巨大的回报相比，性价比较高。

（3）现场演示的费用要保证。参展商向参观者展示产品的方式有很多，但能给参观者“身临其境”感觉的是现场产品演示。对于潜在顾客而言，当场试用更能刺激其购买欲望。因此，现场演示上的投入要保证。

（4）必要的公关资料要保留。参展商在展会期间的传统性的招待会或赞助活动要保留，这一方面是加强与客户交流的重要手段，另一方面也能为企业带来持久不变的良好信誉，树立企业一贯坚持的形象。

3. 成本控制项目

参展商不仅需要全面考虑各项支出，还应该学会控制预算。以下介绍一些控制预算、降低成本的方法。

（1）尽早行动。尽早预订公司的展台，尽早设计、运输和搭建展台，尽早预订客房和餐饮。

（2）合并运输。如果公司有多个部门有外地展览事宜，可以将所有部门的会展设备清单合并在一起，这样公司可以对所有的物品进行协调、统一运输。

（3）协商获得更好的价格。首先要了解展馆价格的详细信息，然后可以向组织者直接提出价格协商要求。

（4）减少或停止派发宣传资料。如果公司的产品变动频繁，更新宣传资料的费用将是一笔巨大的开支。可以用商业明信片代替宣传册，在明信片上印刷公司的网址及电话号码，这不仅节省了印刷成本，还减少了印刷品运输的费用。在互联网运用日益普及的今天，这种做法将得到更多公司的认可。

（5）取消赠送样品。在会展上追逐免费样品的人，可能并不是公司的目标客户。

（6）节约展位装饰投入。有的公司喜欢租用一些花草树木来装饰展位，实际上大的参展商每年在这项服务上节省开支，并不会影响展台的品位。

（7）控制电话数量。移动通信设备的普及，使参展商在展位上与外界沟通不再依赖固定电话，可以节省安装电话的费用，同时不必要的长途通话费也得到了控制。

（8）减少触摸屏等检索设备的使用。如果公司已有的印刷品和多媒体宣传手段能使参观者在短时间内获取足够的信息，不至于使他们长时间等待，那就没必要安装太多的信息检索设备。

第二节　会展评估

一、会展评估的程序

会展评估是一项复杂的工作，必须按照一定的程序科学进行。会展评估与其他营销活动的评估是类似的，即按照一定标准，对统计数据和观察资料进行分析和研究，最后得出判断和结论。因此，会展评估一般按照选择标准、收集信息、统计分析、得出结论的程序进行运作。

（一）选择标准

即选定一个评估方案，方案中有一系列的评价指标，且每一个指标根据重要性有不同的分值（权数）。评估标准直接决定评估的结果，对评估标准的要求是权威、客观、明确、具体。

权威是指评估标准必须为主办者、参展商及会展主管部门认可，否则难以保证评估结果为各方接受。

客观是指评估标准要符合客观实际，不至于过高或者过低。因为评估标准对会展主办者有较强的引导作用，合理的标准可以促进会展业的发展又不至于造成浪费。

明确是指评估指标必须清楚，说明评估工作的进行方法。

具体是指评估标准必须易量化、可操作性强，能有效减少评分时的主观随意性。

（二）收集信息

收集信息是会展评估工作中最耗费时间和精力的步骤。收集信息的主要方法有收集历史资料、现场观察记录、问卷调查、会议座谈等。这些方法可以从定性和定量两方面获取信息，而问卷调查是最常用的方式。

1. 收集历史资料

历史资料主要有历届会展的统计资料、竞争对手的资料、报刊的相关报道及专业和内部媒体的评估资料等。

2. 现场观察记录

在会展进行过程中，需要组织评估人员对工作项目、工作环节、工作结果等方面进行记录。现场观察记录，可以得到诸如参观者数量、交通密度、意向成交金额等重要的评估数据。

3. 问卷调查

会展评估中使用的调查问卷主要包括参观者问卷和参展商问卷。参观者问卷用于了解参观者的基本情况及其对会展效果的评价。其中，由主办者发送的参观者问卷目的在于了解会展整体效果。参展商问卷重在了解参展商对会展服务的反馈意见及其对会展效果的评价。问卷调查工作通常用概率抽样的方式进行，可以委托专业的市场调查公司完成。

【相关链接】

调查问卷的方式也是多样的，下面是一份参观调查表。

1. 您参观过本展览会的哪一届？

（1）2011　（2）2013　（3）2015　（4）2017

（5）2019　（6）2021　（7）本届

2. 本届展览会期间，您参观了几天？

（1）1 天　（2）2 天　（3）3 天　（4）4 天　（5）每天

3. 您平均每天参观几小时？

（1）1 小时　（2）2 小时　（3）4 小时　（4）6 小时　（5）全天

4. 您参观了哪几个馆？

（1）全部　（2）A 馆　（3）B 馆　（4）C 馆　（5）D 馆

5. 您来展览会的路程有多远？

（1）1 千米　（2）5 千米　（3）10 千米　（4）20 千米　（5）50 千米以上

6. 您从何途径知道本展览会？

（1）直接发函（2）报刊广告（3）新闻报道（4）内部刊物（5）别人告知

7. 展台吸引你注意的原因是什么？

（1）展台设计（2）产品　（3）展台人员　（4）资料　（5）其他

8. 您想购买的产品是哪些？

（1）产品 A　（2）产品 B　（3）产品 C　（4）产品 D　（5）其他

9. 您在公司购买过程中起的作用是什么？

（1）决定　（2）参与　（3）建议　（4）不参与

10. 您参观过其他同类展览会吗？

请列举：

11. 本展览会下一届将在某年某月某地举办，您是否将参观？

（1）是　（2）否　（3）未确定

12. 您对展台设计有何意见、建议？

13. 您对展台人员表现有何建议、意见？

14. 您对展品有何意见、建议？
15. 参观者姓名：
16. 参观者职务：
17. 您所在公司的经营性质：
（1）制造　（2）进出口　（3）批发　（4）零售　（5）经销
18. 公司经营范围：
19. 公司成立时间：
20. 公司雇员人数：
（1）1~9 人（2）10~49 人（3）50~99 人（4）100~499 人（5）500~999 人
（6）1000 人以上
21. 参观目的：
（1）收集信息　（2）寻找代理　（3）寻找新货源　（4）订货
22. 您经常阅读的专业报刊是：
（1）报纸 A　（2）报纸 B　（3）报纸 C　（4）期刊 A
（5）期刊 B　（6）期刊 C

填写日期：

签字：

4. 会议座谈

会展期间可以组织各种规模的会议，邀请政府部门、商会、行业协会、展览会的专业人士参与座谈，收集专业人士的见解和评价。

（三）统计分析

会展评估中的统计分析是将所收集到的数据资料统计整理成系统化的、条理清晰的材料，根据所选定的评估方案的标准进行评分，并分析存在的问题及其原因。进行统计分析，容易得到如潜在顾客数量、签订合同金额等指标，但是要得到市场状况、趋势、竞争对手情况则还需要结合其他手段进行分析。在统计过程中，要合理运用各种统计工具，也可以委托专业的市场调查公司来处理统计分析工作。

（四）评估结果

会展评估结果是反映会展情况的一系列数字、比例和陈述，通常按照会展评估方案的要求提交。在会展评估的过程中，需要特别注意两点。第一，会展评估要有权威的评估方。评估方必须以中立的身份主持评估工作，做到公平、公正，通常会考虑由政府主管部门或行业协会开展评估活动。第二，要在评估工作开展之前制订合理的工作计划，特别要保证人力和物力的投入。

二、我国会展评估指标体系

目前，国家已出台官方的评估文件，各地方也陆续出台或正在酝酿会展业的行业标准。

（一）国家官方评估文件

国家经济贸易委员会于 2002 年 12 月 2 日批准，自 2003 年 3 月 1 日起实施的商业行业标准——《专业性展览会等级的划分及评定》，是我国展览业的第一个行业标准。该标准规定了对专业性展览会等级划分和评定的原则、要求和方法，适用于在中国境内举办的以经济贸易活动为目的的专业性展览会的等级划分及评定。2013 年 1 月 4 日，商务部发布了新修订的行业标准《专业性展览会等级的划分及评定》，自 2013 年 7 月 1 日正式实施。标准规定了专业性展会等级评定的主要构成要素：展览面积、参展商、观众、展览的连续性、参展商满意率和相关活动。同时，在附加项中，对展会主办方、承办方、展馆方等展览业涉及的各类组织提出了质量管理标准。专业性展览会等级的划分及评定标准如表 9-3 所示。

表 9-3　专业性展览会等级的划分及评定标准

A.1 评分说明			
A.1.1 本标准满分为 720 分			
A.1.2 各等级应达到的最低分数			
A 级：546 分			
B 级：420 分			
C 级：216 分			
D 级：108 分			
A.2 评分标准	各大项的得分汇总栏	各分项的得分汇总栏	计分栏
A.2.1 展出净面积及特殊装修展位面积比	150		
A.2.1.1 展出净面积不少于 15000 平方米		75	75
展出净面积不少于 10000 平方米			65
展出净面积不少于 5000 平方米			50
展出净面积不少于 3000 平方米			35
展出净面积不少于 2000 平方米			20
展出净面积不少于 1000 平方米			10
A.2.1.2 特殊装修展位面积比不少于 30%		75	75

续表

特殊装修展位面积比不少于 20%			55
特殊装修展位面积比不少于 10%			35
特殊装修展位面积比不少于 5%			15
A.2.2 参展商	70		
境外参展商展位面积与展出净面积的比值不少于 40%		70	70
境外参展商展位面积与展出净面积的比值不少于 30%			55
境外参展商展位面积与展出净面积的比值不少于 20%			40
境外参展商展位面积与展出净面积的比值不少于 10%			30
境外参展商展位面积与展出净面积的比值不少于 5%			20
A.2.3 观众	100		
A.2.3.1 展览期间专业观众人次与观众总人次的比值不少于 70%		50	50
展览期间专业观众人次与观众总人次的比值不少于 60%			40
展览期间专业观众人次与观众总人次的比值不少于 50%			30
展览期间专业观众人次与观众总人次的比值不少于 40%			20
展览期间专业观众人次与观众总人次的比值不少于 30%			10
A.2.3.2 境外观众人次不少于观众总人次的 4%		50	50
境外观众人次不少于观众总人次的 1%			35
境外观众人次不少于观众总人次的 5‰			20
境外观众人次不少于观众总人次的 2‰			10
境外观众人次不少于观众总人次的 1‰			5
A.2.4 展览的连续性	50		
同一个专业性展览会连续举办不少于 5 次			50
同一个专业性展览会连续举办不少于 4 次			40
同一个专业性展览会连续举办不少于 3 次			30
同一个专业性展览会连续举办不少于 2 次			20
A.2.5 参展商满意率	150		
参展商满意率调查表中对展览会的总体评价结论为“很满意”和“满意”的数量总和不低于参展商总数的 85%			150
参展商满意率调查表中对展览会的总体评价结论为“很满意”和“满意”的数量总和不低于参展商总数的 80%			120
参展商满意率调查表中对展览会的总体评价结论为“很满意”和“满意”的数量总和不低于参展商总数的 75%			90

续表

参展商满意率调查表中对展览会的总体评价结论为“很满意”和“满意”的数量总和不低于参展商总数的 70%			70
参展商满意率调查表中对展览会的总体评价结论为“很满意”和“满意”的数量总和不低于参展商总数的 65%			50
A.2.6 相关活动	80		
展览期间组织与展览会主题相关的各种活动			80
A.2.7 附加评定项	120		
A.2.7.1 主办（承办）方通过 GB/T 19001—2000 质量管理体系认证			20
A.2.7.2 展馆方通过 GB/T 19001—2000 质量管理体系认证			20
A.2.7.3 展馆方通过 GB/T 28001—2001 职业健康安全管理体系认证			20
A.2.7.4 装修和搭建的主要承办方通过 GB/T 19001—2000 质量管理体系认证			15
A.2.7.5 装修和搭建的主要承办方通过 GB/T 28001—2001 职业健康安全管理体系认证			15
A.2.7.6 展览运输的主要承办方通过 GB/T 19001—2000 质量管理体系认证			15
A.2.7.7 展览运输的主要承办方通过 GB/T 28001—2001 职业健康安全管理体系认证			15

近年来，随着可持续经济的不断发展，人们对会展活动低碳化的要求更加迫切。2022 年 6 月由中国生态文明研究与促进会发布了《大型会议展览活动低碳评估规程》。标准详细规定了大型会议展览活动的低碳评估流程、前期碳排放评价、中期核算及后期中和阶段等关键环节，旨在通过科学评估，减少大型会议展览活动对环境的影响，推动绿色低碳发展。

（二）地方性评估文件

除国家评估文件之外，国内一些省市也制定了地方性评估文件。

例如，温州会展业协会制定了《温州会展评估工作细则》和温州市展览项目评估评分表。

西安从 2004 年起，对市内 120 家企业实行会展企业资质等级评定，参展商可以此作为是否参展的重要依据。

上海市有关部门制定了上海市会展业行业公约，建立会展评估体系，进行相关的知识产权保护和品牌保护工作。

深圳会展业根据会展的买家数量、展览面积、成交额等进行评级定档。深圳的展会划分为 A、B、C 三级，市政府根据不同级别给予不同的支持政策。

《郑州市会展业促进条例》自 2022 年 12 月 1 日起施行，该条例从会展场馆规划建设、提升政府服务水平、加强会展政策扶持等方面作出明确规定，为郑州会展行业健康发展保驾护航。该条例也是中部地区首个会展业地方性法规。

三、国外会展评估指标简介

一般来说，国外的评估指标可以归为三大类：观众质量指标、观众活动指标和展览有效性指标。当评估顾客的特征 / 活动和展商的特征 / 活动时，这些指标都有效。当评估展会的有效性时，观众和展商的指标同样必要。下面分别说明这些指标及其含义。

（一）观众质量指标

1. 净购买影响

指最终声称购买、确定购买或推荐购买展出产品的一种或多种的观众比例。该指标很重要而且一直变动很小。

2. 总的购买计划（购买意向）

指在参展接下来的 12 个月内计划购买一种或多种展出的产品的观众比例。

3. 观众兴趣因素值

指在被选择的参展公司中，10 个中至少有 2 个被参观的观众比例，即至少参观 20% 的感兴趣展位观众在总的观众中所占比例。一般来说，展会限定的范围越窄，观众的兴趣因素值越高。研究表明，展会规模的大小与这个取值的大小成反比。

（二）观众活动指标

1. 在每个展位前花费的平均时间

该指标表示为总的参观时间除以平均参观的展位数。当产品示范或演示时，这个因素很有用。在过去的 10 年间，它一直是个常数，为 20 分钟。有关资料统计发现，在 2 天展期的展览中，观众一般要花费 7~8 小时参观平均 21 个展位。

2. 交通密度

交通密度指每平方米展览面积上的观众人数。一般交通密度为 3~5 时表明展览是成功的和活跃的。在过去 20 年中，这个影响因素在 3~4 变动。当密度达到 6 时，这时展馆已经相当拥挤了，而 1 意味着参展的观众很少。

（三）展览有效性指标

1. 潜在顾客

指在参观中对公司产品很感兴趣的观众的比例。显然，这是一个预展效果评价指标，对于选择参加哪个展会这个指标很关键。

2. 展览的效率

指在公司展览中，与公司一对一接触过的潜在顾客的比例。作为美国展会评价的全局指标，1990 年这个指标是 62%。最近 30 年内，这个指标一直相对稳定在 60% 左右。

3. 人员绩效

该指标用以描述在展位上工作的参展人员的质量和数量。可以使用的指标有很多，应根据展会的目标而选择。例如，如果公司关注的是潜在顾客，人员绩效指标可能是展位工作人员除以接触的潜在顾客的数目。更进一步，如果展销会定位于销售，人员绩效可以用每个展会代表销售产品的数目来确定。

4. 产品的吸引程度

该指标表示对公司参展产品感兴趣的观众比例。这个指标可以在与展会人员相互接触时或接触后得到。

5. 记忆度

该指标是参观过产品并在 8~10 周后仍记得者占参观人数的比例。对于管理者而言，人员绩效低、企业标识不完备、跟踪询问不完善等，都可能导致低的记忆度。

6. 每个参观者到达的费用（CVR）

统计值标示为总的展览费用除以达到展位的参观者人数。对于许多管理者而言，有效性意味着得到丰厚的回报。因而，成本指标必须是展会评价的一部分。

7. 表现优秀的参展公司数

在会展行业内，潜在顾客至少达到 70%，CVR 低于平均水平就认为其表现优秀。优秀参展公司的 CVR 一般低于平均 CVR 的一半。

8. 产生的潜在顾客数

这是一个容易确定的数据，只要统计在展会中产生的潜在顾客数就可以了。要求展商记录潜在顾客的基本信息，如姓名、公司、地址和电话号码。

9. 潜在顾客产生的销售

确定展会中的潜在顾客产生的销售。这个指标可以直接确定（如果在展览中销售产品），或者通过展后的几个月内的销售跟踪确定。

10. 每个潜在顾客产生的成本

可能比 CVR 更有效的评价指标。对管理者而言，这可能代表在一个特定展会中对投资更精确的价值反映。

虽然这些指标评价对于展会绩效来说比较全面，但这并不代表评价展会绩效的指标已经全部列出，其他有效性指标可能根据参展公司的目标而确定。例如，如果公司关注新产品信息的散发程度，那么公司就应该关注这方面的数据，如在展览会上散发给参观者的宣传册子数。

【复习思考题】

1. 简述参展商预算要考虑的三类预算项目的具体内容。

2. 简述《专业性展览会等级的划分及评定》中主要构成要素的内容。

【案例分析】

第136届广交会参展成本

第136届广交会第一期于2024年10月15—19日召开，为期五天。

1. 展位估算

展位类型：3×3=9平方米，标准展位；3×6平方米，特装展位；6×6平方米，特装展位。

展位报价：标准展位的平均价格为每平方米3000元。室内光地的价格则略低，为每平方米2800元。特殊位置的展位，如角位、头位、岛位等，因其更佳的曝光度，价格通常会更高。例如，位于人流量较大的区域的展位可能比普通展位高出10%至30%不等。此外，标准展位的价格也会根据展期、展区、展品而浮动，一般的标准展位（9平方米）的费用在20000元左右，而特装展位（36平方米以上）的费用可达80000元左右。初创的中小企业可以选择9平方米标准展位；具有一定规模的企业可以选择18平方米特装展位；大型企业可以选择36平方米特装展位。

2. 布展估算

标准展位一般包括基本的布展配置，如展台、椅子、照明等。如果需要额外的装饰或者特殊的布展方案，则需要额外支付布展费。如果希望展位更加吸引眼球，可以选择特装展位。特装展位的面积通常在18平方米以上，特装展位的布置费用需要自行承担。布展费用按照公司情况，也是根据展台的大小、设计和材料的不同，差异很大。一个简单的展台的搭建费用在10000元左右，而一个复杂的展台的搭建费用可能会超过50000元。例如，按照一家品牌公司对广交会装潢的报价，18平方米展位一般为18000元，36平方米特装展位一般为24000元，三面开口36平方米特装展位可以达到34000~40000元，四面开口或有特别需求的特装展位装潢价格更高。

3. 运输费

参展产品的运输费用也是一笔不小的开支，许多展会会指定承运商负责为参展商提供相关货运、储存、提货、就位等服务，并为境外参展商提供展品报关、运输、就位等服务。根据产品数量、重量、体积、距离及运输方式的不同，运输费用会有所差异，一般海运成本较低，空运成本较高但速度快。除了运输费，企业还会为货物购买保险，还会选择支付货物跟踪、紧急运输、仓储等额外费用，国际货物还要支付清关费用，考虑汇率成本。

4. 人员费用

参展期间，公司人员需要住宿、交通和餐饮等费用，商务酒店 300~2000 元 / 间不等。广交会期间，广州的酒店和机票价格都会有所上涨，越早预订越划算。此外，还可能有交通接驳费、员工保险费等。值得注意的是，广交会的门票对参展代表也有一定成本，2024 年广交会的门票价格为每人每天 400 元。

5. 宣传费用

广告宣传是参会的一个重要环节，参展商可以根据需要选择在广交会上投放广告，包括制作精美的宣传册、样品、视频展示，以及展示牌、电子屏幕、展馆内外广告等。广告费用需要根据投放时间等进行商谈，同时也需要考虑广告效果和投放位置等因素。

6. 其他杂费

包括电费、水费、网络费、设施设备租用费等。

分析题：请根据以上广交会相关资料，结合小组设定的公司情况，搜索信息，进行参展成本估算。

第八届深圳国际智能装备产业博览会

第八届深圳国际智能装备产业博览会暨第十一届深圳国际电子装备产业博览会（简称 EeIE 智博会）2024 年 7 月 18—20 日在深圳国际会展中心（宝安）召开。它以“智能改变未来，产业促进发展”为主题，集中展示深圳智能装备产业的发展成就，打造全球智能装备领域第一展会平台。其展出面积 40000 平方米，邀请来自国内外 1000 余家知名展商集中展示机器人、工控自动化及系统集成、SMT 周边设备、激光、半导体设备、工业互联网及人工智能装备。请参考下面 2020 年 EeIE 智博会的价格数据，查阅 2024 年的相关资料，估算 2024 年的参展费用。

1. 承运商管理

类型	价格
经营管理费	25 元 /m³・展期
临时仓库（室内外）	15 元 / ㎡・展期
叉车租用	2000 元 /4 小时
吊车租用	3200 元 /4 小时

2. 提货及市内运输

项目	规格	报价	备注
铁路 / 陆运货站	m^3	200 元 /m^3 （$1m^3$ 起计）	1. 服务内容： * 展品到达深圳后的有关文件处理 * 把展品从深圳提货点送至仓库地点 2. 陆路运输：深圳提货范围限深圳市二线关内区域，在深圳市二线关外加收 50% 3. 超限展品提货收取超限附加费 4. 如需提货服务请提前三天发函通知我方 5. 由货运公司送货到仓库的展品需收费存放
机场货站	公斤	4 元 / 公斤 （50 公斤起计）	
仓库卸货费	20 元 /m^3		由展馆代收展品的，收取卸货费
存储费	10 元 /m^3 · 天		存入之日起开始计费

3. 进出馆现场管理

序号	项目	规格	价格	备注
1	小件展品进馆服务收费	单件展品重量小于 50 公斤	￥50 元 /m^3 （最少 $1m^3$）	服务内容：将展品送至展台
2	机械类展品进馆服务收费基本收费项目	m^3	￥95 元 /m^3 （最少 $1m^3$）	1. 服务内容： * 卸车并将展品送至展台 * 开箱并展品就位（不含组装） * 空箱和包装材料运送至存放处存放 2. 展品组装、就位等（如机器翻身、竖立等），按照第 3~4 项收费
3	机器翻身竖立	3 吨叉车	200 元 / 小时	本项价格是在第 1~2 项基础上收取的
4	组装二次移位服务附加费	5 吨叉车	300 元 / 小时	独租用叉车进行搭建展台或机械就位等服务的，按照叉车及吊车租用标准收取
5	超限附加费	1. 单件设备长超 5 米、宽超 2.1 米，或高超 2.4 米，任一项超限加收 10% 超限费，几项超限其费用累加 2. 单件重量超过 5 吨的展品，吊机附加费按照 200 元 / 吨收取 注：对于超限展品，展商未能事先联系展馆而直接送至现场，展馆不能保证即刻安排卸货、就位，并需加收 50% 加急费 3. 单件重量不超过 5 吨的展品需要使用吊机，以及使用吊机进行组装的吊机价格面议		
6	模具类展品进馆服务收费	5 吨以下（含）	160/ 吨	模具类展品最少 3 吨起计
		5~10 吨（含）	180/ 吨	
		10 吨以上	200/ 吨	
7	出馆服务各项收费标准同进馆			服务内容： * 在展览期间存放空箱和包装材料 * 运送空箱和包装材料至展台 * 帮助展商装箱并将展品运送至展厅门口、装车

4. 展期水利接驳

项目	规格	价格	备注
固定给水	DN15mm（4 分）	1000 元 / 展期	1. 如同时需要排水，按 100 元 / 点 · 展期的优惠价收取排水费 2. 室外用水每个接点加 100 元材料费、安装费
	DN20mm（6 分）	1200 元 / 展期	
	DN25mm（1 寸）	1400 元 / 展期	
固定排水	DN40mm（1 寸半内衬钢丝胶管）	400 元 / 展期	
	DN20~25mm（6 分内衬钢丝胶管）	200 元 / 展期	
临时排水	DN20~25mm（6 分胶管）	100 元 / 处 / 小时	
临时排水	DN40mm（1 寸半内衬钢丝胶管）	50 元 / 处 / 小时	

5. 展期电力接驳服务（本服务项目由展馆指定技术人员接驳）

名称	规格	单位	现场价格（元）	服务内容
动力电源（室内）	380V/15A	个	1200	1. 请服从展馆电力接驳管理规定 2. 含材料费、施工费、管理费、电费 3. 室外用电每处加 100 元管理费、安装费 4. 按正常展开 4 天计，超时按比例增加
	380V/20A	个	1600	
	380V/30A	个	2200	
	380V/60A	个	3800	
	380V/100A	个	7000	
	380V/150A	个	12000	
照明电源（室内）	220V/10A	个	600	
	220V/15A	个	800	
	220V/20A	个	1200	
	220V/30A	个	1600	
	220V/60A	个	2400	
布展期施工临时用电	220V/15A	个 /2 天	400	按布展期 2 天计，每加一天加收 150 元
	380V/15A	个 /2 天	500	按布展期 2 天计，每加一天加收 200 元

6.A 移动空压机（本服务项目由展馆指定技术人员接驳，适用于非中央供气 1、3、4、6、7、8、9 号馆）

型号	功率 KW/HP	使用电压 220/380V	压力（公斤）	气量（升 / 分）	租用价格（元 / 展期）	打包价（元 / 展期）（含电源、压缩机）
AW150012	15/20	380V	12	1500	2000	3000
AW19008	15/20	380V	8	1900	2000	3000
AW100012	11/15	380V	12	1000	1200	2100

续表

型号	功率 KW/HP	使用电压 220/380V	压力（公斤）	气量（升 / 分）	租用价格（元 / 展期）	打包价（元 / 展期）（含电源、压缩机）
AW15008	11/15	380V	8	1500	1200	2100
AW80012	7.5/10	380V	12	800	1200	1900
AW105010	7.5/10	380V	10	1000	1200	1900
AW9008	7.5/10	380V	8	900	1200	1900
AW60012	5.5/7.5	380V	12	600	1000	1600
AW6708	5.5/7.5	380V	8	670	1000	1600
AW40012	4/5.5	380V	12	400	1000	1600
AV4008	4/5.5	380V	8	400	1000	1600
AW30012	3/4	380V	12	300	800	1300
AV1608	1.5/2	220/380V	8	160	800	1300
AW3608	3/4	380V	8	360	800	1300
AV2508	2.2/3	220/380V	8	250	800	1300
AV1208	1.1/1.5	220/380V	8	12	800	1300
AV808	0.75/1	220/380V	8	80	600	1100
AZ508	0.55/0.75	220/380V	8	50	600	1100

干燥机型号	干燥机报价（元）	过滤器流量（升 / 分）	过滤器报价（元）
HDR-10A、15A、20A	800	3500、6000、2400	400
HDR-7.5A	600	1500	300

备注：以上租用价格是一台空压机在一个展期间的租赁费，打包价包含压缩机电源，干燥机及过滤器可根据顾客需要提供并另行计价。本表租赁项目请提前一星期预订。

B 中央供气（本服务项目只适用于 2 号馆中央供气，由展馆指定技术人员接驳）

种类	价格（元 / 展期）	备注
300 升 / 分	900	1. 中央供气技术参数如下：供气压力范围 P=0.6~0.8Mpa，气体中粒子大小 ≤ 20μm，粒子浓度≤ $10mg/m^3$，最大含油量≤ 3PPM，露点温度为 -20℃ 2. 展馆提供的压缩空气质量在以上技术参数范围内，超出此范围的需求请客户自行携带压缩空气设备或增加附属处理设备，因客户接驳自带设备造成的压缩空气质量问题由客户自行负责
600 升 / 分	1200	
1000 升 / 分	1500	

备注：1. 压缩空气接驳服务在布展前一周内提交预租清单并将预租款项汇入展馆账号，给予 9 折优惠，否则按原价租赁

2. 如客户要求中央供气系统提前供气，须由主办单位向展馆提出申请，并按提前时间缴纳开机费用。每提前 4 小时按本次展会中央供气租赁总价的 20% 计费，不足 4 小时按 4 小时计费，依此标准累加

7. 通信服务

项目		押金（元）	价格	备注
电话	市话（LDD）	话机：200 元 / 部	500 元 / 部展期	含市话费（限制拨打声讯台）
	国内长途（DDD）	话机：200 元 / 部	600 元 / 部展期	含市 / 国内长途话费（限制拨打声讯台）
	国际长途（IDD）	话机：200 元 / 部话费预交：2000 元 / 部	600 元 / 部展期	含市 / 国内长途话费，国际话费按实际计算（限制拨打声讯台）
	线路迁移		100 元 / 条次	材料及人工费
高速宽带接入	局域网接入		400 元 /IP 展期	馆内共享 100M 带宽，仅共一台电脑上网，禁止使用路由器
	5 个（含）以下动态分配私有 IP 地址（终端）		1500 元 / 网展期	馆内共享 100M 带宽，展馆只提供一条主线，并分配相应数量动态私有 IP，交换机至计算机的线材、交换机等客户自带，接驳工作客户自行完成，并禁止使用路由器
	6~9 个（含）动态分配私有 IP 地址（终端）		2000 元 / 网展期	
	10 个（含）以上动态分配私有 IP 地址（终端）最多 23 个 IP		2500 元 / 网展期	
	地址映射（NAT）外部 IP		3000 元 /IP 展期	速度同局域网宽带相同，共享 100M 带宽，客户端仍使用私有 IP
ADSL 拨号上网 4M		设备押金 1000 元 / 台	1000 元 / 展期	需提前五个工作日预租
ADSL 拨号上网 8M		设备押金 1000 元 / 台	1580 元 / 展期	
馆内光纤线路			2000 元 / 展期	不提供线路以外的设备设施
馆内、馆外其他通信线路的铺设			1000~3000 元 / 条展期	先预约看现场再定收费价格

8. 展具租赁服务

名称	规格（长宽高）	单位	价格（元 / 展期）
折椅	白色	把	25
皮椅	黑色	张	100（押金 200/ 张）
简易桌	1 × 0.5 × 0.75（m）	张	80
咨询桌	1 × 0.5 × 1（m）	张	150
	1 × 0.5 × 0.75（m）	张	100
圆桌	木制 R1/0.8（m）	张	100
	玻璃 R0.7（m）	张	180（押金 200/ 张）
托板	直板 1 × 0.3（m）	块	50
	斜板 1 × 0.3（m）	块	60
高陈列柜（无灯）	1 × 0.5 × 2.5（m）	个	600
高陈列柜（带 1 只 100W 射灯）	1 × 0.5 × 2.5（m）	个	650
低陈列柜（无灯）	1 × 0.5 × 1（m）	个	400
低陈列柜（带 1 只 40W 日光灯）	1 × 0.5 × 1（m）	个	450

续表

名称	规格（长宽高）	单位	价格（元 / 展期）
矮柜	1 × 0.5 × 0.75（m）	个	200
方桌	0.7 × 0.7 × 0.7（m）	张	100
弧形咨询桌	高 1m	张	500
洞洞板（送 16 个钩）	1 × 1.1（m）	块	100
洞洞板（送 32 个钩）	1 × 2.2（m）	块	150
电视柜	0.66 × 0.66 × 1（m）	张	100
折门	1 × 2.5（m）	个	150（锁押金 50/ 把）
桌布	1.8 × 1.8（m）	块	50（押金 100/ 块）
衣通	不锈钢杆	米	50
活动隔离栏	1（m）	米	30
展板	1 × 2.5（m）	块	80
拆除展位	3 × 3 或 2 × 3	个	240
直（斜）托板调位	1 块 1 次	次	15
拆展板（0.5m 和 1m）	1	块	50
地毯	各种颜色（国产）	m2	15
白绒布套（高、低柜内使用）	1 × 0.5（m）	块	30
射灯	100W	只	80
石英灯	35W	只	80
日光灯	40W	只	80
柜内日光灯	40W	只	80
柜内石英灯	35W	只	100
太阳灯	100W	只	150
	300W	只	250
	500W	只	320
卤素灯	70W	只	300
	150W	只	400
资料架		个	150（押金 200/ 个）

9. 电器设备租赁

编号	项目	单位	单价（元）	押金
1	饮水机	台 / 展期	250	
2	90 升冰箱	台 / 展期	1200	
3	140 升冰箱	台 / 展期	1600	
4	32 寸 PDP 配送 DVD	台 / 展期	1200	

续表

编号	项目	单位	单价（元）	押金
5	42 寸 PDP 配送 DVD	台 / 展期	1600	
6	50 寸 PDP 配送 DVD	台 / 展期	2200	
7	100 寸投影屏幕	件 / 节	150	
8	★手提电脑	台 / 展期	1200	
9	★液晶显示器电脑	台 / 展期	1000	
10	★四合一激光打印机	台 / 展期	1000	
11	★ 18000 流明多媒体投影机	台 / 节	2500	
12	★胶片投影机	台 / 节	500.00	
13	麦克风	支 / 节	150.00	
14	租用音响设备	套 / 展期	5000.00	
表格中带“★”标记的物品，必须提前预租。提前 20 天预租的，优惠 10%；提前 10 天预租的，优惠 5%；布展期间预租的，加收 10%；开展后预租的加收 20%				

10. 会议设备租赁

项目	名称	规格	一天租金（元）	展期租金（元）
音响系统	小型会议音响	音箱两对 + 周边设备 + 无线麦 1 套		1500
	开幕式音响	JBL 音响系统一套		2000
	中型活动音响	专业全频箱 6 只（4800W）及全套周边		3000
	广场号角扩声音响系统	号角音箱 4 只 + 全套周边设备		3000
话筒	无线麦、专业电容话筒、有线话筒、手拉手话筒			100/ 支
投影设备	胶片幻灯机	AIWEI	150	300
	实物投影仪	PanasonicWE-MV100CH	300	600
	投影机	3500 流明	1000	2500
		4000 流明	1800	3000
		4500 流明	2000	3200
		5000 流明	2400	4000
		5500 流明	2500	4200
		6000 流明	3000	5000
		9000 流明	4800	8000
		17000 流明	6000	10000
	投影幕	1.71m（w）×1.28m（h）（84″）	200	300
		2.03m（w）×1.52m（h）（100″）	200	300
		2.44（w）×1.83m（h）（120″）	300	500

续表

项目	名称	规格	展期租金（元）
同声传译	同声传译主机系统	HCS-3100MA/05+HCS-850PB+HCS-816T	2500/天
	接收机＋耳机	HCS-826R	25/套/天
	活动翻译房	1.5m×1.5m	1000元/次
备注：1.关于投影机笔记本联机调试时间的规定：在会议前需要调试笔记本的，在免费布场时段内提供1小时免费笔记本联机调试；如租用方需排练预演，则按展馆规定的收费，请主办方提前提出申请； 2.排练预演超过布展时间，需提前申请加班，交纳加班费用； 3.如超时不足半小时，按半小时计；超过半小时、不足1小时的按1小时计。			

11.美工制作及安装

品名	规格	单位	单价（元）	备注
1.0cm雪弗板字	字总高59cm以内	厘米	4	包括安装
1.0cm厚有机字	字总高59cm以内	厘米	5	包括安装
1.5cm厚有机字	字总高59cm以内	厘米	5	包括安装
1.5cm雪弗板字	字总高59cm以内	厘米	6	包括安装
2.0cm雪弗板字	字总高59cm以内	厘米	6	包括安装
及时贴裱木板	宽幅120cm	平方米	35	包括安装
单色及时贴刻字	字高60cm以内	米	40	包括安装
套色及时贴刻字	字高60cm以内	米	45	包括安装
KT板字	字总高60cm以内	米	60	包括安装
3cm泡沫字	字总高60cm以内	米	120	卡纸字面
3cm泡沫字	字总高60cm以内	米	160	亚克力板字面
5cm泡沫字	字总高60cm以内	米	130	卡纸字面
有机平面发光字	字总高60cm以内	米	1200	包括安装
高精度写真	宽幅1.2m以内/120克纸	平方米	40	包括安装
写真裱KT板	宽幅1.2m以内不加边条	平方米	55	包括安装
写真裱KT板	60cm×90cm加边条	块	55/块	包括安装
写真裱KT板	120cm×90cm加边条	块	75/块	包括安装
磨砂贴	宽幅120cm以内	平方米	15~75	包括安装
背胶灯片	宽幅1.2m以内	平方米	65	包括安装
立体灯箱字（中文）		平方米	1100.00	包括安装
立体灯箱字（英文）		平方米	800.00	包括安装
PVC条幅		平方米	60.00	包括安装

（资料来源：根据广交会官网、广交会参会公司提供的资料整理而成）

拓展题： 请走访你所在的城市会展中心，了解和估算办展花费。

实训一

会展项目立项策划案

实训目标：了解会展项目立项策划案的基本结构和框架，能独立拟写一份具有可行性的会展项目立项策划案。

实训地点：校内实训室

实训学时：6 学时

实训背景：

中国—亚欧博览会（China–Eurasia Expo），是乌鲁木齐对外经济贸易洽谈会的继承和升华，将连续举办十九届的乌洽会升格为中国—亚欧博览会，是新形势下党中央、国务院着眼于进一步扩大中国沿边开放和向西开放步伐，加快将新疆建设成为中国向西开放桥头堡，确保新疆实现跨越式发展和长治久安的一项重大战略举措。

站在新的起点上，办好中国—亚欧博览会能够更有效地搭建新疆招商引资和区域经济发展的平台，促进新疆与我国东部以及中亚、西亚、南亚和欧洲国家的长期经济交流与合作；有利于加强新疆与国家各相关部门、相关省区的合作交流，也是进一步推进中国沿边开放、向西开放，努力把新疆打造成中国对外开放的重要门户和基地的有效载体。5600 千米边境线、与周边 8 个国家接壤，独特的区位优势决定了新疆是中国西部的战略屏障，是中国实施西部大开发战略的重要地区，也是中国对外开放的重要门户。举办亚欧博览会，发挥新疆东引西出、向西开放的地缘优势，将其打造成区域的国际交流平台，对拓展与中、西、南亚和欧洲各国全方位、多领域的经贸合作具有十分重要的意义，有利于推动形成中国“陆上开放”和“沿海开放”并进的对外开放新格局，发挥新疆在向西开放过程中的桥头堡和枢纽作用。

实训安排：

请根据以上展会背景，结合会展项目立项策划案的基本结构，分小组拟写一份会展项目立项策划案，要求结构完整，内容翔实，具有可操作性。

（1）在小组组长的组织下，讨论确定该展会的主题。要求集思广益，逐一对展会的框架事项进行探讨，初步定下策划书的结构内容。

（2）在小组内，由小组长安排组员分工拟写展会策划书的主要内容，要求以 1~2 人为单位进行分工写作。

（3）小组长负责统筹整合成一份完整的展会立项策划案，要制作成 PPT，在全班面前讲解演示，教师及各小组代表进行点评。

实训二

会展招商招展文案

实训目标：了解会展招商招展工作方案的含义和针对的对象；掌握会展招商招展工作方案的主要内容。通过训练，学生能自行拟写具有可行性和实用性的招商招展工作方案。

实训地点：校内实训室

实训学时：6学时

实训背景：

2024年5月31日，以“美丽兰州·宜居之城”为主题的2024兰州房地产展示交易会（以下简称房交会）在兰州西站北广场正式拉开帷幕。此次房交会通过“政府搭台、企业让利、群众受益”的方式，进一步为房地产开发企业与广大购房人搭建信息交流的互动平台，并以此为契机加大对国家支持房地产业发展的新政策、新举措的宣传力度，促进兰州市房地产市场健康平稳有序发展。

据了解，此次线下展示区包括商品房展示区、存量房展示区、经济适用住房展示区，各参展企业楼盘以展板、沙盘、电子屏等形式展示。在房交会现场，各大房企应对市场需求，在服务、配套、品质上做“加法”，在产品力上下功夫，纷纷推出了自己的优惠政策，以吸引更多的购房者。

实训安排：

（1）各小组在小组长的组织下，以小组为单位在网页上搜索相关房地产展示交易会的招展或招商方案，二者选一，并寻找相关案例作为模板。

（2）各小组讨论招商招展的主要对象、主要目的，要求各小组成员各抒己见，并做好记录，在班级中把讨论结果共享，使文案制作更具实用性。

（3）在充分讨论的基础上，拟订招商招展文案的主要条目和内容。要求各小组成员各抒己见，能提出适合本届招商招展文案的相关内容，共同确定文案的主要项目。

（4）各小组进行内部分工，进行文案的具体写作，写作过程中参照课堂搜索结果和教师提供的相关案例，进行结构和写法上的模拟。

（5）各小组根据文案写作的实际情况进行组内阅读和修改，主要从内容、相关语言表述及阅读方的角度对招展特色进行分析，最后把修改好的稿件交给教师。

实训三

展会宣传推广

实训目标：全面了解展会宣传的途径和渠道，掌握网络宣传、国内外展会宣传、广告宣传、媒体宣传、微博和微电影宣传的含义和方式。

实训地点：校内实训室

实训学时：6 学时

实训背景：

中国婚博会是全球超大规模婚博会、世界级品牌结婚展，每年在北京、上海、天津、武汉、广州、杭州、成都等地同时举办春夏秋冬四季展。婚博会以“联动国际结婚流行趋势、引领中国结婚时尚消费”为宗旨，准确定位于结婚消费人群，自成立以来，不断与时俱进，摸索出“线上线下一体化”经营理念，是中国第一家集结婚顾问、结婚购物于一体的电子商务交易平台，现已成为百万新人首选的结婚采购品质平台和结婚时尚风向标。2024 年广州婚博会春季展于 2024 年 4 月 13—14 日在琶洲保利世贸博览馆举行。

实训安排：

请学生在网站上寻找婚博会相关的宣传推广方案。

（1）各小组在小组长的组织下，在网络或者其他媒体上搜索并讨论宣传推广的主要渠道、对象、主要目的，确定主要面对的宣传渠道范围。

（2）在充分讨论的基础上，拟订方案的主要条目和内容。要求各小组成员各抒己见，提出适当的内容、可操作的方式方法，共同确定文案的主要项目。

（3）各小组进行内部分工和方案的具体写作，写作完毕后根据文案写作的实际情况进行组内阅读和修改，主要针对内容和相关语言表述。对组内讨论得出的建议进一步进行修改，确定最后的文案稿件交给教师。

实训四

背景板和海报设计

实训目标：了解展览活动背景板和海报设计工作的内容，通过学习和实训，学生具备设计展览活动背景板和海报的能力。

实训地点：校内实训室

实训学时：6 学时

实训背景：

中国进出口商品交易会（简称“广交会”，英文名 The China Import and Export Fair），创办于 1957 年 4 月 25 日，每年春秋两季在广州举办，至今已举办了 135 届，是中国历史最长、层次最高、规模最大、商品种类最全、到会采购商最多且分布国别地区最广、成交效果最好的综合性国际贸易盛会，被誉为“中国第一展”。

广交会的贸易方式灵活多样，除传统的看样成交外，还举办网上交易会。广交会以出口贸易为主，也做进口生意，还可以开展多种形式的经济技术合作与交流，以及商检、保险、运输、广告、咨询等业务活动。

广交会展馆位于广州市海珠区琶洲岛，展馆总建筑面积超 162 万平方米，展览面积 62 万平方米，其中室内展览面积 50.4 万平方米，室外展览面积 11.6 万平方米，是全球规模最大的会展综合体。广交会展馆综合体由 A、B、C、D 区展馆，广交会堂，广交会大厦 A 座（广交会威斯汀酒店）和 B 座组成。展馆将人性化理念、绿色生态与高科技、智能化完美结合，展区绿化率高达 48.7%，整体设计与自然和谐融洽。

广交会第 136 届（秋季）线下展第一期于 2024 年 10 月 15—19 日在中国进出口商品交易会展馆举办。主办单位为中华人民共和国商务部和广东省人民政府，承办单位为中国对外贸易中心，展览面积 155 万平方米，参展商数超过 2.8 万家。

第一期展出内容为：家用电器，电子消费品及信息产品，工业自动化及智能制造，加工机械设备，动力、电力设备，通用机械及机械基础件，工程机械，农业机械，新材料及化工产品，新能源汽车及智慧出行，车辆，汽车配件，摩托车，自行车，照明产品，电子电气产品等。

实训安排：

广交会展馆规模宏大，参展商众多（第 135 届线下展的境外采购商覆盖 215 个国家和地区的 24.6 万人），其中 A 区 6.1 展厅为统一布展区域，展品主要是大型机械。该厅为无柱展厅（面积：106.8 × 84.5 平方米，净高：11.65~15.16 米）。请为新一届第 136 届的 A 区 6.1 展厅的展览活动收集主题、文字、图片等素材，设计富有创意和吸引力的背景板和海报。

（1）学生按小组进行资料收集，并结合展览的展品内容，根据展览要素编排素材。

（2）学生按小组走访本地市场进行背景板和海报制作的价格调研，完善设计方案并进行预算。

（3）小组通过 PPT 方式，在课堂上展示设计方案，要求图文并茂。

实训五

开/闭幕式活动设计

实训目标：了解开/闭幕式活动的规模及开/闭幕式活动操作流程，通过学习和实训，学生具备策划和执行开/闭幕式的能力。

实训地点：校内实训室

实训学时：6学时

实训背景：

“十一”期间将在云南省昆明市举行“民族服装博览会”的大型活动开幕式，活动将在本市大型广场举行。为提升该活动的影响力，届时将邀请云南省领导及重要嘉宾出席开幕式并剪彩。为了达到宣传效果，活动也会邀请相关媒体参与报道。该活动将向社会开放，预计活动开幕当天会有5000名观众参与。

实训安排：

（1）以小组为单位，了解历届“民族服装博览会”及其他相关活动的举办情况，搜集资料，积极讨论，撰写开幕式活动策划方案。

（2）走访和搜索市场报价，完善策划方案并制订预算计划，完成开幕式活动策划案和可行性分析报告。

（3）小组课堂展示方案，并分享策划和走访的心得。

实训六

会展接待方案

实训目标：熟悉会展接待的主要目标群体；了解会展接待的作用和应注意的原则；了解会展接待方案的写作结构和规范；通过学习和实训，掌握会展接待的写作方法，学会根据需要写作会展接待文案。

实训地点：校内实训室

实训学时：6 学时

实训背景：

中国教育装备展示会由中国教育装备行业协会主办，每届在全国不同城市举行。第84 届中国教育装备展示会于 2024 年 10 日 25—27 日在云南省昆明市的滇池国际会展中心举行。

会议主题：数字赋能教育；数字引领未来。

会议宗旨：展示、交流、合作、创新、发展。

参会单位：各级教育部门、教育装备管理部门、电化教育馆、学校后勤服务部门、政府采购部门；各级各类学校；教育信息技术设备及教学仪器设备生产经营企业，经销商、代理商、国际贸易采购商、学校后勤服务设施设备生产经营企业、校办企业、图书出版发行单位等。

实训安排：

以小组为单位成立会务接待部，秉持会议宗旨，做到热情周到、安全有序、文明高效，为大会的成功召开提供坚实的会务保障和优质的服务。小组成员以接待部成员的身份讨论并制订相关接待方案。

服务内容主要包括邀请、采访、接待、礼仪、交通、后勤、文书、通信、商旅、展位设计及搭建、物流仓储等方面。

服务对象主要包括参展商、观众、新闻媒体、主管部门、行业协会、国际组织等各方人士。

（1）小组应针对此次接待的主要对象，讨论接待规格和接待活动，以及接待中的注意事项。

（2）考虑各类接待对象的特点，讨论接待分工，拟订接待工作的具体内容和每日安排。

（3）撰写各类接待文案及接待计划，以小组为单位进行班级分享。

参考文献

[1] 尹丽琴．会展策划实务［M］．3版．北京：清华大学出版社，2022.
[2] 华谦生．会展策划［M］．4版．杭州：浙江大学出版社，2022.
[3] 张凡．会展策划（修订版）［M］．武汉：华中科技大学出版社，2019.
[4] 许传宏．会展策划与组织［M］．北京：高等教育出版社，2010.
[5] 过聚荣．会展概论［M］．北京：高等教育出版社，2010.
[6] 张恒龙，王方华．会展经济［M］．上海：上海人民出版社，2011.
[7] 张玉明．会展服务管理［M］．广州：中山大学出版社，2010.
[8] 王彦华．现代会展招商推广［M］．北京：中国商务出版社，2015.
[9] 王彦华．大型专业展览策划与组织［M］．北京：中国商务出版社，2015.
[10] 王彦华．现代会展服务［M］．北京：中国商务出版社，2015.
[11] 刘嘉龙．会展策划与管理［M］．北京：中国旅游出版社，2011.
[12] 马骐．会展策划与管理［M］．北京：清华大学出版社，北京交通大学出版社，2011.
[13] 武邦涛．会展项目管理［M］．北京：北京大学出版社，2010.
[14] 包小忠．会展营销［M］．广州：中山大学出版社，2012.
[15] 刘松萍．会展营销与策划［M］．北京：首都经济贸易大学出版社，2011.
[16] 肖温雅．会展营销实务［M］．北京：机械工业出版社，2011.
[17] 舒光美．会展服务与营销［M］．北京：北京师范大学出版社，2011.
[18] 朱维理．大型活动标志设计实战案释［M］．北京：北京理工大学出版社，2009.
[19] 刘红霞．会展实务［M］．北京：北京师范大学出版社，2011.
[20] 施谊．会展项目管理［M］．北京：北京大学出版社，2015.
[21] 庞华．会展运营与服务管理［M］．天津：南开大学出版社，2010.
[22] 冯娴慧，王绍增．会展展示设计［M］．北京：中国人民大学出版社，2012.
[23] 张生军，李东．会展展示设计［M］．广州：中山大学出版社，2012.
[24] 胡亮．会展展示设计［M］．北京：清华大学出版社，2014.
[25] 黄立萍，刘恋．会展展示设计［M］．北京：中国旅游出版社，2013.

［26］刘松萍．会展营销［M］．重庆：重庆大学出版社，2014.
［27］余意峰，程绍文．会展营销［M］．武汉：武汉大学出版社，2014.
［28］胡芬．会展项目管理［M］．武汉：武汉大学出版社，2014.
［29］刘大可，陈刚，王起静．会展经济理论与实务［M］．北京：首都经济贸易大学出版社，2015.
［30］中国国际贸易促进委员会电力行业委员会.2023 年中国展览业发展环境分析，2024.
［31］魏建丽．数字经济与双碳目标时代的会展经济［J］．经济师，2024（3）：24-25.
［32］裴超．新经济环境下中国会展业迎来发展机遇期［J］．中国会展，2021（17）：26-31.

项目策划：张芸艳
责任编辑：张芸艳
责任印制：钱　宬
封面设计：武爱听

图书在版编目（CIP）数据

会展策划 / 李岚，吴杰，谢洪忠主编 ；王婧，马尔丹副主编 . -- 2 版 . -- 北京 ：中国旅游出版社，2025. 3. --（国家级一流本科专业·会展经济与管理配套精品教材）. -- ISBN 978-7-5032-7384-1

Ⅰ . G245

中国国家版本馆 CIP 数据核字第 2024J0U480 号

书　　名：会展策划（第二版）

主　　编：李　岚　吴　杰　谢洪忠
副 主 编：王　婧　马尔丹
出版发行：中国旅游出版社
（北京静安东里 6 号　邮编：100028）
https://www.cttp.net.cn　E-mail:cttp@mct.gov.cn
营销中心电话：010-57377103，010-57377106
读者服务部电话：010-57377107
排　　版：北京旅教文化传播有限公司
经　　销：全国各地新华书店
印　　刷：北京明恒达印务有限公司
版　　次：2016 年 2 月第 1 版　2025 年 3 月第 2 版
印　　次：2025 年 3 月第 1 次印刷
开　　本：787 毫米 × 1092 毫米　1/16
印　　张：15
字　　数：318 千
定　　价：49.80 元
ISBN　978-7-5032-7384-1
